LIVRO MÁGICO DA LUA

Sobre a autora

Eu nasci em uma lua cheia de Beltane, durante um eclipse lunar total, num dos dias mais quentes daquele ano. A despeito das origens irlandesas, norte-germânicas e nativo-americanas de minha família, e, portanto, herdando uma natureza psíquica de ambas as partes, não se conversava sobre tais habilidades. Desta forma, aprendi sobre discriminação numa família de psíquicos herméticos.

Sempre estive próxima à Natureza. Quando criança, passava longos períodos no campo, sozinha. Árvores, ervas e flores tornaram-se parte das minhas paisagens internas e externas onde quer que eu viva. Amo gatos, música, montanhas, canto, regatos, pedras, rituais e noites de lua cheia. Minhas leituras cobrem vastas áreas de História, das artes mágicas, Filosofia, costumes, mitologia e fantasia. Estudei todas as áreas das religiões da Nova Era, da Filosofia Oriental à Wicca. Espero nunca parar de aprender e de expandir meus conhecimentos. Apesar de ter vivido em diversas áreas dos Estados Unidos, de uma costa à outra, atualmente resido na Costa Oeste. Grandes multidões não me atraem, nem tampouco falar em público.

Em vez disso prefiro uma vida tranquila na companhia de meu marido e de meus dois gatos, Callisto e Finnigan, recebendo, ocasionalmente, visitas de meus filhos e netos. Coleciono estátuas de dragões e magos, cristais e outras pedras e, obviamente, livros. Dedico grande parte de meu tempo a pesquisar e escrever. Já publiquei oito livros. Antes que eu tenha terminado um, começo a trabalhar no próximo. Falando resumidamente, sou apenas mais uma Pagã comum.

D. J. CONWAY

LIVRO MÁGICO DA LUA

RITUAIS, MAGIAS, ENCANTAMENTOS
E DIAS MÁGICOS

ALFABETO

Originalmente publicado como:
Moon Magick: Myth & Magic, Crafts & Recipes, Rituals & Spells
Copyright © 1995 D.J. Conway | Publicado por Llewellyn Publications
Woodbury, MN 55125 USA | www.llewellyn.com
© 2022, Editora Alfabeto.

Direção Editorial: Edmilson Duran
Consultor Editorial: Claudiney Prieto
Colaboração: Gabriela Duran
Capa e Diagramação: Book Arte
Revisão de Textos: Luciana Papale

DADOS INTERNACIONAIS DE CATALOGAÇÃO NA PUBLICAÇÃO (CIP)

Conway, D. J.

O Livro Mágico da Lua: rituais, magias, encantamentos e dias mágicos / D. J. Conway – 1ª edição. São Paulo: Alfabeto, 2022.

ISBN: 978-65-87905-43-3

1. Magia 2. Esoterismo I. Título

Índices para catálogo sistemático:
1. Magia

Todos os direitos reservados, proibida a reprodução total ou parcial por qualquer meio, inclusive internet, sem a expressa autorização por escrito da Editora.

EDITORA ALFABETO
Rua Protocolo, 394 | CEP: 04254-030 | São Paulo/SP
Tel: (11) 2351-4168 | editorial@editoraalfabeto.com.br
Loja Virtual: www.editoraalfabeto.com.br

Para Esther, minha Sacerdotisa irmã da Grécia,
e especialmente para todas as crianças Pagãs,
que um dia irão mudar o mundo.

SUMÁRIO

Parte I: A Influência da Lua Sobre Nossa Vida

Capítulo 1: Tocado pela Lua...................................13

Capítulo 2: História dos Calendários Lunares....................23

Parte II: O Ano Lunar

Capítulo 3: Introdução ao Ano Lunar...........................31

Capítulo 4: A Lua do Lobo – Janeiro............................37
    Rituais: Boa Sorte e Mudança de Sorte; Protetores Domésticos; Festival de Saraswati; Ritual para (Proteção) de Mulheres e Crianças Agredidas; Meditação da Lua Nova.

Capítulo 5: Lua de Gelo – Fevereiro............................67
    Rituais: O Retorno de Kore; Livrando-se de Boatos Negativos; Paz na Família; Abençoando os Limites; Honrando Diana dos Bosques; Celebrando o Dia de São Valentim (Dia dos Namorados); Festival dos Fornos.

Capítulo 6: Lua de Tempestade – Março........................95
    Rituais: Prevenção contra a Pobreza; Dia da Liberdade (Equinócio de Primavera); Expulsando Entidades de Má Sorte; Amando a Criança Interior; Ártemis, Guardiã das Mulheres; Festival das Flores; Cibele, Rainha da Noite.

Capítulo 7: Lua do Crescimento – Abril........................119
    Rituais: Consagração de Barcos; Recomeços; Bast, A Deusa Felina; Neith do Véu; Clamando pela Deusa do Amor; Dama do Sicômoro.

Capítulo 8: Lua da Lebre – Maio...............................143
    Rituais: Festa do Dragão; Dia da Lembrança; Festival de Limpeza e Purificação; Festival da Artemísia; Honrando as Três Mães; Vesta da Chama de Lareira; Inanna, Dama da Prosperidade; Ishtar das Batalhas.

Capítulo 9: Lua dos Prados – Junho............................171
    Rituais: Sobrevivência Física; A Rainha das Fadas e o Homem Verde (Solstício de Verão); Dia da Sabedoria; Parvati, a Fiel; Ishtar; Deusa do Amor Néftis, a Amada da Noite.

Capítulo 10: Lua do Feno – Julho 197
Rituais: Pedido de Paz para o Mundo; Pedido por Liberdade Religiosa; Chamando Chuva; Proteção contra Terremotos; Casamento do Deus e da Deusa; Maat, Deusa da Verdade e da Justiça; As Mães Incas; Arianrhod, Dama da Roda de Prata.

Capítulo 11: Lua do Milho – Agosto 219
Rituais: Festa do Pão Novo; Celebração às Dríades; Proteção contra o Fogo; Trabalhando com Nêmesis; Ganesha, o Removedor de Obstáculos; Ilmatar; a Criadora; A Deusa da Oportunidade; Rainha dos Sete Submundos.

Capítulo 12: Lua da Colheita – Setembro 243
Rituais: Festa da Vida Divina; Festival da Lua da Colheita (Equinócio de Outono); A Têmis Oracular; Anuket, a Doadora da Vida; Deméter; a Mãe Protetora; A Grande Mãe Dragão.

Capítulo 13: Lua de Sangue – Outubro 267
Rituais: Boas Viagens; Purificação da Casa; Comunicação com o Deus Cornífero; Buscando Emprego; Festival das Luzes; O Disirblot; a Formidável Mãe.

Capítulo 14: Lua Azul – 27 de Outubro a 1º de Novembro 289
Rituais: Festa dos Mortos; Recordando Crianças Perdidas; Thoth, Deus Lunar da Sabedoria; Fadas Escuras; Guardiã das Maçãs Douradas; Selene, a Deusa Lunar. As Cortes de Hel.

Capítulo 15: Lua de Neve – Novembro 317
Rituais: Festival da Cozinha; Paz e Felicidade Pessoais; Kali, Guardiã dos Livros da Reencarnação; Festa de Einherjar; Deusa da Floresta; Noite de Hécate; Deusa das Habilidades; Grande Mãe Africana; A Leoa.

Capítulo 16: Lua Fria – Dezembro 341
Rituais: Renascimento do Senhor Perdido (Solstício de Inverno); Sucesso e Prosperidade; Nascimento de Freya; Fadas do Inverno; Noite dos Desejos; Deusa da Nova Aurora; A Grande Mãe Terra; Conversando com as Parcas.

Apêndices: Deidades e Símbolos Lunares

Apêndice 1: Deidades Lunares 371
Apêndice 2: Símbolos Lunares 395
Apêndice 3: A Carga da Deusa 403
Bibliografia 407
Índice remissivo 413

A Canção da Lua

Ergo meus braços, em saudação,
enquanto ela desliza pela noite.
A Lua dos Mistérios, redonda,
disco luminoso prateado cintilante.

Meu espírito responde a seu chamado,
e deseja ter longas asas para voar,
para que eu possa buscar seu lugar sagrado
do qual o céu é o símbolo.

Um lugar de segredos ocultos,
de antigos Mistérios Sagrados,
um lugar que conheci em outras eras,
no templo dos mistérios não mais falados.

Esforço-me para tentar lembrar
tudo o que antes eu aprendi.
Os Segredos Esquecidos da Lua,
a Deusa e sua Sabedoria.

Apesar de meus braços voltados para o céu,
volto-me ao meu interior, em busca de sua voz.
Desvendo o labirinto interno,
confiando em minha escolha.

"Não busque no exterior, mas no fundo do seu ser."
Diz a voz clara e suave.
"Mantenha sua Fé em mim pelos treze meses,
do Ano Sagrado da Mãe."

Eu a observo através de seus ciclos,
como fiz outrora em vidas passadas.
E sigo sua trilha enluarada,
para cruzar a porta secreta interior.

PARTE
I

*A influência
da Lua sobre
nossa vida*

TOCADO PELA LUA

Atingido pela Lua ou tocado pela Lua: afetado pela Lua; distraído, estupefato; aquele que é dado a fantasias sobrenaturais (como quando alguém é psíquico e aqueles ao seu redor não o são).

Ninguém sabe ao certo quando os humanos começaram a observar a Lua, mas com certeza foi muito no início de nosso desenvolvimento. A escultura da Grande Deusa de Laussel, datada em cerca de 20000 AEC, apresenta a Deusa segurando um chifre de bisão com treze marcas referentes aos meses. Numa caverna de Abri du Roc aux Sociers, em Angles-sur-l'Anglin, há um enorme relevo de três mulheres, muito provavelmente Deusas. A data deste relevo está situada entre 13000 e 11000 AEC. Estas três figuras em pé sobre um bisão podem muito bem representar as três fases da Lua.

O Sol era um fator constante para os primeiros humanos, exceto por seu surgimento e desaparecimento sazonal no horizonte, mas a Lua era misteriosa, mudando suas faces e suas formas, ocultando-se ou iluminando o escuro período noturno. Não demorou muito para que as mulheres em ciclo menstrual aprendessem a contar os ciclos lunares, criando, dessa forma, o primeiro calendário. No entanto, o Sol em nada ajudava ao dividir o tempo em porções menores em vez de em estações. Contar a partir de uma fase da Lua, ao longo de todo o ciclo, e retornar à fase lunar inicial, permitia aos clãs planejarem encontros e cerimônias religiosas.

1

Por séculos, as mulheres foram as guardiãs dos calendários, sacerdotisas, curandeiras e conselheiras dos clãs devido à sua habilidade em comunicar-se com os poderes da Deusa Lua. Os homens aprenderam a interpretar as passagens periódicas da Lua para utilizá-las a seu favor na caça e na agricultura. Todos os povos primitivos tinham ciência de que nenhum ser humano permanecia indiferente à influência da Lua e seus poderes místicos.

Eu nasci numa lua cheia de Beltane, num eclipse lunar total. A Lua sempre foi importante para mim, mesmo muito antes de eu saber o que ela simbolizava. Enquanto garotinha, gostava de ficar sob o Luar, esticando minhas mãos em sua direção e desejando ardentemente algo que não conseguia definir em palavras. Alguns familiares diziam que eu era "tocada pela Lua", um termo depreciativo para eles; mas sem perceber o quão certo estavam se dermos à expressão outra definição.

Todos nós somos tocados pela Lua, ou por ela influenciados, alguns mais do que outros. Cerca de um terço de toda a população possui uma lua cheia em sua carta natal astrológica. São pessoas altamente sensitivas e emocionais, possuidoras de reações intensas a cada regresso da Lua a seu signo natal. Àqueles cujas percepções religiosas não permitem o desenvolvimento da sensibilidade emocional e psíquica, estes períodos costumam trazer terríveis e desagradáveis experiências, especialmente se a sensibilidade de alguém costuma se manifestar através da visão de seres não físicos, sonhos precognitivos ou lembranças de vidas passadas.

Os humanos não podem evitar a influência da Lua; acreditando nela ou não. De um modo ou de outro, a Lua toca a vida de todas as pessoas. Alguns indivíduos que pouco fazem no sentido de obedecer às leis sociais ou de assumir qualquer tipo de responsabilidade em suas vidas, e que são instáveis ou beiram esse estágio, permitem que a influência da Lua os leve a cometer atos de violência, roubos, excessos no consumo de álcool ou drogas, ou ainda comportamentos antissociais e perigosos. Mesmo os mais calmos entre nós podem perder as estribeiras quando a lua cheia atinge certos signos astrológicos. Quanto menos ciência temos de suas influências, mais tendemos a reagir.

Policiais, bombeiros, paramédicos, barman e atendentes de hospitais sabem que as luas cheias trazem problemas mais dramáticos e perigosos. Uma equipe de psiquiatras da Flórida produziu um relatório sobre assassinatos em Dade County e na Grande Cleveland, Ohio, num período de quinze anos; tal relatório atesta que um sensível aumento de violência acontecia durante a lua cheia. Estudo similar realizado em Nova Iorque constatou picos em roubos, assaltos e furtos de automóveis quando a lua estava

Deusa Luna

cheia. Pesquisas realizadas em Buffalo, Nova Iorque, alertaram para um aumento na quantidade de suicídios nos períodos de lua cheia. Outro estudo realizado pelo Departamento de Psicologia da Faculdade de Edgecliff, em Ohio, concluiu que dez categorias de crime são afetadas pela lua cheia: estupro, roubo, assalto, assalto a residências, roubo de automóveis, furto, consumo excessivo de álcool, desordem e agressões a crianças ou a membros da família.

Não é apenas a lua cheia que aparentemente afeta as emoções humanas e o comportamento irracional, mas certamente é a que tem maior influência. A lua nova também afeta os humanos, especialmente os possuidores de sensibilidade mental. Ainda no século 16, Paracelso escreveu que a lua nova acarretava piora em pessoas já mentalmente instáveis. A lua nova é o segundo, ainda que mais fraco, período no qual as autoridades constataram um aumento no registro de comportamentos estranhos e perigosos.

A influência e o poder das luas nova e cheia não são necessariamente apenas negativos. Pescadores da Nova Escócia vêm transmitindo ano após ano a informação de que é nos períodos de lua cheia que se apanham as maiores quantidades de arenque. Os eperlanos da Califórnia desovam de acordo com a lua cheia e as marés altas. Os praticantes de Magia vêm há muito utilizando os diferentes ciclos lunares para aumentar seus poderes em manifestações.

Tanto Aristóteles quanto Plínio asseguravam que terremotos aconteciam geralmente durante a lua nova. Um geofísico do MIT (Massachusetts Institute of Technology), curioso quanto aos efeitos da Lua em terremotos, realizou um estudo sobre mais de dois mil abalos sísmicos na Turquia. Dr. Toksoz descobriu que mais da metade dos terremotos ocorrem nas fases das luas nova e cheia, durante as mais altas marés diurnas. Talvez, se tais informações fossem encaradas com maior seriedade, nós não fôssemos pegos de surpresa pelos terremotos.

Todos se queixam do clima e da imprecisão das previsões do tempo. Sergei Timofeyev, um geofísico de Leningrado, decidiu investigar velhos ditos populares segundo os quais a Lua afeta as intempéries; atualmente, os cientistas acreditam que o clima é afetado apenas pelas manchas solares. Entretanto, Timofeyev encontrou fatos verdadeiramente interessantes ao monitorar as temperaturas do ar, em relação às fases da Lua, durante vários anos e em diversas regiões da Rússia. A atividade das manchas solares ocorre com base em ciclos de onze anos; Timofeyev descobriu

As Fases da Lua, desenho de Hans Holbein II, *Canones super novum instrumentum luminariurn*, de Sebastian Münster; impresso por Andreas Cratander, Basel, 1534

que as alterações em massas de ar e na temperatura seguem um ciclo de nove e dezenove anos[1], o mesmo que a Lua. Ao checar as fases lunares, ele descobriu um paralelo com históricos fenômenos climáticos catastróficos por todo o mundo.

O corpo humano é composto em sua maior parte de água. Se a Lua afeta as marés dos oceanos, os menos desenvolvidos arenques e possivelmente o clima através da umidade da atmosfera, é lógico concluir que os humanos sejam também diretamente afetados. Alguns cientistas e experts em Medicina concordam relutantemente com esses dados sobre crimes violentos e desordem mental durante certas fases da Lua.

Mas que influência isso traz à pessoa comum, cumpridora das leis, mental e emocionalmente estável? A História nos relata que a Lua exerce outras influências, místicas, que as pessoas costumavam conhecer e utilizar em seu próprio benefício, na melhoria de suas vidas. Este conhecimento se perdeu quando as religiões modernas assumiram o controle e proibiram ou ridicularizaram suas práticas até sua quase extinção, bem como das antigas deidades que simbolizavam a Lua.

Os poderes das fases da Lua foram conhecimentos tradicionais em um grande número de culturas por todo o mundo, e esse mesmo conhecimento está sendo utilizado atualmente por Pagãos, Magos Cerimoniais e Covens de Wicca. Algumas fases da Lua produzem energias únicas, as quais podem ser utilizadas pelos humanos através de rituais simples ou elaborados. Em outras palavras, rituais de banimento, enfraquecimento ou de remoção de problemas ocorrem após a lua cheia até a lua nova, sendo o dia ou a noite da lua nova o período mais forte. Rituais de fortalecimento, crescimento e ganho são realizados após a lua nova e até a lua cheia, sendo o dia ou a noite da lua cheia o período mais poderoso. Esta utilização de magia lunar é antiquíssima, e ainda funciona.

Mas a verdadeira magia lunar é um pouco mais complexa que esta simples explicação. O mês lunar é tradicionalmente conectado a três aspectos da Deusa Tríplice: a Donzela (lua crescente), a Mãe (lua cheia) e a Anciã (lua nova). A esses três aspectos acrescentam-se trilhas energéticas específicas: minguante (declínio) e crescente (crescimento). Há treze meses lunares num calendário anual. Cada mês lunar está diretamente conectado a um tipo diferente de fluxo energético cíclico.

À medida que a Deusa retorna mais uma vez ao seu lugar, a Lua vem sendo abertamente reconhecida por sua influência e importância na vida dos humanos. Anne Kent Rush escreveu, em seu livro *Moon, Moon*, que a importância das mulheres, bem como sua posição em determinadas sociedades podem ser julgadas com base na importância que essa sociedade atribui à Lua. Oculta por trás dessa frase está a verdade religiosa que atesta que onde a Lua é ignorada ou relegada ao mundo da fantasia e dos contos de fadas, também a Deusa é ignorada, proibida ou reduzida ao papel de esposa/mãe de alguma deidade. A mulher, a Lua e a Deusa estão intrinsecamente ligadas. O mais lamentável, porém, é que as sociedades patriarcais ocultaram o fato de que também o homem é envolvido pelo tear da Deusa e da Lua.

As mulheres reconhecem inconscientemente sua conexão com a Lua através de seus corpos e da menstruação. Já o homem desconhece essas óbvias conexões físicas. No entanto, uma companhia de táxis no Japão pode afirmar que os homens não estão imunes. Eles realizaram um estudo para entender os incomuns ciclos mensais nos quais a incidência de acidentes sofridos por seu plantel exclusivamente masculino aumentava. Descobriram, assim, que todos os homens passavam por períodos nos quais suas reações eram afetadas, e esses períodos correspondiam a certas posições lunares. A partir do instante em que as escalas de trabalho foram alteradas para se adequarem a esses ciclos lunares, as ocorrências de acidentes cessaram.

Toda a filosofia chinesa do Yin e Yang está relacionada ao crescente e ao minguante da Lua e ao crescimento e diminuição de energia vital nos humanos. Desta forma, as luas nova e cheia correspondem a períodos de extremos em energia. A astrologia hindu dedica também grande importância às fases da Lua, declarando que pessoas nascidas durante a lua crescente vivem mais.

Então, qual a utilidade de se observar a Lua e suas fases? Tomar conhecimento da Lua e de sua influência sobre nossa vida pode nos poupar muita frustração, desperdício de energia e tempo. A lua crescente, algumas vezes chamada de nova, é um período de introversão, início de novos projetos e planos e mudanças pessoais em geral. É um excelente período para autoavaliações em todas as áreas, desde sua vida afetiva, carreira, mudança para uma nova casa, assim como quebra de hábitos, até intenções espirituais. A lua cheia, a mais poderosa, assinala um período de extroversão, tarefas de alta energia e trabalho associado a outras pessoas.

Você está deixando a intensa energia da Lua conduzi-lo através dos hormônios e está realmente vendo seu amor sem fantasias exatamente como ele é? Já se sentiu subitamente incomodado em sua carreira? Atente para as fases da Lua! Decisões rápidas o conduziram a um novo grupo religioso? Aguarde um pouco e permita que a Lua passe para uma nova fase antes de assumir um compromisso. Verifique a fase da Lua antes de efetuar qualquer compra que envolva a assinatura de um contrato. Pode ser que se deixe levar mais facilmente durante a lua cheia. Se é necessário lidar com alguém com quem você realmente não se dá bem, evite encontros durante luas cheias ou novas. Provavelmente ambos estarão armados e a comunicação estará prejudicada. Se precisar sofrer qualquer tipo de cirurgia, consulte a Lua antes de aceitar a data. Pelo simples motivo que, durante a lua cheia e quatro dias antes ou depois dela, os sangramentos são muito mais fortes.

Também pode-se obter benefícios ao se sintonizar com a Lua. Cortar os cabelos e unhas na lua crescente faz com que cresçam mais fortes e mais rápido. Há séculos planta-se seguindo a Lua; algumas plantas desenvolvem-se melhor quando plantadas em certas fases. Existem almanaques lunares, tais como o excelente *Almanaque Lunar* editado pela Llewellyn Publications, que podem fornecer muitas informações necessárias.

Emblema agnóstico mostrando a Deusa lunar, Luna Regia, de *Analysis of Antient (sic) Mythology*, de Jacob Biyant

Essas informações sobre a Lua são interessantes, mas sem muito uso prático, a não ser quando combinadas a técnicas de Magia. E técnicas de Magia têm pouco uso a não ser quando aplicadas de forma prática em nossa vida pessoal. Afinal, a Magia existe para que possamos melhorar nossa vida física, mental, emocional e espiritual.

Realizar isso durante um ano lunar pode ser um grande desafio. O ano lunar consiste de treze meses, a antiga contagem de tempo. Eu dividi a Parte Dois deste livro entre esses meses, acrescentando a cada divisão lunar antigos ditados sobre a Lua, informações sobre antigas religiões, receitas, rituais práticos e encantos e ainda muitas outras coisas para tornar seu ano lunar um período interessante e entusiástico. Ao trabalhar com as energias da Lua, e não estar contra elas, você se sentirá em maior harmonia consigo mesmo, com os outros e com o ritmo espiritual universal.

A Parte Três inclui uma lista de Deusas e Deuses lunares de todo o mundo. Tal lista pode ser utilizada para descobrir a deidade mais apropriada a um dado ritual. Ou servir como referência sobre deidades lunares ao redor do Planeta e para que se tenha ideia de há quanto tempo a Lua tem sido importante para o homem.

Não podemos escapar da influência da Lua e de seus poderes, mesmo que conscientemente não lhes demos crédito. O inconsciente coletivo, ou mente universal, ainda possui toda a antiga informação de nossas próprias vidas passadas e também as de nossos ancestrais. O conhecimento da Lua de todas as antigas civilizações ainda pode afetar nosso subconsciente, portanto nossa vida, de uma maneira sutil. Cada humano, no entanto, pode aprender a deliberadamente acessar esta porção da mente através da meditação profunda e assim ter maior conhecimento do modo como isso influencia sua vida. Somando isso ao fato de que a Lua física afeta nossos corpos e emoções, torna-se absurdo não trabalhar em conjunto com o fluxo dessa energia, ao invés de estar contra ele. A vida por vezes é dura, por que não usar a magia da Lua para suavizar nosso caminho?

Nota

1. Conhecido como o Ciclo de Meton, em homenagem a seu descobridor, Meton de Athenas, que viveu no séc. 5 AEC; a Lua leva dezenove anos para repetir suas fases nos mesmos dias.

HISTÓRIAS DOS CALENDÁRIOS LUNARES

A palavra "calendário" vem do latim *calendae* ou *kalendae*, que era o nome do primeiro dia de cada mês Romano. As palavras-raiz em indo-europeu para "Lua", "Mente" e "Mês" são *mati-h*, *manas*, *mana* ou *men*; todas elas têm significado relacionado ao sangue menstrual das mulheres e da Deusa. Em grego, *mene* significa Lua, enquanto em latim a palavra para Lua era *mensis* ou *mensura*. As mesmas palavras raiz deram origem às palavras "medida" e "mensura". Mesmo hoje há no idioma inglês e em outros idiomas um resquício da Lua em nosso calendário atual na palavra *Moonday*, ou *Moon Day*. A palavra "criar" deriva da palavra "crescente", ou lua nova em inglês. Esta palavra sobrevive no francês moderno através da palavra *croissant*, ou "pão crescente".

Há três tipos de calendário: solar, lunar e luni-solar. Calendários são utilizados para estabelecer datas, tanto seculares quanto religiosas. Eles auxiliam a determinação dos Solstícios, Equinócios, eclipses do Sol e da Lua, etc. São também uma forma de dividir o ano em estações. Os mais antigos calendários eram baseados na Lua, portanto lunares.

O calendário solar atualmente utilizado pela maior parte do mundo é uma inovação relativamente moderna se comparado ao tempo de existência dos humanos neste Planeta. Existem muitos achados arqueológicos e documentos históricos que revelam que as primeiras culturas centravam suas vidas ao redor da Lua e de suas fases. Algumas datas ainda são determinadas pelas fases da Lua. Algumas poucas culturas chegam a manter o uso de calendários lunares.

Um dos mais antigos calendários, o chinês, baseava-se em ciclos lunares e observava tanto a Lua quanto o Sol. As vinte e oito divisões do ano lunar chinês eram chamadas de *hsiu*, ou "Casas"; cada casa era habitada por um guerreiro-consorte da Deusa da Lua. Tal calendário era utilizado também no Japão, na Coreia e no Vietnã. O calendário dos primeiros hindus era lunar; ainda hoje eles citam as "28 mansões da Lua".

Os egípcios primitivos possuíam um calendário lunar; na verdade, o hieróglifo que descreve "Mês" é uma lua crescente. Por volta de 4236 AEC, eles criaram seu calendário solar, que consistia de doze meses de trinta dias cada. Suas semanas possuíam dez dias cada. Ao final do último mês, eles acrescentavam cinco dias adicionais, conhecidos como os aniversários de deidades especiais. Tal calendário foi elaborado com base nas observações do surgimento de Sirius (ou *Sothis*, a Estrela Cão).

O Deus babilônio Marduk contava os dias sagrados pelos movimentos da Lua.

Os primeiros calendários da Caldeia, Babilônia, Mesopotâmia, Grécia, Roma e dos clãs Celtas também eram lunares. Sacerdotes babilônios pregavam que o Deus Marduk contava os dias sagrados e as estações do ano através dos movimentos da Lua. Os "adoradores da Lua" caldeus acreditavam que o movimento da Lua através dos signos zodiacais determinava o destino de uma pessoa. As palavras em gaélico para "menstruação" e "calendário" são quase idênticas: *miosach* e *miosachan*.

Ainda hoje os muçulmanos utilizam meses e anos lunares. Devido ao fato de o ano islâmico possuir apenas 354 ou 355 dias, suas festas religiosas, tais como o Ramadan, movem-se através das estações.

Na cultura judaica é usado um calendário combinado entre o lunar e o solar, com anos solares e meses lunares. Cada mês tem início quando o primeiro sinal da lua crescente é visto.

A Lua nunca apresenta a mesma forma ou tamanho para Terra e seus habitantes. Ela altera sua forma à medida que completa um ciclo de crescente, passando pelas outras fases e retornando à crescente, em aproximadamente 29 ½ dias.

A barca lunar dos antigos egípcios, na qual a lua viajava através dos céus rumo ao Oeste e retornava através do mundo interior para o Leste.

Algumas vezes a Lua aparenta ser maior do que em outras. Isso se deve à forma elíptica de sua órbita em torno da Terra. Quando se aproxima o máximo da Terra (no perigeu), ela parece ser cerca de quinze vezes maior do que quando está em seu ponto mais distante (apogeu). Quando um corpo planetário como a Lua se aproxima, mesmo que apenas um pouco mais, da Terra, seu tamanho visual aumenta dramaticamente. Em termos mágicos, a Lua é cerca de 25% mais poderosa no perigeu do que no apogeu. É um período no qual as marés são muito mais altas que o normal, devido ao aumento da influência da Lua sobre a Terra. Teoricamente, o poder mágico disponível tende a aumentar também.

Além disso, devido à variação do ângulo da Lua em seu zênite, por vezes ela atinge pontos mais altos na abóbada celeste do que em outras. Isso ocorre porque a órbita da Lua não coincide exatamente com o equador. O bom senso mágico atesta que, quanto mais alto a Lua sobe, mais diretamente seus raios e seu poder atingem a Terra e, por consequência, há mais energia disponível para a realização de rituais e encantamentos. A maior parte dessa energia é desperdiçada, pois a vasta maioria das pessoas luta contra o fluxo psíquico ao invés de utilizá-lo em seu benefício.

À medida que a Lua se move através do ano cíclico, sua energia também vai sutilmente se alterando, porque ela é influenciada pelo Sol e pelos ângulos que faz entre o Sol e a Terra. Para utilizar a energia da Lua em todo o seu poder através do ano, devemos ter ciência não apenas de suas fases, mas também das estações em si.

Dividi os meses lunares no calendário que se segue de acordo com os meses solares, com os quais a maioria de nós está familiarizada. No entanto, o décimo terceiro mês, o qual optei por listar apenas como o fim de outubro e o início de novembro, não é um mês completo de 29 dias. Causaria muita confusão tentar dividir os meses solares igualmente em treze meses lunares, os quais podem iniciar e terminar dentro de um mesmo mês solar. As pessoas passaram séculos vivendo de acordo com o ritmo da divisão solar do tempo. Por pura conveniência, optei por este sistema pouco ortodoxo.

Uma Lua Azul, ou a segunda Lua contida num mês, pode surgir a qualquer tempo num ano. Optei por inseri-la em outubro/novembro, um período tradicional na Europa Setentrional, que traz memórias dos ancestrais e do tênue véu entre os mundos (uma celebração conhecida atualmente como *Halloween*).

Nem todas as antigas datas dos festivais estão listadas neste calendário lunar por dois motivos: primeiro, porque outras fontes já fornecem esta informação[1]; segundo, as datas exatas de certas celebrações são discutíveis. Na dúvida, utilizei o que me pareceu razoável. Também listei apenas uma amostra de antigos rituais, que me pareceu prática e que possui um significado moderno para os praticantes atuais.

Nota

1. L PENNICK, Nigel. *The Pagan Book of Days*; BUDAPEST, Z. *Grandmother of Time e Grandmother Moon*; STEIN, Diane. *The Goddess Book of Days*.

PARTE
2

O Ano Lunar

INTRODUÇÃO AO ANO LUNAR

A lista de meses lunares a seguir contém informações que julgo serem úteis para que o leitor compreenda muitos dos antigos mistérios, ideias, festivais e conhecimentos místicos envolvendo a Lua. As tabelas de correspondência podem diferir das tabelas de outros autores; a maioria delas difere. Não estão entalhadas definitivamente em pedra e podem ser alteradas conforme as necessidades individuais.

As seções de receitas e artesanatos de cada mês lunar foram extraídas de meus próprios arquivos e livros de receitas. Apesar de gostar de colecionar receitas originais, eu invariavelmente as altero, sempre que possível, para torná-las mais fáceis de executar. Poucas pessoas dispõem de tempo ou disposição para passar horas experimentando receitas. Os pratos e bebidas podem ser utilizados durante rituais ou mesmo ao receber amigos em situações mais mundanas. Algumas das receitas podem servir como presentes, assim como os artesanatos. Eu os incluí como projetos divertidos.

Ao elaborar as colônias, utilize álcool sem odor; assim, a essência libera seu perfume à medida que evapora. O uso de água destilada é importante para assegurar que as impurezas foram removidas. A glicerina é um fixador que retém a essência. Se a receita utiliza ingredientes sólidos, permita que a colônia curta por vários dias e, em seguida, coe as partes sólidas.

Muitos praticantes de Magia se preparam para seus rituais tomando um banho antes utilizando sais especiais. Alguns magos usam apenas sal marinho, mas não vejo nenhum motivo especial pelo qual o sal comum não possa ser utilizado. Todos os sais provêm da Terra. Acrescente cerca de uma colher de sopa da mistura de sais, ervas e/ou óleos essenciais à banheira antes de mergulhar em um prazeroso banho. Todas as partículas sólidas devem ser bem moídas para que os resíduos possam ir pelo ralo. Se você possui alguma alergia, teste um pouco do óleo essencial (que é um ingrediente dos sais de banho) na parte interna de seu cotovelo antes de utilizá-lo na confecção de sais de banho. Guarde os sais de banho num pote bem tampado.

Todos os pot-pourris e sachês utilizam ingredientes secos, a não ser quando indicado. Se a receita diz ser "pote quente", a mistura deve ser utilizada nos pequenos potes que aquecem suavemente este tipo de pot-pourri. Os pot-pourris podem ser acondicionados em caixas ou vidros decorados; remover suas tampas por algum tempo pode perfumar a sala.

Os mitos aqui relacionados são apenas uma amostra dos existentes. Se estiver realmente interessado em um panteão cultural em especial, pesquise em sua biblioteca, pois lá provavelmente encontrará livros sobre qualquer panteão.

Apesar de já ter experimentado as ideias por trás dos antigos festivais e celebrações em vários rituais, não foi minha intenção reproduzir os antigos ritos. Ao invés disso, escrevi rituais modernos, pois, em primeiro lugar, a reprodução de antigos cerimoniais seria impossível devido aos poucos (ou

Uma das mais antigas visões topográficas da Lua, da Selenografia de Johann Hevelius, Danzig, 1647

nenhum) registros precisos existentes sobre como eram realmente executados. Em segundo lugar, vivemos hoje numa era completamente diferente. Não seria lógico executar antigos rituais (incluindo aí o uso da linguagem) da mesma forma como eram executados no passado. Muitas datas são discutíveis, pois os calendários sofreram drásticas alterações. Os antigos rituais e festivais por mim incluídos são aqueles que julguei serem os de maior relevância hoje.

Rituais deveriam ser tão divertidos quanto sérios. Tenho certeza de que as deidades e outros seres sobrenaturais possuem senso de humor; têm de ter, pois eles trabalham conosco, mortais. Portanto, nem todos os rituais deste livro são sóbrios ou sérios. Devemos celebrar o prazer de viver, além de nos preocuparmos com o que precisamos e desejamos.

Cada mês lunar possui seus rituais para as luas crescente, cheia e nova (Lua Negra). A maioria dos Pagãos já está familiarizada com a lua crescente e cheia e utiliza pelo menos a cheia em seus rituais. Apesar disso, um grande número de praticantes tem verdadeiro pavor ou pelo menos possui desconfiança com relação à lua nova (Negra) e suas divindades. Essas pessoas realmente não sabem como utilizar o poder da lua nova ou, se possuem algum conhecimento, temem que o uso desses poderes possa ser "errado". Buscar sua proteção e de sua família não é "errado", mas usar um ritual para obter o amor ou bens materiais de alguém é errado e nada ético.

No entanto, como sempre venho dizendo, utilizar a Magia para possibilitar a captura e a prisão de assassinos, estupradores, pessoas que agridem seus filhos e suas famílias, caçadores ilegais, terroristas, traficantes e outros de índole semelhante é perfeitamente correto; apenas evite utilizar um nome, pois você pode ter a pessoa errada em mente. E nunca especifique o modo com o qual espera que a pessoa seja punida. Peça para que sejam apanhados em virtude de seus erros e arrogância. Como cidadão, você impediria que tal pessoa prosseguisse com seus atos de maldade se tivesse provas que o confirmassem perante a justiça. Como praticante de Magia, você tem as mesmas responsabilidades.

Para compreender tanto as complexidades das três fases da Lua quanto os segredos espirituais ocultos por trás de seus mitos e as deidades lunares (especialmente as Deusas), seria necessário um livro inteiro[1]. Os rituais aqui citados podem abrir alguns portais mentais e espirituais, possibilitando ao leitor dispensar concepções equivocadas e vislumbrar o que realmente existe por trás das três poderosas fases da Lua.

A lua crescente se inicia quando a primeira linha de luz se torna visível; a lua cheia quando mostra toda a sua face e a lua nova quando não se vê nenhuma luz. Um bom calendário astrológico ou lunar, como os editados pela Llewellyn, o auxiliará a determinar o tempo de seus rituais.

Tradicionalmente, em Magia, a lua crescente é utilizada para invocar as coisas que se deseja, um período para iniciar novos projetos. A lua cheia é utilizada na integração e aperfeiçoamento de ideias e projetos e para lançar encantamentos buscando coisas positivas; corresponde à maré alta das energias psíquicas. A lua nova ou minguante é utilizada para diminuir ou banir completamente coisas de sua vida. É também um período de elevada energia psíquica, mas de natureza completamente diferente do que a energia da lua cheia.

Nas energias e atividades da vida pessoal, a Lua reflete sua maior e menor influência no corpo e na psique humanos. A lua crescente é um período de poderes controlados e crescimento; a lua cheia, um tempo de criação e alta energia; a lua nova, um ciclo de retiro, conservação de energia, cura, repouso, tempo de sonhar com o futuro.

As três fases simbolizam as três principais áreas do ciclo da vida humana. A lua crescente compreende o período do nascimento à puberdade; a lua cheia, da puberdade à maturidade; e a lua nova ao longo da velhice até a morte do corpo físico.

No padrão anual, podemos novamente observar as fases da Lua. A lua crescente vai do seu aniversário até seis meses após. A lua cheia são os cinco meses seguintes, aproximando-se de um novo aniversário. A lua nova corresponde ao mês imediatamente anterior ao seu aniversário. Esta conexão da lua nova com o período de aniversário pode ser a razão de muitas pessoas não aguardarem com muita ansiedade esta celebração anual. É um período no qual as emoções pessoais estão desorganizadas e extremamente sensíveis.

Além de tudo isso, podemos observar as fases da Lua em eventos de nossa vida, especialmente a lua nova. Entramos numa fase nova sempre que experimentamos uma perda pessoal de qualquer espécie. Temos que nos permitir a sensação de ruptura e de ira quando passamos por eventos desse tipo, pois ignorar ou negar a nós mesmos este período de fúria e pôr panos quentes na situação só faz com que percamos a sintonia com os ritmos da vida.

Homem na Lua

Ao seguirmos a Lua através de suas três fases mensais e de seu ano de treze meses, é possível sincronizar nossa vida com o fluxo das estações e os ritmos da Lua. Após conseguir, você perceberá que será uma pessoa mais harmonizada consigo mesma e com aqueles que o rodeiam.

Nota

1. As três fases da Lua correspondem às três faces da Deusa. Meu livro, *Maiden, Mother, Crone*, é dedicado exclusivamente a este assunto (ver Bibliografia).

A LUA DO LOBO

— JANEIRO —

Também conhecida como Lua Quieta, Lua da Neve, Lua Fria, Lua Casta, Lua Distante, Lua do Pequeno Inverno

A lua cheia de Janeiro honrava Ch'ang-O, a Deusa chinesa dos quartos de dormir e protetora das crianças.

O Ano Novo na China começa no primeiro dia de lua crescente com o Sol em Aquário. Isto ocorre no período que vai de 21 de janeiro a no máximo 19 de fevereiro.

1º de janeiro: Celebração das Sete Divindades da Sorte no Japão e da Deusa Fortuna em Roma.

2 de janeiro: Nascimento da Deusa Inanna na Antiga Suméria.

5 – 6 de janeiro: Ritual Noturno em honra de Kore; celebrado no Koreion, Alexandria. O quinto dia do primeiro mês marcava o nascimento do Deus chinês da riqueza, Tsai Shen ou T'sai-Shen.

6 de janeiro: Dia Celta da Deusa Tríplice: Donzela, Mãe, Anciã.

10 de janeiro: Dia de Freya, a Deusa Mãe Nórdica.

12 de janeiro: Besant Panchami, ou Dawat Puja, o Festival de Saraswati na Índia; ou na nova lua crescente mais próxima. Em Roma, a Compitália, para celebrar os Lares, ou Deuses dos lares.

18 de janeiro: Teogamia de Hera, festival feminino celebrando todos os aspectos da Deusa.

20 de janeiro: na Bulgária, Baba Den, ou Dia da Avó, em honra da Deusa Baba Den, ou Baba Yaga. Na China, é dia do Deus da Cozinha.

24 de janeiro: na Hungria, a Bênção da Vela das Mulheres Alegres, cerimônia de purificação honrando a Deusa do Fogo.

27 de janeiro: Paganalia, dia da Mãe Terra em Roma.

❖ ❖ ❖

A palavra "janeiro" originou-se do nome romano para esse mês, que foi nomeado em homenagem a Janus, que tinha duas faces. Esta deidade governava os inícios e fins, o passado e o futuro. Uma vez que janeiro é considerado o primeiro mês de um novo ano, tal conexão com o Deus Janus é apropriada. Este é um período excelente para nos livrarmos do velho e do ultrapassado em nossa vida pessoal e para fazer planos para novas e melhores condições.

Os chineses utilizam este conceito ao celebrar seu Ano Novo, que ocorre no primeiro dia de lua crescente com o Sol em Aquário. Eles consideram esta celebração um período para acerto de débitos, honra aos ancestrais e reuniões de família. Chineses carregam imagens de dragões de papel pelas ruas e soltam fogos de artifício para afugentar entidades maléficas e o azar.

Tsao Wang era o Deus chinês da cozinha ou divindade da lareira e do conforto doméstico; sua imagem era normalmente afixada acima do fogão. Era o protetor da família e guardião de seus atos e palavras. Seu relatório ao final de cada ano ao Imperador Celeste Jade determinava a sorte futura da família. Por causa disto, os chineses queimavam a antiga imagem e penduravam uma nova poucos dias antes do Ano Novo. À sua esposa cabia observar o comportamento das mulheres da família.

Mesmo o povo do Tibete, cujo ano começava por volta do final de janeiro, possuía uma celebração para espantar o Ano Velho. Uma imagem em massa era confeccionada para servir de moradia aos demônios e eles a adoravam por sete dias. Ao final desse período, a imagem era levada para fora da vila até uma encruzilhada e lá abandonada. Aparentemente, a ideia por trás disso era de que se reconhecia a existência de entidades negativas, acumuladas durante o ano, mas ao deixar a imagem fora da vila, as entidades recebiam uma clara mensagem de que não eram mais bem-vindas.

A maioria das culturas possui uma cerimônia para determinar o final de um velho ciclo no calendário e celebrar o início de um novo. Atividades físicas referentes ao fim e início de ciclos estabelecem mudanças similares em nosso subconsciente. Esta mudança no subconsciente é necessária para que as mudanças físicas realmente ocorram. Tais rituais são úteis quando enfrentamos o fim de ciclos em relacionamentos, carreira, residência ou outras situações de nossa vida.

Durante a festa de Kore, celebrada à noite com muita alegria e representações, um grupo de iniciados portando tochas adentrava à câmara subterrânea da Deusa. Com muita cerimônia e reverência, eles retiravam a imagem de Kore de lá, completamente nua, com exceção de suas joias de ouro. A estátua era então acomodada em uma liteira decorada e carregada ao redor do templo por sete vezes. Os gregos acreditavam que o número sete trazia sorte e sucesso.

O Festival Inca de Camay Quilla era celebrado na lua crescente.

As Sete Divindades da Sorte, no Japão, eram honradas durante um festival de três dias, chamado San-ga-nichi. Para evitar que a sorte fosse varrida, desperdiçada, nada era varrido durante esse festival. As Sete Divindades também são conhecidas como Shichi Fukujin, ou ShichiKukujin, ou seja, "os Sete Deuses da Felicidade". São seis Deuses e uma Deusa compondo este grupo: Ebisu, patrono do trabalho; Daikoku, Deus da prosperidade; Benzaiten ou Benton, Deusa do amor, da música, da eloquência e das artes finas; Bishamonten, Deus da alegria e da guerra; Fukurokuju, Deus da alegria e da vida longa; Jurojin, Deus da alegria e da vida longa; Hotei Osho, Deus da boa sorte. Eles navegam num navio tesouro chamado *Takarabune*.

Acreditava-se que Tsai Shen, o Deus chinês da riqueza, regia o dinheiro e a riqueza em geral. Uma grande quantidade de símbolos lunares era relacionada a ele, tais como o morcego, o sapo e o número três.

Correspondências

Espíritos da Natureza: gnomos, brownies.

Ervas: manjerona, cardo, castanhas e cones.

Cores: branco brilhante, azul-violeta, preto.

Flores: galanto, açafrão.

Essências: almíscar, mimosa.

Pedras: granada, ônix, azeviche, crisoprásio.

Árvores: bétula.

Animais: coiote, raposa.

Aves: pavão, gaio.

Deidades: Freya, Inanna, Saraswati, Hera, Ch'ang-O, Sinn.

Fluxo de energia: indolente, sob a superfície; início e concepção. Proteção, reversão de encantos. Manutenção de energia através do trabalho de problemas pessoais que não envolvam mais ninguém. Fazer com que seus vários corpos trabalhem harmoniosamente juntos, com os mesmos objetivos.

Velhos Ditados e Sabedoria

- As condições do clima nos primeiros doze dias de janeiro indicam como será o clima nos próximos doze meses solares. Cada dia equivale a um mês em sequência.

- Para pedir à Lua para encontrar uma pessoa específica, diga enquanto olha para ela:

  Eu vejo a Lua, a Lua me vê.
  A Lua vê (nome da pessoa) a quem eu quero ver.

- Para se livrar de verrugas, pegue uma fatia de maçã. Enquanto olha para a lua crescente, esfregue o lado da polpa da maçã em sua verruga, dizendo:

  Aquilo que vejo está crescendo,
  aquilo que esfrego está desaparecendo.

Enterre o pedaço da maçã ou atire longe. À medida que apodrece, a verruga vai desaparecendo.

- Se a lua crescente ocorresse num sábado, costumava-se dizer que haveria vinte dias de vento e chuva.
- Para profetizar casamentos, deve-se olhar para a primeira lua do ano novo através de um lenço de seda. O número de luas vistas através do lenço representa o número de meses (luas) de vida solteira.

Receitas

Chá Indiano Temperado

Os indianos apreciam temperos em seu chá, não apenas pelo sabor, mas também pelo aumento da temperatura do corpo que eles trazem durante o inverno. Eles também gostam de leite em seus chás; se desejar ser realmente autêntico, adicione uma xícara de leite desnatado durante a última fervura. Ótima bebida a ser servida após rituais ou celebrações. Seis porções.

- ¼ de xícara de açúcar mascavo ou mel
- 1 pau de canela
- 1 cm de gengibre ralado e amassado
- 2 colheres de sopa de folhas de chá preto
- 6 cravos
- 6 grãos de cardamomo verdes
- 7 xícaras de água fria

Numa caneca grande, ferva a água. Adicione os temperos e o açúcar mascavo. Ferva em fogo baixo por cinco minutos. Desligue o fogo, tampe a caneca e deixe a mistura em infusão por dez minutos. Acrescente as folhas de chá e ferva novamente. Abaixe o fogo, tampe a caneca e ferva por mais cinco minutos. Coe o chá e sirva.

Mostarda de Ervas

Um dos mais deliciosos meios de utilizar ervas hoje em dia é na culinária. Uma vez que sou uma pessoa muito ocupada, a maioria das minhas receitas foi adaptada para utilizar temperos e alimentos prontos. Esta receita não apenas é uma grande adição à sua coleção pessoal de receitas, como também pode ser um presente original. Utilizando a tradicional mostarda amarela, pode-se adequar a quantidade de ervas aos paladares pessoais.

- ¼ de xícara de salsa moída
- ¼ de xícara de vinagre de maçã
- ½ colher de chá de folhas de estragão moídas
- 1 colher de chá de endro seco
- 1 colher de chá de folhas de manjericão moídas
- 1 colher de chá de folhas de orégano moídas
- 3 xícaras de mostarda preparada

Despeje a mostarda numa vasilha grande. Adicione as ervas secas e misture uniformemente. Acrescente gradualmente o vinagre. Guarde numa jarra com tampa e deixe no refrigerador por dois a três dias antes de utilizar. IMPORTANTE: muitas receitas deste livro utilizam a mostarda de ervas.

Patê de Ovo *à la diable*

Tentar criar almoços improvisados para convidados ou para a família pode ser frustrante. Este patê vai bem com sanduíches, tostadas ou muffins ingleses. Pode ser preparado com antecedência, embalado e estará pronto para comer ao final do ritual. Rende duas xícaras de patê.

- ¼ de colher (chá) de folhas de manjericão moídas
- ¼ de colher (chá) de pimenta
- ¼ de colher (chá) de sal

- ½ xícara de aipo bem moído
- 2 colheres de sopa de maionese
- 2 colheres de sopa de mostarda de ervas
- 4 ovos bem cozidos e moídos

Misture bem os ingredientes e resfrie na geladeira.

Artesanato

Pot-pourri Básico de Temperos

- 15 g de benjoim
- 15 g de calicanto em pó, com algumas frutas inteiras
- 15 g de canela em pó
- 15 g de cravos partidos
- 15 g de noz-moscada
- 15 g de raiz de lírio-florentino
- 15 g de sementes inteiras de coentro

Misture levemente os ingredientes para preparar a mistura. Escolha um belo pote com tampa para guardar seu pot-pourri. Dentro do pote, coloque uma camada de pétalas secas de flores, como rosa, lavanda, verbena ou pequenos botões de rosa. Sobre cada camada, polvilhe um pouco da mistura. Continue formando camadas e polvilhando até preencher o pote. Para refrescar uma sala, basta remover a tampa.

Sais de Banho do Xamã

- 1 xícara de sal
- 2 gotas de óleo de cedro
- 3 gotas de óleo de verbena
- 8 gotas de óleo de rosas

Sais de Banho Aura de Vênus para Encantamentos de Amor

- 1 xícara de sal
- 4 gotas de óleo de frangipana
- 4 gotas de óleo de lavanda
- 4 gotas de óleo de rosas
- 4 gotas de óleo sintético de almíscar
- 8 gotas de óleo de jasmim

Sais de Banho de Cernunnos

- 1 xícara de sal
- 2 gotas de óleo de cravo
- 2 gotas de óleo de pinho
- 3 gotas de óleo de rosa gerânio
- 4 gotas de óleo de patchouli
- 6 gotas de óleo de âmbar
- 8 gotas de óleo sintético de almíscar
- 8 gotas de óleo sintético de âmbar gris

Sais de Banho de Pã

- ¼ de colher de chá de tintura de zimbro
- 1 xícara de sal
- 2 gotas de óleo de cedro
- 2 gotas de óleo de pinho
- 3 gotas de óleo de verbena
- 4 gotas de óleo de zimbro
  ou ¼ de colher de chá de tintura de zimbro
- 8 gotas de óleo de patchouli

Sais de Banho dos Sátiros

- 1 xícara de sal
- 2 gotas de óleo de canela
- 4 gotas de óleo de cravo
- 4 gotas de óleo sintético de almíscar
- 8 gotas de óleo de baunilha
- 8 gotas de óleo de patchouli

Sais de Banho da Magia da Lua

- ¼ de colher de chá de raiz de lírio-florentino em pó
- 1 xícara de sal
- 8 gotas de óleo de lótus
- 8 gotas de óleo de sândalo

Para produzir os sais de banho deste capítulo e outros citados neste livro, misture levemente os ingredientes indicados e guarde-os em um pote decorado. IMPORTANTE: nunca ingira os sais de banho.

Mitos

Magia de Freya e Seidr

Nos antigos mitos nórdicos, uma das mais conhecidas de todas as Deusas era a independente e bela Freya. Infelizmente, poucas de suas histórias sobreviveram. Isso talvez se deva ao fato de que as lendas foram registradas por eruditos influenciados pelo cristianismo; esses homens possivelmente eram ferozmente contra qualquer registro sobre Freya, a Deusa da adivinhação e da independência sexual. Apesar de Freya não ser considerada uma Deusa lunar, muitos de seus atributos a conectam às luas cheia e nova.

Há muitos fatos que podemos deduzir dos mitos que foram preservados. Freya era irmã de Freyr e filha do Deus do mar Njord com sua irmã sem nome, possivelmente Nerthus. Uma Deusa-Vanir casada por algum tempo com o misterioso Deus Od, ou Odr, o qual desapareceu. Por ele, Freya derramou lágrimas de ouro; segundo a tradição, as lágrimas que caíram ao mar transformaram-se em âmbar. Com exceção desta vaga menção a um marido, Freya não é jamais associada a outro Deus no papel de "esposa". Seus gatos puxavam sua carruagem em batalha, o que a torna "a Senhora dos Gatos", o mesmo título atribuído à egípcia Bastet e à grega Ártemis. Além disso, Freya era a líder das Valquírias e tinha poderes de se transmutar, a sábia ou vidente que inspirou toda a poesia sagrada. Mulheres sábias, videntes, senhoras das runas e curandeiras estavam todas intimamente conectadas à Freya, pois ela era a Deusa da Magia, da Bruxaria e dos assuntos amorosos.

A magia de Freya era xamanística por natureza, como indica seu vestido ou capa de pele de falcão, que permitia que se transformasse em um pássaro, viajasse para qualquer dos mundos e retornasse com profecias. Por várias vezes, Loki emprestou tal pele de falcão, geralmente para espionar pessoas e criar problemas. Os xamãs atuais julgam tal habilidade de efetuar viagens astrais como necessária para a previsão do futuro e para obter sabedoria. Entre os povos nórdicos, esta habilidade presenteada por Freya era chamada de *seidr*.

Seidr era uma forma mística de magia, transe e adivinhação primariamente feminina. Apesar de a tradição rezar que as runas teriam se originado com Freya e que fossem utilizadas por suas Sacerdotisas, a maior parte de *seidr* envolvia a prática de transmutação, viagem do corpo astral através dos Nove Mundos, magia sexual, cura, maldição e outras técnicas. Suas praticantes, chamadas de *Volvas* ou às vezes *Seidkona*, eram sacerdotisas de Freya. Elas eram consultadas sobre todos os tipos de problemas. Na obra *Elder Edda*, três poemas, "Voluspa", "Baldrs Draumar" e "Svipdagsmal" tratam de Volvas mortas que são chamadas para aconselhar os Deuses ou proteger os humanos.

As mulheres não eram as únicas praticantes do *seidr* de Freya. Existem vestígios em poemas e em prosa de que *seidr* fosse também praticado por homens vestidos com roupas de mulher. Odin, por exemplo, é a única deidade masculina listada nos mitos a ter praticado este tipo de magia; ele foi iniciado pela própria Freya. No entanto, esta não era uma atividade masculina popular e aqueles que a praticavam eram ridicularizados ou até mesmo assassinados. Vestir-se com as roupas do sexo oposto é uma tradição realmente antiga, que tem suas raízes na crença de que um homem deve espiritualmente transformar-se em uma mulher para servir à Deusa. Isso não poderia ser bem recebido numa sociedade patriarcal.

As Volvas moviam-se livremente de um clã para outro; suas habilidades eram constantemente exigidas. Elas não costumavam se casar, apesar de possuírem amantes. Essas mulheres portavam cajados com uma ponteira de bronze e usavam capas, capuzes e luvas de pele de animais. Na Saga de Eiriks podemos encontrar um relato muito detalhado da prática de *seidr* por uma Volva. Há outra história em *Landnámabók*, na qual uma Volva traz ativamente prosperidade à atividade pesqueira do povoado através de *seidr*.

O xamanismo requer compreensão dos Quatro Elementos que influenciam todos os aspectos da vida e requer saber como utilizá-los. A história de como Freya obteve seu famoso colar Brisingamen de quatro gnomos é, na verdade, uma lição de aprendizado de como utilizar os Quatro Elementos. Certa vez, quando Freya passeava, ela se deparou com quatro gnomos que fabricavam o mais belo colar. Esses artesãos, conhecidos como *Brisings*, chamavam-se Alfrigg, Dvalin, Berling e Grerr. Freya decidiu que o colar deveria ser seu, mas os gnomos não o venderiam. No entanto, eles lhe dariam o colar de presente se ela passasse uma noite com cada um deles. Sem hesitar, Freya concordou e tornou-se a proprietária de Brisingamen, um poderoso equilíbrio da Serpente Midgard e um símbolo de fertilidade. Tais atributos correspondem à lua cheia.

Uma vez que os monges cristãos julgaram esta uma história de pouca moral, é de se admirar que tenha sobrevivido nos mitos nórdicos. Não é uma história sobre sexo, mas, sim, sobre obter conhecimento (algo considerado tão maligno quanto sexo pelos monges).

Os quatro gnomos representam os Quatro Elementos. Brisingamen simboliza a beleza, o poder e a riqueza que advêm de saber como utilizar e equilibrar esses tijolos de matéria. A inveja e a cobiça de Odin por tal joia e pelo meio a qual Freya a obteve o levou a ordenar a Loki que roubasse o colar. Para recuperá-lo, Freya deveria concordar com uma obscura ordem de Odin: deveria incitar a guerra entre reis e grandes exércitos para depois reencarnar os guerreiros mortos para que lutassem novamente. Este aspecto da Deusa, também conhecida como líder das Valquírias, a conecta à lua nova.

A Mani Nórdica

No início do mundo, Odin e seus irmãos assassinaram o gigante Ymir e criaram os Nove Mundos com seu corpo. Os mitos narram como grandes discos de fogo saíram de Muspelheim, dando origem ao Sol e à Lua. Para os nórdicos, a Lua era masculina e o Sol, feminino. Esses corpos celestes não possuíam rotas fixas até que os Deuses ordenaram aos elfos-ferreiros, filhos de Ivalde, que construíssem carruagens de puro ouro para puxá-los através dos céus.

O gigante Mundilfore, que cuidava do moinho do Mundo, considerava-se rival de Odin. Mundilfore chamou então suas belas crianças Mani (Lua) e Sol (Sol). Ele se gabava de tal forma de suas crianças que os Deuses decidiram tomá-las dele. Fizeram com que a garota Sol conduzisse a carruagem do Sol e o garoto Mani a da Lua.

O belo Mani cresceu solitário em sua morada na Lua. Uma noite, ele viu duas crianças indo à fonte de Byrgir, "o oculto", que surgia no poço de Mimir. Elas foram enviadas por seu pai, Vidfinn, para recolher um balde

O Deus nórdico Odin, no seu trono em Asgard, o Mundo Divino

de néctar-canção. O garoto Hjuki e a menina Bil encheram o balde e o colocaram num bastão para carregá-lo montanha acima até sua casa. Enquanto subiam penosamente a encosta, Mani os sequestrou e os levou para sua casa na Lua.

Os nórdicos diziam que as manchas vistas na superfície da Lua eram Hjuki e Bil, com seu balde de água e seu bastão. Os skalds invocavam a menina Bil para que espargisse o mágico néctar-canção sobre seus lábios, para que se tornassem eloquentes e habilidosos.

Ao Deus lunar Mani era atribuído o controle de Nyi (a lua crescente) e de Nithi (lua minguante ou nova).

Blodeuwedd de Gales

A Deusa galesa Blodeuwedd era conhecida como a Deusa dos Nove Aspectos da Ilha Ocidental do Paraíso, uma conexão tanto com a Lua (nove é um número lunar) quanto com a morte e a reencarnação (aspectos da lua nova). Robert Graves escreve que Blodeuwedd possuía nove poderes; nove é também um múltiplo de três, outro número da Lua e da Deusa. A coruja era o animal sagrado de Blodeuwedd. Ela lidava com mistérios lunares e iniciações místicas.

De acordo com a mitologia galesa, Blodeuwedd foi criada por Gwydion e Math a partir de brotos de carvalho, gesta e rainha-dos-prados para ser a esposa de seu sobrinho, o jovem Deus Lleu. Seu nome significa literalmente "cara-de-flor". No entanto, após algum tempo, Blodeuwedd perdeu seu interesse por Lleu e se apaixonou pelo obscuro Deus da caça da floresta. Quando perguntou a Lleu como ele poderia ser assassinado, ele contou a ela, que então contou a seu amante, o Deus da caça, que o matou. Entretanto, os tios de Lleu fizeram com que ele ressuscitasse. Lleu, por sua vez, matou seu rival. Gwydion transformou Blodeuwedd em uma coruja, um pássaro que prefere a noite e caça à luz do luar.

A coruja, uma criatura também ligada a Athena, e também a outras Deusas lunares, simboliza a sabedoria e os mistérios da Lua. Voar ao Luar significa compreender e utilizar os poderes da Lua.

Andraste da Grã-Bretanha

Pouco se sabe sobre a Deusa Andraste, a não ser que era cultuada por Boadicea, a rainha-guerreira britânica que quase expulsou as legiões de conquistadores romanos. Sabemos que Andraste era associada à Lua, pois a lebre ou o coelho lhe eram sagrados. De acordo com a História, pouco antes de sua última batalha contra os romanos, a rainha soltou uma lebre e observou o padrão de sua fuga como um método de predição (profecias utilizando as ações de animais eram utilizadas por diversas outras culturas além da céltica). Não há registro do que Boadicea teria visto nos movimentos da lebre. Os registros históricos dão conta de que ela conduziu seu exército a um ataque maciço contra as bem treinadas legiões de Roma e quase derrotou o controle romano sobre a Grã-Bretanha. Quando capturada, a rainha se envenenou, frustrando assim os planos dos romanos de exibi-la em uma parada vitoriosa em Roma.

Uma possível versão posterior de Andraste é Eostre, também conectada a lebres e ovos e ao Equinócio de Primavera.

Rituais

Boa Sorte e Mudança de Sorte

No dia 1º de janeiro, as Sete Divindades da Sorte são honradas no Japão, assim como a Deusa Fortuna em Roma. O único modo de ter boa sorte, no entanto, é transformar sua má sorte ou sorte medíocre em boa sorte. Mudar sua sorte é por vezes o único meio de obter prosperidade. O mesmo se aplica à manutenção de sua saúde.

Este encantamento funciona melhor quando feito numa noite de lua cheia. São necessárias várias velas: uma vela astral para representar você; uma vela laranja para representar uma mudança repentina; uma prata ou cinza-claro para representar a neutralização da má sorte; uma preta para representar a própria má sorte; e uma magenta para apressar o processo de alteração de sorte.

Uma das Sete Deidades da Sorte

✦ ✦ ✦

Unte as velas com um bom óleo purificante ou de consagração, como o de lótus, por exemplo, e posicione-as em suportes numa superfície segura. Unte a vela preta do fundo ao pavio; através desse gesto estará afastando a má sorte de você. Unte as demais do pavio ao fundo; isso trará as coisas que deseja. As velas devem se queimar por completo, portanto, certifique-se de que pode deixá-las sem correr riscos.

Acenda a vela astral que representa você, dizendo:
Este(a) sou eu e tudo que me representa.

Acenda a vela preta, dizendo:
Este é meu azar. Ele está me deixando agora.
Sua partida não me traz lágrimas.

Acenda a vela cinza, dizendo:
Isto neutralizará quaisquer resquícios de azar,
Que serão dissolvidos no nada.

Acenda a vela laranja, dizendo:
Isto representa as mudanças para melhor
que acontecerão em minha vida.
Eu as recebo de braços abertos.

Acenda a vela magenta, dizendo:
Esta é a energia astral de que necessito
para acelerar as mudanças.

Agora, sente-se por alguns instantes, repetindo para si mesmo:
Dou as boas-vindas às mudanças.
Dou as boas-vindas ao bem que chega.

Deixe as velas queimarem completamente. Em seguida, jogue fora a cera.

É possível que alguns amigos se afastem após este ritual. Isso indica que tais amizades não lhe traziam bem algum. Esteja preparado para se livrar de qualquer coisa que saia de sua vida.

Protetores Domésticos

Doze de janeiro marcava o festival de Compitália em Roma, quando prestava-se homenagem aos Lares por sua ajuda. Os Lares eram os Deuses domésticos que residiam com cada família, uma espécie de protetores.

Todos possuem um protetor, individual e familiar-coletivo. Se você acha que não recebe nenhuma ajuda dos seus, talvez seja interessante lhes dedicar um pouco de atenção e louvor. Alguns Pagãos dedicam uma estátua, pote com pedras ou outro objeto focal como uma habitação para os protetores familiares.

Um de nossos protetores familiares reside numa estátua de um cão de guarda chinês que ganhamos de amigos. O outro vive numa estátua de Buda que encontramos numa pequena loja, que logo em seguida fechou e foi para paradeiro desconhecido. As crianças se encantam com ambas as estátuas, mas descobrimos que os protetores possuem seus próprios métodos de se protegerem a si mesmos. Um pequeno garoto me confidenciou: "o Buda me mordeu". Uma vez que nenhuma das estátuas é feita de metal, isso elimina o fenômeno da eletricidade estática.

Estabeleci um ritual anual em honra aos nossos protetores, o qual celebramos por algum tempo. Normalmente incluo este ritual como parte de um de nossos rituais mensais regulares, mas pode ser celebrado separadamente.

✦ ✦ ✦

Celebre este ritual durante a lua crescente. Agrupe os seguintes itens em seu altar: selecione um incenso que lhe faça lembrar de ervas, florestas e coisas verdes crescendo. Coloque uma vela verde num suporte e deite seu Bastão ao lado dela.

Decore a área imediatamente ao redor do símbolo que você escolheu para seu guardião, com pinhas, pequenas imagens de gamos ou outros animais dos bosques, hera, azevinho ou algo similar. Possuir azevinho e outras plantas naturais imprescindíveis é interessante, mas não absolutamente necessário. Há substitutos artificiais que podem ser utilizados e reutilizados em outros rituais. Limpe o símbolo de seu guardião, removendo toda a sujeira e poeira. Se for pequeno o bastante, posicione-o no altar. Se não for possível, coloque bem perto dele.

Este rito poderia ser considerado uma espécie de festa de aniversário, portanto, comes e bebes podem fazer parte.

Acenda o incenso e a vela. De pé, em frente ao altar, diga:

Espíritos guardiões, eu os convido para juntar-se a mim neste altar. Vocês são meus amigos e desejo agradecer-lhes.

Apanhe o incenso e passe ao redor do símbolo guardião três vezes, no sentido horário.

Agradeço-lhe pela atmosfera que você ajuda a manter limpa e agradável nesta casa.

Mova a vela no sentido horário ao redor do símbolo três vezes.

Agradeço-lhe pela luz que envia para purificar e afastar as trevas.

Segurando o Bastão com sua mão de poder, circunde o símbolo novamente por três vezes no sentido horário.

Peço sua proteção e ajuda constante para mim, minha família, meus animais e minha propriedade. Peço que espante pessoas arruaceiras, ladrões e outros, físicos e não físicos, que possuam propósitos malignos e destrutivos. Agradeço por sua amizade e amor.

De pé e erguendo seus braços, diga:

Querida Deusa, Senhor do Mundo Verde, apresento-lhes o guardião desta casa, o espírito especial que convidei para esta morada.
Honro este guardião através deste símbolo de sua existência. Abençoe este guardião. E às suas bênçãos, acrescento meus agradecimentos por sua proteção e amizade.

Caso possua mais de um guardião, substitua todas as palavras no singular pelo plural. Passe alguns instantes acariciando o símbolo, expressando mentalmente o quanto o guardião lhe é importante.

Se providenciou comida e bebida, convide seus amigos guardiões para a festa. Converse com eles, atento a leves carícias e sussurros mentais. Após encerrar, agradeça a presença deles em seu ritual.

Festival de Saraswati

- Lua Crescente -

Besant Panchami, às vezes chamado de Dawat Puja, é o Festival de Saraswati na Índia. Saraswati é a Deusa do aprendizado, da escrita e dos livros contábeis. É também uma Deusa de rio, que despeja uma torrente de energia. Sua imagem é a de uma bela mulher vestida de branco; em sua fronte há uma lua crescente. Ela rege as artes civilizadas, como a música, a matemática, o alfabeto, os calendários, a Magia, os Vedas e, claro, todas as áreas de aprendizado.

Na Índia, esse festival tinha início com a limpeza de todos os potes de tinta e das penas. Em nossa era de máquinas de escrever e computadores, devemos limpar completamente tais equipamentos. Na verdade, limpar toda a área de escrita, tirando o pó de todos os livros e organizando os papéis pessoais faz parte dessa categoria.

Os hindus consideram todas as vidas como uma participação da harmonia cósmica. Consideram todas as ações como uma forma de culto divino; diz-se que isso é um culto interno. No culto externo, seus rituais consistem de sons, ritmos, gestos, flores, luzes, incenso e oferendas, tudo isso servindo como auxílio para guiar a mente o mais longe do material e o mais perto possível do espiritual. Diz-se que isso atrai a divindade desejada para mais perto. Ao culto individual dá-se o nome de *puja*. O ritual é considerado necessário para estabelecer e manter contato com uma divindade específica.

✦ ✦ ✦

Para honrar Saraswati, limpe sua área de escrita e seus instrumentos. Consiga flores frescas ou, na impossibilidade de obtê-las, tenha pelo menos um belo buquê de flores de seda. Arranje-as num vaso ou pote bonito. Tenha à mão incenso de sândalo ou lótus; pode ser em varinhas. Separe um papel em branco, uma caneta e uma vela branca num suporte à prova de fogo.

Tome um banho agradável e aplique seu perfume ou colônia predileto. Dirija-se ao seu local de culto trajando uma bela toga ou nu. Não seja relaxado a ponto de ir vestindo um velho roupão de banho, com os cabelos desgrenhados! Você está indo falar com uma Deusa.

Como altar, pode usar qualquer coisa que já possua, ou arrumar uma bandeja grande o suficiente para conter todos os seus apetrechos. Arrume o vaso de flores; uma estátua ou figura de Saraswati (se você tiver sorte o bastante para possuir uma), ou pelo menos seu nome caprichosamente escrito em um cartão; o papel e a caneta; a vela e o incenso no suporte. Toque música indiana ou ao menos uma música que lembre a Índia.

Acenda o incenso e, suavemente, com suas mãos, direcione sua fragrância sobre o altar e sobre si mesmo. Acenda a vela. Sentado ou de pé, em frente ao altar, entoe o *OM* utilizado pelos hindus. Cante o *OM* até sentir seu poder vibrar dentro de seu corpo e de sua mente.

Junte suas mãos em oração e curve-se[1] perante a estátua, tocando a ponta de seus dedos contra sua testa. Faça isso três vezes e diga:

> Estou no centro deste universo espiritual,
> No interior do coração da mandala sagrada.
> Suave Saraswati, venho a ti para ajuda e bênçãos.

Escreva agora aquilo que deseja, o que pode ajudá-lo a obter sucesso em um novo projeto. Lembre-se, Saraswati auxilia nas artes criativas, ciências, música, poesia, aprendizado e ensino. Também ajuda com livros contábeis, mas não necessariamente com a finalidade do negócio em si. Ela dá inspiração, diligência e sabedoria, todos os ingredientes necessários para o sucesso.

Coloque o papel em seu altar perante a imagem. Sente-se para uma rápida meditação, mantendo-se aberto para quaisquer vozes interiores que possam trazer sugestões. Visualize a tênue lua crescente no céu noturno, a mesma crescente que adorna a fronte de Saraswati. Se nada surgir desta vez, não desanime. Ela lhe enviará algo mais tarde, talvez na forma de um sonho.

Cante o *OM* novamente. Curve-se com as mãos apertadas na direção da estátua e diga:

> Bela Saraswati, Deusa da luz e da inspiração,
> Revele-me o conhecimento de que preciso.
> Atenda meus pedidos de modo benéfico.
> Obrigado, amável Deusa.

Deixe o altar e permita que a vela se consuma por inteiro. Retorne no dia seguinte e acenda mais incenso. Após cantar o *OM* e meditar brevemente, queime seu papel numa vasilha ou caldeirão metálico. Quando as cinzas esfriarem, espalhe-as no lado de fora de casa.

Ritual Para Proteção de Mulheres e Crianças Agredidas
– *Lua Cheia* –

Este é o período do Festival Lunar Chinês de Ch'ang-O, que era honrada por seu domínio sobre o quarto de dormir e por ser considerada protetora das crianças. Uma vez que o fluxo de energia lunar deste mês relaciona-se ao fim de velhos ciclos e ao planejamento de novos, a comunicação com Ch'ang-O é apropriada. Afinal, quando era ameaçada por um marido ditatorial e fisicamente intimidador por beber sua poção mágica, ela cortava vínculos com sua vida antiga e ia para a Lua para iniciar uma nova vida.

Ch'ang-O, por vezes chamada Heng-O, recebia como oferenda bolos em forma de lua crescente, chamados de *Yue-ping* durante seus festivais. Seu palácio na Lua era conhecido como o Grande Frio. Diz-se que os desenhos na face lunar têm a forma da lebre, que levou Ch'ang-O àquele corpo celestial para fugir de seu marido brutal. Portanto, as lebres lhe eram sagradas, assim como as rãs, ambos símbolos da fertilidade.

Na semana anterior à lua cheia, no mês do Lobo, passe tanto tempo quanto for necessário contemplando as mudanças que for preciso em sua vida. Se não houver nada de grandes consequências que precise ser mudado, escolha um problema social que deva ser corrigido, como direitos infantis, cuidados médicos para todos os sem-teto, abrigos para mulheres. Ch'ang-O relaciona-se primariamente aos problemas das pessoas, particularmente mulheres e crianças. Quando se dirigir ao seu altar, tenha um pedido especial em mente, algo que seja realmente importante para você. Lembre-se, se não houver preocupação ou emoção não haverá resultado. É simples. O segredo é liberar essas emoções ao final do ritual. Como exemplo, vou utilizar o tema de abrigos para mulheres vítimas de agressão neste ritual.

✦ ✦ ✦

Prepare seu altar com a vela branca no centro; incenso de sândalo; um espelho redondo; uma vasilha branca com um punhado de sal; um copo ou um Cálice com um pouco de água; uma vareta ou ramo de salgueiro; uma vasilha branca contendo biscoitos brancos e redondos e um copo de alguma bebida clara. Coloque quatro velas brancas em suportes ao redor de sua área de ritual, uma na direção de cada ponto cardeal. Certifique-se de que dispõe de espaço suficiente para se mover sem correr o risco de atear fogo à sua túnica!

De pé, em frente a seu altar, respire fundo, concentrando sua mente na razão deste ritual. Visualize a lua cheia sobre você; aspire sua luz branca para dentro de seu corpo. Sinta sua energia arrepiante se espalhando de seus pulmões ao seu sangue, seus ossos, seus músculos. Quando sentir-se pronto, diga:

> A Lua surge! A Deusa se aproxima!
> Sua poderosa presença está comigo!

Erga sua mão de poder sobre o sal:

> Abençoado seja este sal.

Mova sua mão acima do copo d'água:
Abençoada seja esta água.

Adicione uma pitada de sal à água e mexa o copo três vezes no sentido horário. Erga o copo e segure-o em direção à Lua visualizada.
Fogo frio da Lua, purifique este altar com seu poder.

Esparja algumas gotas em cada canto do altar. Em seguida, movendo-se no sentido horário, esparja ao redor da borda de sua área de ritual. Recoloque o copo no altar.
Acenda a vela branca do altar, dizendo:
Amada Lua, lanterna da noite,
permita que isto seja um símbolo de sua luz.

Usando a vela do altar e começando pelo Leste, acenda cada vela perimetral, dizendo:
Eis que surge a luz da Dama para guiar suas crianças.

Recoloque a vela no altar e apanhe o espelho redondo. Começando pelo Leste e movendo-se no sentido horário, segurando o espelho à altura do coração, com a superfície reflexiva voltada para fora, diga:
Terras e povos do Leste, atentem para meu desejo.
Que suas mulheres sejam livres!

Mova-se para o Sul:
Terras e povos do Sul, ouçam minhas palavras.
Respeitem suas mulheres!

Mova-se para o Oeste:
Terras e povos do Oeste, escutem meu aviso.
Garantam a igualdade de suas mulheres!

Pare diante do Norte:
Terras e povos do Norte, prestem atenção.
Protejam suas mulheres e lhes deem segurança!

Retorne ao altar e vire o espelho de modo a ver sua própria face refletida nele. Olhe profundamente dentro de seus próprios olhos. Sinta a indignação que existe no seu íntimo, que exige que tal problema seja solucionado.

> Sou filho(a) da Deusa da Lua, ela que a tudo vê. Meu coração pranteia com ela pelas injustiças que cometemos uns aos outros, especialmente com crianças e mulheres. Clamo a Deusa da Lua para que auxilie estas mulheres e seus pequenos. Abrigue-os com suas mãos, Senhora. Guie-os com sua sabedoria. Conduza-os para longe do terror; da dor e da escuridão, traga-os para Sua Luz!

Coloque o espelho de lado. Feche os olhos e alcance o céu. Permita que seu corpo seja uma canalização para a energia curativa e de equilíbrio da Deusa da Lua. Permita que esta energia flua através de você e para dentro da Terra. Sinta-a esparramar-se por seus pés e deles para o chão e para dentro do solo.

Quando sentir que o momento é apropriado, abra seus olhos e olhe ao redor de sua área de ritual. Se possível, uma vez que nenhum vizinho bisbilhoteiro possa vir a chamar a polícia, grite:

> Liberdade! Proteção! Igualdade! Respeito! Segurança!

Coloque todos os seus sentimentos nestas palavras. Grite-as o quanto for necessário para liberar suas emoções.

Quando sentir-se prazerosamente exausto, após dissipar as intensas emoções, faça algo que lhe traga alegria sobre o que acabou de fazer: ria, cante, dance, o que for. Coma então seus biscoitos e beba sua bebida da Lua. Este é um momento propício para silenciosamente comungar com a Lua e a Deusa num nível mais pessoal.

Quando desejar encerrar o ritual, dirija-se às velas perimetrais, iniciando pelo Leste e movendo-se no sentido horário. Ao apagar cada vela, diga:

> Leve minha mensagem para todos os povos.
> Que a luz da Lua abra seus olhos para a verdade e a justiça.

Mais uma vez de pé, de frente para o altar, erga suas mãos aos céus.

Amada Dama da Lua, abençoe-me e purifique-me com sua Luz. Obrigado por me fortalecer esta noite.

Lance um beijo para a Lua. Apague a vela do altar.

Meditação da Lua Nova

Na Bulgária, no dia 20 de janeiro, é celebrado o Baba Den, ou Dia da Avó, em honra à Deusa Baba Yaga, por vezes chamada de Baba Den. Baba Yaga foi uma Deusa eslavônia descrita como uma velha alta e esquálida, com os cabelos desgrenhados. Segundo a lenda, ela devorava humanos e construía sua casa rotatória e sua paliçada com seus ossos. Como aliada, possuía uma cobra chamada Zmei Gorynich.

A casa rotatória pode muito bem ser uma metáfora para a Lua, a qual parece rodar através de suas fases. As Deusas anciãs[2] eram quase sempre associadas à lua nova. A cobra, uma criatura lunar e da Deusa, simbolizava a imortalidade através da reencarnação. Ser devorado é outra maneira de dizer que se abandona um velho padrão de vida. Para iniciar ou reconstruir uma nova vida, é preciso primeiro descarnar-se até os ossos da vida atual.

Baba Yaga

Quando percebemos quem realmente somos, por detrás da fachada que construímos ao nosso redor, temos então o poder de que necessitamos para reformar nossa vida.

Rituais de lua nova são mais intensos e normalmente mais exaustivos do que outros ritos. Lidamos com um tipo de energia que poucas pessoas estão acostumadas a lidar. É, no entanto, importante para o crescimento espiritual que compreendamos a lua nova e as deidades a ela conectadas. Os hindus dizem sobre a Deusa Kali que, se não conseguimos aceitá-la, entendê-la e amá-la como o aspecto Anciã da Deusa, então não podemos aceitar, entender e amar os aspectos da Donzela e da Mãe. O mesmo se aplica aos aspectos do Deus, quais sejam o Portador da Luz, o Senhor da Fertilidade ou o Deus Escuro da Caça Selvagem.

A Donzela e o Portador da Luz correspondem à lua crescente; a Mãe e o Senhor da Fertilidade, à lua cheia; e a Anciã e o Deus Escuro da Caça Selvagem, à lua nova. As três fases da Lua e os três aspectos das deidades são partes de um ciclo, que se repete na vida humana e no crescimento espiritual.

As deidades da lua nova nunca nos procuram; nós é que devemos procurá-las. Elas vivem no escuro vazio além das deidades da lua cheia, um lugar que pode ser ao mesmo tempo assustador e excitante.

Devemos possuir objetivos pessoais bem definidos em nossas mentes ao buscarmos as deidades da lua nova, pois elas não toleram aventureiros frívolos em seus domínios. E devemos compreender, antes de buscá-las, que suas soluções para nossos problemas podem ser de natureza pouco gentil. Normalmente, relacionamentos e amizades chegam a finais abruptos, velhos problemas são resolvidos de modo inesperado e nossa vida é virada de pernas para o ar e completamente remodelada. A trilha que leva à comunhão com as deidades da lua nova não é um caminho para os tímidos ou indecisos.

A lua nova destrói para reconstruir. É a terceira do trio das Parcas que cortam a trama da vida em seu comprimento cármico; ela equilibra as balanças da justiça e do carma, sem se importar com o tempo necessário para isso. Sem a lua nova e suas deidades, não podemos aprender o mais profundo dos mistérios espirituais e também não podemos realmente conhecer a nós mesmos ou adquirir qualquer controle ou ordem sobre nossa vida.

Esta meditação ritual de limpeza e renovação deve ser executada durante a lua nova, quando não houver nem o menor sinal de luz à mostra. Para um melhor resultado, aconselha-se repeti-la por três noites. Para certificar-se de que esteja realizando o ritual no período certo, consulte um bom calendário astrológico e inicie na noite de lua nova.

Você vai precisar de uma vela preta num suporte; incenso de patchouli; uma túnica com capuz preta ou de cor escura, ou ao menos uma grande toalha ou manto escuro para cobrir sua cabeça. Selecione música (instrumental) que seja lenta e pesada, mas ao mesmo tempo agradável de se ouvir: música que o ajude a mergulhar profundamente dentro de si. Se souber usar o som de um tambor para atingir os recantos mais profundos da meditação, poderá utilizar um tambor ou uma gravação.

No dia deste ritual, faça refeições leves e esteja atento às suas emoções. Tome um banho purificante e vista-se com a túnica escura. Evite conversar com alguém no período entre o banho e o início do ritual. Como vai passar algum tempo meditando, traga uma cadeira confortável ou almofadas para se sentar perante seu altar.

✦ ✦ ✦

Acenda o incenso e leve-o por toda a sala no sentido anti-horário. O sentido anti-horário, ou contra o Sol, marca o caminho da lua nova, a espiral descendente em direção ao Caldeirão do Renascimento, o desfazer da matéria formada para que possa ser remodelada em uma nova forma. Coloque o incenso sobre o altar após terminar.

Acenda a vela preta e leve-a ao redor da sala, também no sentido anti-horário. Recoloque-a no altar. Apague as luzes, deixando apenas a vela como fonte de iluminação. Sente-se diante de seu altar e cubra sua cabeça com o capuz ou manto, de modo que a maior parte da sala permaneça oculta. Não enrole nada ao redor de seu rosto, pois isso restringiria sua respiração, o que é pouco recomendável.

Inicie a música ou comece a tocar o tambor. Feche os olhos e permita que seus pensamentos afundem no âmago do seu ser. Relaxe seu corpo. Não se esforce para alcançar seus caminhos internos, mas relaxe e permita que seus pensamentos mergulhem na escuridão interior.

Visualize-se em pé, dentro de um túnel mal iluminado cavado na rocha viva. A trilha pela qual segue está gasta pelos pés dos que o antecederam. As paredes são ásperas e as lâmpadas as iluminam a intervalos regulares. Você ouve vozes cantando à distância e se move naquela direção.

Após muitas curvas e voltas do túnel, você se encontra à entrada de uma vasta caverna. O teto e as paredes distantes estão ocultos pelas sombras. No centro da caverna, um enorme Caldeirão, com longas velas alinhadas numa trilha conduzindo a ele. Atrás do Caldeirão há um trono esculpido em rocha negra cintilante. Sentada neste trono, uma figura silenciosa trajando uma túnica preta, o rosto oculto pelo capuz. Suas mãos pálidas seguram uma brilhante espada. Um movimento de uma das mãos indica que deve se aproximar.

Você caminha por entre as fileiras de velas até alcançar o Caldeirão. A figura diante de você se ergue e puxa o capuz, revelando o forte rosto. Ondas de imenso poder emanam dessa deidade. Os olhos são fundos poços de escuridão capazes de ver o seu verdadeiro eu. Nada pode ser ocultado dessa deidade da lua nova.

Quando for questionado, e decerto o será, você poderá explicar o porquê de sua vinda a este recanto, perante esta poderosa deidade. Explique exatamente o que deseja que seja alterado em sua vida, o que lhe causa insatisfação ou tristeza no estado atual das coisas. Mas não explique como deseja que as mudanças ocorram! Esteja preparado para aceitar quaisquer mudanças que a deidade da lua nova apresente.

Preste muita atenção a qualquer coisa que lhe seja dita. Pode ser que lhe peça para entrar no Caldeirão. Esta é uma experiência espiritual fortíssima, portanto, certifique-se de que está preparado para enfrentá-la. A experiência do Caldeirão varia de indivíduo para indivíduo e é extremamente pessoal. Se decidir entrar no Caldeirão, a deidade da lua nova provavelmente tocará seu coração com a espada, tomará sua mão para lhe ajudar a entrar no Caldeirão e em seguida o ajudará a sair.

O que cada pessoa experimenta no Caldeirão é completamente diferente. Pode passar por uma iniciação, ter visões do futuro e/ou até mesmo ver seu corpo físico ser destruído até os ossos, para em seguida ser reconstruído. Pode reviver velhas experiências, numa exibição forçada, para que veja os erros que cometeu e evite cometê-los novamente no futuro. Algumas experiências, como a perda de pessoas e animais queridos, podem ser extremamente emocionais, mas são necessárias. Na maioria das vezes, a sensação de perda é seguida por contato com a pessoa ou animal amado, para mostrar que nada é totalmente destruído ou perdido.

Quando sair do Caldeirão e estiver novamente em pé na caverna, diante da deidade da lua nova, pode ser apresentado a símbolos ou objetos que terão um significado especial para você. Alguns desses símbolos podem parecer obscuros nessa ocasião, tanto no seu sentido quanto na sua imagem. Apenas aceite-os. A explicação virá mais tarde.

No final, a deidade da lua nova o saúda com a espada cintilante e você se sente espiralando através da escuridão, voltando à consciência física. Você provavelmente estará respirando profundamente quando retornar a este mundo. As vibrações do reino da lua nova são muito diferentes das do plano existencial. Pode ser até que se sinta um tanto desorientado por algum tempo. Abaixe seu capuz ou manto e olhe ao redor da sala. Pode ser que sinta a presença de (ou até mesmo veja) seres sobrenaturais que aqui estão para auxiliá-lo a assimilar o que viu e aprendeu. Permaneça sentado por mais algum tempo, refletindo sobre suas experiências. Agradeça à deidade da lua nova por sua ajuda.

Preste atenção a seus sonhos durante o resto deste período da Lua, particularmente até a próxima lua cheia. É uma boa ideia escrever todos os detalhes de seus sonhos dos quais possa se lembrar, uma vez que mensagens através de sonhos vêm na forma de símbolos. Poucos sonhos, como os proféticos, são literais.

Acima de tudo, você deve estar preparado para aceitar e seguir as mudanças que ocorrerão em sua vida. As deidades da lua nova destroem e reformam energias, vidas e objetivos. É impossível crescer se não permitirmos mudanças. Uma vez que nós humanos tememos e rejeitamos mudanças, as deidades da lua nova normalmente operam drásticas cirurgias espirituais para nos trazer de volta à nossa trilha. É preferível pedir por mudanças e desejar trabalhá-las do que ter que aceitá-las impostas a nós. A recusa e a teimosia apenas tornam as transições necessárias ainda mais dolorosas. Após ter efetuado várias jornadas interiores para comungar com a deidade da lua nova, você se entenderá melhor e se sentirá mais à vontade com seu verdadeiro ser. Mudanças sempre são difíceis; esta é a natureza humana. Mas você passará a ter um senso de ordem mais fortalecido durante esses processos.

Notas

1. Este gesto não é humilhante. É uma forma de demonstrar respeito à Deusa.
2. A palavra "anciã" em muitas culturas parece ter a mesma origem da palavra "sagrada".

LUA DE GELO

— Fevereiro —

Também conhecida por: Lua da Tempestade, Lua da Fome, Lua Selvagem, Lua Vermelha da Limpeza, Lua Estimulante, Solmonath (Mês do Sol), Grande Lua do Inverno

1 – 3 de fevereiro: os Mistérios Elêusis Menores na Grécia Antiga; uma celebração da Filha que Retorna: Deméter e Perséfone, Ceres e Prosérpina.

7 de fevereiro: Dia de Selene e outras Deusas da Lua.

9 de fevereiro: a Procissão de Chingay, o Ano Novo de Singapura, o qual é uma celebração a Kuan Yin e a promessa da primavera vindoura.

12 de fevereiro: Festival de Diana, Divina Caçadora (a grega Ártemis) em Roma.

13 – 18 de fevereiro: em Roma, a Parentália e a Ferália, um festival de purificação em honra às Deusas Mania e Vesta; devotadas aos ancestrais, à paz e ao amor.

14 – 15 de fevereiro: em Roma, Lupercália, quando as mulheres pediam a Juno-Lúpia por filhos. Também honravam o Deus Fauno, um aspecto de Pã.

14 – 21 de fevereiro: Festival do Amor de Afrodite, em Roma.

17 de fevereiro: Fornacália, ou Festa dos Fornos, em Roma.

20 de fevereiro: em Roma, o dia de Tácita (a Deusa silenciosa), que protege contra calúnias.

21 de fevereiro: Festival das Lanternas na China e em Taiwan. Também é uma celebração a Kuan Yin; lua cheia.

22 de fevereiro: em Roma, a Carista, um dia de paz e harmonia em família.

23 de fevereiro: em Roma, a Terminália, em honra a Términus, o Deus das fronteiras territoriais.

❖ ❖ ❖

Alguns dizem que o nome "fevereiro" vem da Deusa romana Februa, também conhecida como Juno Februa. Outros entendem que tal nome vem do Deus Februus, posteriormente identificado com o Plutão romano ou Dis.

O mês de fevereiro, realmente um mês de gelo em muitas partes do Hemisfério Norte, é um período hibernante, em que toda a vida e as atividades parecem reduzir seu passo ou se ocultar sob a superfície. Tanto na cultura celta como na romana, este é um período de purificação e de iniciação. O Tibete celebrava a concepção de Buda e a festa das flores durante este período do ano.

Fevereiro pode ser o período ideal para dedicar-se ou rededicar-se a qualquer divindade ou divindades que cultuemos. É também um costume sábio limpar e purificar a si próprio, sua casa e até mesmo suas propriedades antes da dedicação. A purificação altera a energia ao remover vibrações negativas e estimular as positivas. O mês de fevereiro representava um período onde velhos ciclos eram encerrados para que os novos se iniciassem. Fevereiro prepara tanto o ambiente quanto o corpo, a mente e o espírito para receber novas experiências espirituais e de vida.

Hatun-pucuy, ou "o Grande Amadurecimento", era celebrado pelos Incas. Os Mistérios Elêusis Menores da Grécia eram também conhecidos como o Festival da Filha que Retorna. Esta era a celebração do regresso de Kore do Outromundo e do renascimento da vegetação terrestre. Tal cerimônia, diferentemente dos Grandes Eleusianos, era aberta a várias pessoas e era um período de iniciação aos Mistérios menores. A iniciação aos Mistérios Elêusis Menores era aberta a todos os homens e mulheres livres que não fossem acusados por assassinatos ou crimes similares. Todos os iniciados celebravam um voto de silêncio tão eficiente que os segredos dos Mistérios jamais foram revelados. Ainda hoje sabe-se muito pouco sobre as cerimônias, a não ser sobre as partes executadas às vistas do público.

Kuan Yin é a Grande Deusa dos povos orientais. Era conhecida por oferecer sua ajuda primariamente para mulheres e meninas, mas nada impede que homens a honrem e peçam sua ajuda. Acredita-se que ela guiava viajantes perdidos, protegendo-os do ataque de humanos e de animais, abençoava uma família com uma criança e tinha o dom da cura. É chamada de "a Compassiva" e é reverenciada por sua sabedoria e amor. As mulheres do oriente ofereciam laranjas e especiarias a suas estátuas.

O festival romano da Lupercália representava um período de purificação e de fertilidade. Um Sacerdote do Deus Pã assinalava o início da Lupercália ao sacrificar um bode e um cão. Das peles desses animais eram feitos chicotes com os quais crianças escolhidas açoitavam as pessoas, especialmente mulheres estéreis. Acreditava-se que isto trazia boa sorte na concepção e no parto de bebês saudáveis. É possível que o atual *Valentine's Day* (Dia dos Namorados) tenha suas origens nesse antigo ritual.

Kuan Yin

As celebrações romanas da Parentália e da Ferália assinalavam um período no qual os ancestrais eram homenageados. Era um período solene no qual não se celebravam festas ou casamentos e todos os templos eram fechados. As casas eram cuidadosamente limpas e alimentos eram oferecidos aos espíritos dos mortos. As Deusas Vesta e Mania eram honradas em rituais solenes.

As Sacerdotisas de Vesta (as Virgens Vestais) gozavam de enorme respeito e credibilidade. Elas guardavam os testamentos dos cidadãos de Roma e cuidavam para que fossem efetivamente cumpridos quando do falecimento do autor. Com uma simples aparição ou palavra de uma Vestal, qualquer criminoso condenado era libertado sem qualquer questionamento ou discussão.

No final do mês, o festival de Caristia consistia numa celebração familiar por paz e harmonia. Tal festival era também conhecido como Concórdia ou Caristia, uma Deusa da Harmonia. Era um período no qual os membros da família trocavam presentes e resolviam seus problemas. Diferenças e brigas não deveriam persistir nas famílias após esta data.

O Deus romano Términus era a divindade das fronteiras territoriais. Seu festival chamava-se Terminália. Marcos de fronteira de pedra, demarcando os limites das propriedades, eram ungidos e abençoados pelo chefe da família. Esta cerimônia era semelhante àquela na qual os guardiões do lar eram honrados, pois pedia-se proteção e prosperidade para a terra e para a família aos Espíritos da Natureza que residem nos marcos de fronteira. Este ritual pode ser adaptado aos dias de hoje ao se abençoar os limites de sua propriedade, com marcos ou não.

Correspondências

Espíritos da Natureza: fadas domésticas, tanto da casa em si como das plantas domésticas.

Ervas: bálsamo de Gileade, hissopo, mirra, sálvia, espicanardo.

Cores: azul-claro, violeta.

Flores: prímula.

Essências: glicínia, heliotrópio.

Pedras: ametista, jaspe, cristal em pedra.
Árvores: sorveira, louro, cedro.
Animais: lontra, unicórnio.
Aves: águia, chapim.
Deidades: Brigit, Juno, Kuan Yin, Diana, Deméter, Perséfone, Afrodite.
Fluxo de energia: energia que trabalha em direção à superfície; purificação, crescimento, cura. Amar a si mesmo. Aceitar a responsabilidade por erros passados, perdoar a si mesmo, planejar o futuro.

Velhos Ditados e Sabedoria

- Acreditava-se que, quando nevava em fevereiro, seguia-se uma boa primavera, enquanto que um mês de clima mais brando significaria clima tempestuoso.
- Ver a lua crescente por sobre o ombro direito trazia sorte, ao contrário de vê-la por sobre o ombro esquerdo, que trazia azar.
- Na Cornualha, se um garoto nascesse durante a lua minguante, a próxima criança seria uma menina.
- Em Gales, acreditava-se que, ao se mudar de residência durante a lua crescente, era possível atrair muita prosperidade à sua vida.
- A antiga expressão "Montanhas da Lua" significava simplesmente "Montanhas Brancas". Os árabes dão aos cavalos brancos o nome "Da cor da Lua".
- O Monte Sinai provavelmente recebeu esse nome em homenagem ao Deus caldeu da Lua, Sinn, o que torna esse monte mais uma das montanhas associadas à Lua.
- Em certas áreas da Inglaterra, havia uma crença de que se uma lua nova surgisse no Natal, a colheita do ano seguinte seria boa. Em outras áreas, a Lua associada a boas safras era a crescente, enquanto que a minguante prenunciava um mau ano.
- Na Itália, acredita-se que se a Lua muda num domingo, haverá enchentes antes do fim do mês.

Receitas

Muffins de Milho Apetitosos

São excelentes em dias frios, servidos com sopa ou caldo e adoçados com mel derramado sobre eles. Para um sabor diferente, experimente adicionar ½ xícara de queijo de búfala ralado à mistura antes de cozinhar. Rende oito muffins.

- ¼ de colher (chá) de segurelha seca e moída
- ⅓ de xícara de leite
- 1 pacote de mistura para muffin
- 1 ovo

Misture o preparado para muffin, o leite, o ovo e a segurelha, até que os ingredientes secos estejam levemente umedecidos. Coloque em formas para muffin untadas, enchendo-as até a metade. Cozinhe a 150 ºC por 20 minutos.

Vinho Quente com Ervas

Apesar de originalmente esta receita levar suco de uva, ele pode ser substituído por vinho, dispensando o xerez. Ótimo para noites frias a serem passadas em casa. Serve quatro porções.

- ⅛ de colher (chá) de folhas de alecrim amassadas
- ¼ de colher (chá) de flocos de menta moídos
- 1 pau de canela
- 1 xícara de água fervente
- 1 xícara de suco de uva
- 1 xícara de xerez seco
- 4-5 cravos inteiros

Despeje a água fervente sobre o alecrim e a menta; deixe curtir por 15 minutos. Acrescente os cravos e deixe curtir por mais 15 minutos. Coe e misture o líquido ao suco de uva e ao xerez numa panela. Aqueça em fogo baixo até esquentar. Coe novamente, adicione a canela e sirva ainda quente.

Artesanato

Almofada de Alfinetes em Coração

As medidas do coração são 6,5 cm de altura por 7,5 cm de largura. Este padrão pode ser aumentado.

- 2 flores em bordado
- 2 linhas para bordar coloridas
- 2 pedaços de feltro
- 10 cm de fita fina
- Agulha e linha de costura
- Enchimento de poliéster
- Lápis e carbono

Desenhe um coração e corte dois pedaços no feltro. Em um deles borde uma linha decorativa a cerca de 0,5 cm da borda. Com uma linha de cor contrastante, borde outra linha decorativa próxima à primeira. Costure as flores, uma em cada lado arredondado do coração.

Junte as duas metades do coração (com o bordado para fora) com pontos discretos, deixando uma pequena abertura para o enchimento. Encha até ficar firme e costure fechando a abertura. Dobre a fita ao meio e costure-a no meio da parte alta do coração, como uma alça.

Almofada de Alfinetes em Coração

Sais de Banho do Oráculo Egípcio

- 1 xícara de sal
- 2 gotas de óleo de canela
- 3 gotas de óleo de acácia
- 6 gotas de óleo de patchouli
- 8 gotas de óleo de sândalo

Sais de Banho da Grande Sacerdotisa

- 1 xícara de sal
- 4 gotas de óleo de rosas
- 8 gotas de óleo de glicínia
- 8 gotas de óleo de lavanda

Sais de Banho do Templo de Cristal

- ¼ de colher (chá) de raiz de lírio-florentino
- 1 xícara de sal
- 4 gotas de óleo de olíbano
- 4 gotas de óleo de sândalo
- 8 gotas de óleo de lótus

Sais de Banho da Bênção Espiritual

- 1 xícara de sal
- 4 gotas de óleo de sândalo
- 4 gotas de óleo de ylang-ylang
- 8 gotas de óleo de glicínia
- 8 gotas de óleo de violeta

Sais de Banho Encantamento do Druida

- ⅛ de colher (chá) de endro
- ⅛ de colher (chá) de hissopo moído ou ¼ de colher (chá) de tintura de hissopo
- ¼ de colher (chá) de galanga em pó
- 1 xícara de sal
- 2 gotas de óleo de anis
- 4 gotas de óleo de mirra

Sais de Banho Tesouros das Cavernas para Prosperidade

- 1 xícara de sal
- 3 gotas de óleo de calicanto
- 3 gotas de óleo de canela
- 4 gotas de óleo de sândalo
- 8 gotas de óleo de mirra

Sais de Banho Buda Dourado para Prosperidade

- 1 xícara de sal
- 2 gotas de óleo de calicanto
- 2 gotas de óleo de canela
- 3 gotas de óleo de mirra
- 8 gotas de óleo de lótus
- 8 gotas de óleo de sândalo

Sachê de Coração

Faça um coração como o da *almofada de alfinetes*. Em vez de forrar com algodão ou lã, forre-o com a mistura a seguir. Ótimo para perfumar estantes e gavetas, ou para pendurar no armário. Todas as flores devem ser secas, a não ser onde indicado.

Sachê de Rosas Temperadas

- ¼ de colher (chá) de canela
- 2 gotas de óleo de rosas
- 15 g de raiz de lírio-florentino
- 30 g de talco
- 60 g de amido de milho

Mitos

Selene e Endimião

A Deusa grega Selene, também conhecida por Mene, era irmã de Hélios (o Sol) e Eos (a Alvorada). Era uma das filhas dos Titãs Hipérion e Teia (ou Tétis). Algumas fontes divergem sobre os pais. Apesar de inicialmente ser uma deidade diferente, após algum tempo Selene passou a ser associada a Ártemis e especialmente à romana Diana, que controlava a Lua.

Como Deusa lunar, Selene era famosa por seus relacionamentos com Deuses ou homens, sem jamais se permitir a ligações definitivas. Quando se sentiu fascinada pelo belo pastor Endimião, passou a negligenciar sua tarefa noturna de conduzir a Lua pelos céus. Isso despertou a atenção dos outros Deuses, que passaram a desconfiar desse estranho comportamento de Selene. Eles perceberam que a carruagem de Selene era constantemente desviada de sua rota celeste. Noite após noite, a Deusa sentava-se ao lado do jovem adormecido, beijando-o suavemente e infiltrando-se em seus sonhos.

Finalmente, Zeus decidiu que algo deveria ser feito. Selene negligenciava suas tarefas e estava excessivamente pálida devido a seus encontros noturnos com o pastor. Zeus convocou Endimião e deu ao jovem homem uma escolha: morte da forma que lhe aprouvesse ou sono eterno durante o qual ele não envelheceria. Endimião preferiu adormecer.

Segundo a lenda, numa caverna Cariana, no Monte Latmos, Endimião ainda dorme e Selene continua fugindo de suas rondas noturnas para visitá-lo. Enquanto Selene permanece ao lado de seu pastor adormecido, a Lua começa a desaparecer até sumir por completo. Quando ela retorna a suas atividades, a Lua volta a crescer até atingir a lua cheia. Mesmo que Endimião ainda durma e só veja a Deusa da Lua em seus sonhos, a lenda diz que ela já deu à luz cinquenta filhas dele. O nome genérico da planta campainha é Endimião, o que prova sua associação ao amante de Selene.

Endimião simboliza a porção "adormecida" da mente humana, aquele algo impossível de ser identificado que sofre influências das fases da Lua, especialmente nos sonhos. Assim como Endimião gerou cinquenta filhas durante seu sono, também nós somos fertilizados com ideias criativas durante nossos períodos receptivos de descanso, seja através dos sonhos, meditação ou devaneios.

Diana, A Caçadora

A romana Diana, em muitos aspectos similar à grega Ártemis, era sem dúvida uma Deusa lunar, senhora dos bosques e das criaturas selvagens. Não permitia liberdades com sua pessoa nem concedia favores. Como irmã gêmea de Apollo (o Sol), era o contraponto feminino a seu irmão. Os gêmeos nasceram no Monte Cynthus, na Ilha de Delos. Sua mãe, Latona, os concebera por Júpiter.

Seus nomes antigos em Creta e outras regiões circunvizinhas eram Britomartis e Dictynna. A erva cretense ditamo era consagrada a ela e seu nome deriva-se de Dictynna. Outros nomes para essa Deusa eram: Dione, Nemorensis e Nemetona (Deusa do Bosque da Lua). Antes de Zeus assumir o oráculo de Dodona, este pertencia a Diana. Na região florestal do lago Nemi, na Itália, havia um belo templo e santuário dedicado à Diana.

Ela era constantemente representada com uma lua crescente em sua testa, vestindo uma curta túnica branca, armada com um arco e cercada por cães e gamos. As ninfas que a acompanhavam simbolizavam a parte da mente e da psique humana eternamente jovial e despreocupada.

5

Quando Diana mostrava seu lado mais descontraído enquanto dançava, cantava ou tocava seus instrumentos, a flauta e a lira, era acompanhada pelas Musas e Graças. Nesse período, a Deusa exercia seus dons de cura e auxiliava aqueles a quem julgava merecedores de seus favores.

Diana, conhecida como Ártemis pelos gregos, costumava proteger os puros e os inocentes quando estes a invocavam. Se não podia protegê-los devido à influência de outras deidades, ela ao menos proclamava sua inocência.

Quando Ifigênia, filha de Agamenon e Clitemnestra, estava prestes a ser sacrificada ao altar desta Deusa, ela clamou por Ártemis e foi atendida. Tal sacrifício seria repulsivo à Deusa, pois ela não aceitava sacrifícios humanos. Num templo repleto de homens, enquanto o Sacerdote erguia sua mão para desferir o golpe que a mataria, Ifigênia desapareceu e, em seu lugar, surgiu um cervo morto.

Em outra lenda, o herói-rei Teseu trouxe sua esposa cretense, Fedra, para seu palácio. Seu filho Hipólito, filho de Teseu e de uma Amazona, também vivia lá. Fedra passou a sentir um desejo destrutivo e doentio por Hipólito, causando-lhe uma sucessão de embaraços e infelicidade. Por fim, desgostosamente, o jovem optou por abandonar o palácio, para não deixar seu pai saber o que se passava. Temendo que alguém pudesse delatar seu desejo a Teseu, Fedra escreveu uma carta caluniosa e se matou. Teseu acreditou nas mentiras, banindo e amaldiçoando seu filho. Enquanto Hipólito conduzia sua carruagem pela estrada à beira-mar, um monstro surgiu das águas e o atacou, ferindo-o mortalmente. Ártemis surgiu diante de Teseu e contou-lhe a verdade, desaparecendo em seguida e levando o espírito de Hipólito consigo.

LUA DE GELO [79]

Diana, como Deusa lunar, do *Kunstbüchlin de Jost Amman*,
publicado por Johan Feyerabend, Frankfurt, 1599

Fauno dos Bosques

Fauno era uma deidade romana dos campos, bosques, pastores e da profecia. Sua aparência lembrava, em alguns aspectos, o Pã grego, com seus curtos chifres, orelhas pontudas e pés com cascos. Antigas descrições dizem que Fauno possuía as pernas e a cauda de um gamo, corpo de pele suave e os braços e face de um belo jovem. A ele atribui-se a invenção da *charamela*, uma espécie de flauta.

Seus seguidores, os faunos, eram belos jovens com pequenos chifres e orelhas pontudas, mas não necessariamente seus pés tinham cascos. Ao contrário de Pã e seus seguidores, Fauno e seus faunos eram criaturas gentis que apreciavam dançar com as ninfas dos bosques. Não constituíam ameaça às mulheres humanas. Fauno tocava gaita e enchia os bosques e campinas com sua música envolvente. Era neto de Saturno.

Outro de seus nomes era Lupercos; honrado na celebração da Lupercália, durante a qual seus Sacerdotes executavam os ritos nus. Esta celebração da Lupercália com um aspecto da Deusa Juno mostra sua forte conexão com a terra, os animais e os humanos. Representa a muito antiga força primitiva necessária para fertilizar e equilibrar a Grande Deusa.

Nós, humanos, devemos honrar os poderes de Pã/Fauno na Terra e dentro de nós mesmos, ao invés de aceitar a vergonha geralmente associada a esses poderes. No entanto, sempre havia um propósito por trás das ações de Fauno; ele não cedia a conquistas sexuais descontroladas apenas para ver quantos parceiros poderia ter. Ele não desperdiçava seus poderes, mas os utilizava com sabedoria e visando a bons resultados. Ao mesmo tempo, Fauno conhecia os prazeres a serem experimentados na vida, não apenas através do sexo, mas também da música. Ele expressa esse prazer quando alguém preparado penetra seus domínios mais interiores buscando por iniciação espiritual.

Fauno

Havia outro lado de Fauno, assim como Pã. Ele podia incutir as terríveis e obscuras emoções do pânico irracional nos humanos e animais que invadissem suas áreas especiais sem seu consentimento. Ele normalmente assume este aspecto quando tentamos penetrar nos domínios do Outromundo, para os quais ainda não estamos preparados. O medo cego e o pânico que tal pessoa sente faz com que se retire imediatamente. Essas emoções foram criadas para proteger àqueles que não compreenderiam as experiências místicas ou delas se beneficiariam, ou que buscam esses conhecimentos pelas razões erradas.

O Retorno de Kore

Quando Kore, ou a Donzela, retornou do Submundo, não era mais a jovem inocente que passeava pelos campos de sua mãe Deméter, colhendo flores. Ela não só sofreu uma transformação espiritual, cuidando das almas confusas dos humanos que morriam, como também assumiu outro nome: Perséfone. Seu retorno também anunciou os primeiros sinais físicos da chegada da primavera, numa promessa de que o inverno não duraria para sempre.

Nós experimentamos, em determinados momentos de nossa vida, uma sensação de que mergulhamos no Submundo e nas trevas. Se nos submetermos a uma transformação espiritual, podemos retornar mais fortalecidos do que antes. Certo, não seremos mais os mesmos, mas será que gostaríamos de ser? Com a transformação surge um novo enfoque na vida, trazendo normalmente objetivos e responsabilidades diferentes. Após tais experiências nos referimos ao lado "obscuro" da vida de forma totalmente diferente, compreendendo seu valor no ciclo rítmico da Natureza.

Todos nós, humanos, experimentamos períodos de trevas durante os quais nos sentimos soterrados e sem esperança, sem saber se conseguiremos emergir uma vez mais para a luz e tempos melhores. Algumas vezes esses períodos têm como origem eventos pessoais desastrosos, como a morte de alguém querido, uma crise financeira, uma doença. Em outras oportunidades, tais períodos negativos surgem sem motivos aparentes. Períodos de depressão e desespero podem ser breves ou longos. De qualquer modo, são difíceis de suportar.

O ritual a seguir ajuda a iniciar as mudanças inconscientes necessárias para diluir esses sentimentos obscuros e negativos. O pior aspecto dessas fases é o sentimento de desamparo e desesperança que parecem permear a mente e o espírito, afetando negativamente todos os aspectos de sua mente. Quando se atravessa um período assim negativo, o mais importante não é o porquê, mas, sim, como se pode revertê-lo.

Deméter

Prepare tudo o que vai ser usado antes de iniciar: uma vela branca num suporte, um sino, incenso de patchouli e um cobertor. Acenda a vela e deixe-a no banheiro enquanto você toma banho, coloque um pouco de sal na água. Concentre-se na lavagem de todas as vibrações negativas. Tais vibrações não são físicas, portanto, não é necessário esfregar-se; apenas banhe-se, enxágue-se e relaxe.

Vista uma túnica especial, ou ao menos algo que não seja uma roupa do dia a dia. Segure a vela com uma mão e o sino com a outra. No sentido horário, visite todos os cômodos da casa, badalando o sino enquanto prossegue. Erga também a vela diante de cada janela, porta e espelho, em seguida, toque o sino. Diga enquanto prossegue:

> Trevas, fujam deste sino e desta vela.
> Que entre o equilíbrio. Vá embora, escuridão.

Apoie a vela num lugar seguro próximo ao local onde celebrará o ritual. Acenda o incenso e espalhe a fumaça gentilmente sobre seu corpo. Deite-se numa posição confortável e enrole-se completamente no cobertor, deixando apenas seu nariz e boca descobertos para permitir uma respiração livre. Feche seus olhos. Sinta-se afundando nas profundezas da Terra. Relaxe e deixe-se levar. À medida que afunda, derrame sua infelicidade e seus sentimentos depressivos na Mãe Terra e no Senhor da Floresta. Não se surpreenda se encontrar-se enrolado numa posição fetal. Você pode também chorar um bocado, o que é em si só um mecanismo de limpeza.

Agora, ouça seus sentimentos. Deixe seus sentimentos fugirem ao controle de sua mente consciente e alcançarem aquele ponto onde não há explicação para ouvir o que se ouve, sentir o que se sente. Não busque ouvir ou sentir algo específico; deixe as coisas acontecerem. Você se sentirá banhado pelo amor e o calor da Mãe Terra e do Senhor da Floresta. A escuridão e a depressão e seu interior começarão a se desintegrar. Uma paz profunda começará a penetrar seu corpo, sua mente e seu espírito.

À medida que sente estar se dirigindo a uma posição de pensamentos positivos e esperança crescente, comece a se livrar do cobertor. Não o desenrole ou vire-o de lado como faria normalmente. Saia dele lentamente, como se fosse um bebê nascendo. Sair será difícil, mas simboliza seu renascimento.

Uma vez livre do cobertor, estique seus braços e pernas. Não será estranho se a este ponto estiver rindo ou chorando de emoção. Agradeça à Deusa e ao Deus por sua ajuda: passada, presente e futura. Olhe à sua volta com outros olhos. Dê as boas-vindas às mudanças que florescem dentro de você e ao seu redor, mesmo que ainda não possua provas de que já estejam ocorrendo.

Agora, vá fazer algo que lhe faça feliz. Antecipe as mudanças positivas, pequenas e grandes, que diariamente entrarão em sua vida.

Livrando-se de Boatos Negativos

Todos os anos, em fevereiro, os romanos celebravam o dia de Tácita, a Deusa silenciosa que protegia contra boatos negativos. Uma vez que boatos maliciosos e negativos podem destruir carreiras, casamentos e vidas, podemos pedir a Tácita que nos proteja de tais males e que não permita que causemos males aos outros.

✦ ✦ ✦

5

São necessárias três velas (uma preta, uma magenta e uma verde) e suportes para o altar. Acenda um incenso de sucesso, ou glicínia ou heliotrópio. Tenha à mão um pouco de óleo de patchouli, menta e rosas.

Se estiver lidando com uma pessoa específica que causa boatos, escreva seu nome na vela preta com uma faca. Se não houver uma pessoa em especial, escreva "todos os boatos". Unte a vela preta da base ao pavio com óleo de patchouli. Enquanto unta, concentre-se na remoção de todos os boatos negativos de sua vida. Não especifique como isso deve ocorrer, apenas deposite sua confiança na Deusa e no Deus, que encontrarão a solução correta. Coloque a vela preta no suporte no centro do altar.

Unte as velas magenta e verde com óleo de menta ou rosas do pavio à base. Se preferir, pode utilizar óleo de rosas na vela magenta e de menta na vela verde. Enquanto estiver untando, concentre-se nas energias positivas que chegam à sua vida. Coloque as velas no seu altar, a magenta à esquerda da vela preta e a verde à direita.

Nunca peça a remoção de algo em sua vida sem pedir sua substituição por algo positivo. A Natureza não tolera um vazio e irá preenchê-lo. É, portanto, melhor preencher esse vazio com coisas positivas do que deixar que as negativas retornem, normalmente mais fortes do que antes.

Passe alguns momentos inspirando luz clara e expelindo a escuridão a cada expiração. Erga as palmas de suas mãos em direção às velas e diga:

> Boatos não me atingem ou me comprometem.
> Palavras malignas não se aproximam de mim.
> Eu sou luz. Eu sou verdade. Eu sou amor.

Repita essas palavras três, cinco, sete ou nove vezes. Sinta seu significado positivo penetrando no seu subconsciente. Saiba que você está construindo um escudo de proteção ao seu redor, escudo esse construído com energia positiva tão forte que as negativas não o conseguem atravessar. Deixe as velas em um lugar seguro para que elas acabem de queimar. Livre-se da cera.

Paz na Família

Carista era um dia para celebrar a paz e a harmonia familiar na Roma antiga. No início de sua história, os romanos eram fortes defensores da vida em família.

Atualmente, com nosso dia a dia agitado, no qual apenas tentamos sobreviver num mundo repleto de problemas e incertezas, precisamos de um dia para celebrar a paz e a harmonia em família. Se não possuir uma família com a qual possa celebrar, celebre com amigos. Afinal, estabelecemos com os amigos ligações por vezes mais fortes do que com parentes de sangue. E, uma vez que todos os humanos do Planeta constituem uma "família", assim como os demais animais, inclua todas as criaturas que desejar quando pedir por paz.

Caso for se juntar a familiares ou amigos, planeje um jantar e convide-os. Não deve ser necessariamente um jantar elaborado. Este é um ensejo para estabelecer ou fortalecer ligações harmoniosas, não para se cansar! Se existir alguma desavença com familiares que possa causar desconforto durante o jantar, ao menos mantenha-os amavelmente em seus pensamentos durante esse período.

Se estiver só, celebre sozinho ou na companhia de seus animais de estimação. Celebre como sendo parte da família da Terra: humanos e animais. Execute os preparativos como se fosse receber amigos. Este simples ato de preparação provavelmente trará alguns amigos para sua vida em um breve período.

Antes de iniciar a refeição, erga um brinde com seu copo de suco, água ou xícara de café:

> Que haja paz e harmonia entre os povos
> e entre todos os seres vivos.
> Que nós sempre nos lembremos
> de que todas as criaturas são parte de um todo.
> À paz e harmonia no mundo!

Dedique um tratamento especial a seus animais de estimação nessa celebração. Se possível, deixe um pouco de pão e sementes para os pássaros silvestres.

Abençoando os Limites

O Deus romano Términus era a divindade dos limites territoriais, seja das terras de uma fazenda, seja de uma vila, seja de uma cidade. A Terminália era uma celebração em sua honra.

Todos temos limites de terra, não importa se vivemos numa remota fazenda ou num apartamento urbano. Tais limites devem ser respeitados e protegidos. Ao abençoar os limites de sua habitação pessoal, você reforça sua proteção contra intrusos de toda espécie: visitantes indesejáveis, ladrões, vizinhos barulhentos, pregadores religiosos intrusos, vendedores.

Se possível, ou se sentir coragem o bastante, planeje circundar os limites de sua propriedade. Se não for possível, como quando se mora num apartamento ou quando tal atividade despertaria a atenção indesejada de outros, opte por visitar todos os cômodos de sua casa.

✦ ✦ ✦

Fora de casa: se puder circundar os limites pelo lado de fora, leve consigo uma vasilha com fubá (o elemento predileto dos nativos americanos). Erga-a ao Sol, ou à Lua se fizer este ritual à noite. Peça aos Deuses que abençoem o fubá. Essa farinha é uma substância natural e não polui o solo. Comece à esquerda da entrada de sua propriedade e mova-se no sentido horário, espalhando levemente o fubá enquanto caminha. Cante:

> Graças e honra a todos aqueles
> que protegem minhas terras.
>
> Graças e obrigado por sua ajuda e proteção.
>
> Que minha propriedade e minha habitação
> estejam seguras sob seus cuidados.
> Eu lhes ofereço amizade e graças.

Quando retornar ao ponto de partida, espalhe mais uma vez o fubá na entrada. Isso funciona como uma dupla fechadura na área mais vulnerável.

Se possível, construa um pequeno lugar especial com visão total da entrada, um "lar" ou "altar" para seus guardiões. Pode ser uma coleção de pedras que tenha recolhido e admirado, um pequeno canteiro de ervas ou ainda uma pequena plantação de arbustos floridos.

✦ ✦ ✦

Dentro de casa: prepare um Cálice ou copo de água pura e um pequeno pires com sal. Se possuir um altar, leve-os ao altar e peça aos Deuses que os abençoe. Caso contrário, erga-os em direção ao Sol ou à Lua e peça que sejam consagrados. Acrescente três pitadas de sal à água e mexa três vezes no sentido horário.

Comece próximo à entrada de sua morada. Esparja levemente a mistura de água e sal através da porta, movendo-se no sentido horário, entoando enquanto isso:

> Graças e honra a todos aqueles
> que protegem minha morada.
>
> Graças e obrigado por sua ajuda e proteção.
> Que minha morada esteja segura sob seus cuidados.
> Eu lhes ofereço amizade e graças.

Repita em todos os cômodos até que tenha circundado completamente sua casa ou apartamento. Quando retornar à entrada principal, esparja a mistura uma vez mais à soleira.

Dentro de sua casa, prepare uma "casa" especial para seus guardiões. Deve ficar à vista da porta de entrada. Tal "casa" pode ser uma vasilha com algumas pedras, um vaso de flores secas e uma estátua. Como já mencionei, não só temos duas estátuas em nossa casa, como também um espelho à moda antiga, voltado diretamente para a porta. Tal refletor é um excelente bumerangue contra pessoas que tentam trazer energias negativas.

Honrando Diana dos Bosques
– *Lua Crescente* –

A 12 de fevereiro, em Roma, celebrava-se o festival de Diana, a Caçadora Divina. Diana/Ártemis era uma Deusa dos Bosques, uma deidade da Natureza que amava as florestas, os animais e a água corrente. Protetora de todas as mães e das criaturas recém-nascidas, inclusive os humanos. Representada como uma jovem seminua, com uma lua crescente em sua cabeça, carregando um arco de prata e uma aljava com flechas. Como a Senhora das Feras Selvagens, dominava animais como os tigres, leões, panteras, gatos, cervos e alces.

Honre Diana ao dedicar algum tempo à proteção do ambiente que o circunda. Não me refiro a reuniões ambientais, mas, sim, a alguma atividade pessoal de fato. Escolha um projeto em sua vizinhança ao qual possa dedicar sua atenção. Recolha o lixo de um terreno baldio. Ajude uma pessoa idosa, ou doente, ou deficiente, a limpar seu jardim/quintal. Leve um saco de lixo quando sair para uma caminhada. Se houver animais domésticos abandonados pela vizinhança, tente encontrar um lar para eles, ou ao menos peça para que a Sociedade Protetora venha recolhê-los. Há muitas outras maneiras de honrar Diana, não apenas nesta lua crescente, mas todos os dias.

Como um ritual especial para Diana dos Bosques, pendure do lado de fora de sua casa fatias de maçã e potes com sementes para as aves. Pássaros diferentes têm necessidades diferentes. Se houver esquilos, separe castanhas cruas para eles (sem sal, por favor!).

Para criar um elo especial entre você e Diana dos Bosques, encontre uma estátua ou figura de um animal que lhe atraia e exiba-o em um local de destaque em sua casa. A cada vez que olhar para ele, pense na conexão vital que existe entre você e todos os seres vivos.

É possível encontrar estátuas de Diana a preços acessíveis[1]. Possuir uma estátua desta Deusa em seu local de culto doméstico é um bom lembrete de que você a reverencia a cada vez que faz algo em honra da Terra e de suas criaturas.

Sempre que visitar a Natureza, em sua varanda ou no seu recanto especial ao ar livre, você pode entoar estas palavras:

Deusa das Florestas e da Lua,
Diana da Crescente de Prata,
eu entoo minhas preces a você
e ergo meus braços em direção
à sua Crescente Celeste.
Obrigado por cuidar das criaturas dos bosques
e por proteger as florestas e os prados.
Proteja-me e aos meus, pois somos seus filhos espirituais.
Querida Diana, canto suas preces.

Celebrando o Dia de São Valentim (Dia dos Namorados)

– Lua Cheia –

Durante a lua cheia, China e Taiwan celebravam o Festival das Lanternas; era também um festival da Deusa Kuan Yin. O dia grego em honra a Selene e outras Deusas lunares (7 de fevereiro) podia também cair neste ritual de lua cheia, assim como o festival do Amor de Afrodite em Roma (14 – 21 de fevereiro). Nosso Dia dos Namorados atual é uma lembrança desses velhos festivais (nos Estados Unidos e Inglaterra, o Dia dos Namorados é celebrado a 14 de fevereiro, dia de São Valentim, patrono dos apaixonados).

Um modo maravilhoso de expressar o amor à Kuan Yin, a Deusa das crianças em especial, é descobrir no hospital local quantas crianças (meninos e meninas) estão lá. E então comprar ou confeccionar cartões de namorados; não assine, ou escreva simplesmente "um amigo". Entregue-os às enfermeiras do andar da enfermaria infantil e peça para que elas distribuam um para cada criança. O mesmo gesto anônimo de boa vontade pode ser direcionado às mães de recém-nascidos. E não se esqueça dos idosos em hospitais ou casas de repouso. É surpreendente quanta alegria um simples cartão desses pode proporcionar.

A cor vermelha está conectada a este festival; é também a cor do aspecto Mãe da Deusa Tríplice e do próprio sangue vital. Vista algo vermelho nesse dia, mesmo que seja apenas um adereço: joias, uma flor, uma fita de cabelo, uma gravata ou um lenço na lapela. Envie um cartão expressando seu amor à sua mãe ou à pessoa a quem ama como a uma mãe. Faça com que ela saiba o quanto seus cuidados e preocupações significam para você. Faça o mesmo para outros entes queridos que signifiquem muito para você. As pessoas gostam de ser lembradas e de se sentirem amadas.

Faça um agrado também a si mesmo nesta lua cheia. Tome um banho revigorante e passe sua colônia ou sua loção pós-barba predileta. Vista-se num roupão agradável e sente-se em sua poltrona favorita enquanto bebe algo quente. Acenda uma vela vermelha. Leia uma história de amor ou um livro de poesias. Ouça música romântica.

Se tiver alguém especial com quem compartilhar esses momentos, desfrutem de uma noite aconchegante juntos. Se não houver ninguém especial, o simples ato de imergir em si mesmo em uma atmosfera assim romântica pode muito bem abrir as portas para que tal pessoa entre em sua vida. Nós atraímos qualquer coisa para a qual direcionamos nossas vibrações.

Festival dos Fornos

– Lua Nova –

Apesar de a Fornacália, ou Festival dos Fornos, que era celebrada em Roma a 20 de fevereiro, ser um período de alegria, é perfeitamente apropriado celebrá-la nesta fase da Lua. A Deusa da Terra simbolizava o grão plantado que deve primeiro morrer para depois crescer. O Caldeirão regenerador da Anciã (o terceiro aspecto da Deusa Tríplice) era frequentemente chamado de forno, simbolizando a formação de energia da matéria, ou do renascimento após a morte.

A sociedade atual como um todo teme a morte e o que pode vir a seguir. Mesmo que não possamos nos lembrar, todos já passamos por isso antes e tornaremos a passar no futuro. Morte e renascimento não deveriam ser vistos de modo mórbido, mas com um sentimento de admiração e expectativa. Antes que alguém possa distorcer minhas ideias, permitam-me esclarecer que não incluo o suicídio na categoria de admiração e expectativa; tais pessoas precisam de cuidados especiais, muito além dos objetivos deste ritual.

Como preparativo para esta celebração da lua nova do Festival dos Fornos, asse um pão ou uma fornada de bisnagas. Se tais habilidades lhe fogem, pode optar por massas prontas para assar, à venda em supermercados. Utilize seu micro-ondas, seguindo as instruções. Mas se possível, prepare alguma coisa em vez de comprar já assado.

Se possuir um altar, realize este ritual nele. Caso contrário, utilize uma mesa ou bandeja limpa. Coloque uma bisnaga ou uma fatia do pão num prato no centro da área. À direita, coloque um pires de sal e um Cálice de suco ou vinho à esquerda. No centro, atrás do prato com o pão, uma vela preta ou azul bem escuro.

Acenda incenso de mirra. Comece voltando o incenso fumegante a Leste. Diga:

Leste é o local de nascimento, a porta para a nova vida.

Volte-se para o Sul e diga:

Sul é a direção da maturidade, o portal da responsabilidade.

Volte-se para o Oeste e diga:

Oeste é a terra do envelhecer; o início do caminho que leva às terras que a memória não recorda.

Pare diante do Norte e diga:

Norte é o local da escuridão e da morte, o ponto final do caminho espiralado. Mas é também o início da espiral Crescente em direção a uma nova vida.

Posicione o incenso no altar. Tome em suas mãos um pedaço do pão e pense sobre as sementes plantadas, os grãos que morreram para renascer na farinha. Deixe seus pensamentos atingirem o ciclo da vida humana: nascimento, crescimento, morte e renascimento do seu próprio corpo.

A Deusa Donzela e o Deus Fecundante plantam a semente da vida. Eles são os plantadores, do mesmo modo que os fazendeiros plantaram o trigo que originou este pão. A Mãe e o Senhor dos Bosques originam a vida, dando a ela a forma necessária. São os moleiros e padeiros, assim como aqueles que conferiram a este pão sua forma única. No momento oportuno, quando a semente da vida estiver amadurecida, o Senhor Escuro e a Dama a ceifarão. Mas tal semente não será destruída. Assim como o fazendeiro que colhe as sementes de trigo para o próximo plantio, o Senhor Escuro e a Dama juntam as sementes de vida em suas mãos e as preparam para o próximo plantio, a próxima vida.

Mergulhe o pedaço de pão no sal.

Este sal representa a Terra e as águas da Terra. Toda vida deve ter alimento e água para crescer e sobreviver. Meu corpo foi inicialmente nutrido no ventre da Mãe Escura e regado com seu amor espiritual. Agradeço à Senhora e Seu Senhor por seus cuidados.

Coma o pão salgado. Erga o Cálice.

Assim, como a fruta que deve ser colhida e amassada antes de se tornar uma bebida refrescante, todas as vidas devem ser temperadas por desafios e experiências. Nossas essências vitais transformam-se em novas formas, aromatizadas pelo velho ao mesmo tempo que adoçadas pelo novo. Que a Dama e seu Senhor me confiram coragem para me submeter a este processo com dignidade, assim como compreensão e orientação para que siga facilmente minha jornada.

Beba do Cálice. Se souber utilizar o tarô, runas ou outros oráculos, este é um momento propício para consultar sobre seu futuro no que tange ao desenvolvimento espiritual e nos caminhos de vida de modo geral. Não é um bom período para questionar sobre amor, dinheiro, etc. Após terminar, de pé, diante do altar e com os braços erguidos, diga:

Assim como sou parte do grão de trigo, sou também parte da Deusa e de seu Consorte. Todas as criaturas e ciclos de vida estão entrelaçados numa eterna dança cósmica. As portas de todos os mistérios estão dentro de mim, Confiram-me a sabedoria para escolher o momento certo de abri-las.

Deixe o pão e o Cálice no altar por algum tempo, para que os espíritos da Natureza possam desfrutar deles. Em seguida, deixe o pão do lado de fora da casa para os pássaros e os animais e livre-se do vinho.

Nota

1. Podem ser encomendadas, assim como estátuas de muitas outras deidades, na JBL Statues, Crozer, VA 22932-0163, EUA, Vale a pena.

LUA DE TEMPESTADE
— Março —

Também, conhecida como: Lua da Semente, Lua dos Ventos, Lua do Arado, Lua da Larva, Hrethmonath (Mês de Hertha), Lentzinmanoth (Mês da Renovação), Lua Quaresmeira, Lua da Seiva, Lua do Corvo, Lua dos Cegos pela Neve

1º de março: Matronália em Roma e na Grécia; um festival de Hera e Juno Lucina. Entre os celtas, o Festival de Rhiannon.

4 de março: na Grécia, Antestéria, o Festival das Flores; dedicado a Flora e a Hécate.

5 de março: Celebração de Ísis como a protetora dos navegantes, barcos, pesca e da jornada final da vida.

14 de março: Diásia, para proteger-se da pobreza, na Grécia.

17 de março: Festival de Astarte em Canaã. Em Roma, a Liberália, o festival feminino da liberdade.

18 de março: Dia de Sheelah na Irlanda, em honra a Sheelah-na-Gig, a Deusa da fertilidade.

19 – 23 de março: O Panateneu Menor na Grécia, em honra a Athena.

20 março: no Egito, Festival da Colheita de Primavera, honrando Ísis.

21 de março: Equinócio de Primavera, Festival de Kore e Deméter na Grécia. Durante quatro dias, após o equinócio, Minerva foi homenageada em Roma.

22 – 27 de março: Hilária, festivais em honra a Cibele, na Grécia.

23 de março: Quinquátria, o nascimento de Athena/Minerva em Roma.

29 de março: Delfínia, ou Ártemis Soteira, festival de Ártemis na Grécia. Expulsão dos maus demônios no Tibete.

30 de março: Festival de Eostre, a Deusa germânica da primavera, renascimento, fertilidade e da Lua.

31 de março: Festival romano de Luna, a Deusa da Lua.

✦ ✦ ✦

Este mês era consagrado ao Deus romano Marte, daí o nome "março". Marte é similar ao Ares grego, Tiu ou Tiwaz da Europa Central e do Norte, Teutatis dos celtas e Tyr dos nórdicos. A Deusa romana Bellona, associada à guerra, possuía um dia especial neste mês.

Março é geralmente um mês de clima tempestuoso. O velho ditado "entra como um leão, sai como um cordeiro" é uma descrição adequada do clima em março. Para os romanos, era o início do seu ano. O Equinócio da Primavera, que ocorre por volta de 21 ou 22 de março, era um período sagrado e celebrado em um sem-número de culturas ao redor do Planeta. No Hemisfério Sul, é o período do Equinócio de Outono, pois as estações estão invertidas. Os incas celebravam o Pacha-puchy, ou "o Amadurecimento da Terra", nesse período.

Na Matronália romana é homenageada Juno Lucina, um aspecto da Deusa Juno que protegia as mulheres, as crianças e a família. Estátuas da Deusa eram decoradas com flores e fogos especiais eram acesos nos templos. Neste período do ano, as jovens faziam oferendas a Juno Lucina pedindo por casamentos felizes e prósperos.

A estátua de Ísis amamentando seu rebento simboliza o aspecto de Grande Mãe da Deusa, a guardiã da Terra e de todas as formas de vida. Flores eram lançadas aos rios e as embarcações defumadas com incenso. Em Canaã e outras regiões semitas, a Deusa Astarte era honrada em celebrações à primavera. Ovos vermelhos eram ofertados à família e aos amigos, sendo esta a origem da nossa tradição de Ovos de Páscoa. A cidade de Biblos, sagrada a Astarte, era conhecida por suas vastas bibliotecas, antes de serem destruídas. Os reis de Sídon só governavam com a permissão da Deusa e se autointitulavam os Sacerdotes de Astarte. Para outras culturas do Oriente Médio, Astarte era Asherah dos Mares e Ashtart, rainha do paraíso.

Athena/Minerva, a Deusa armada da sabedoria, era homenageada pelo maior evento social da Grécia, a competição de primavera de cinco dias, que envolvia eventos de atletismo, música, poesia e sátiras. Coroas de ramos de oliveira e frascos de azeite eram presenteados aos vencedores de cada evento. No último dia, o nascimento de Athena era celebrado ao vestir a estátua da Deusa com uma nova veste sagrada.

O Festival de Cibele, chamado de "Hilária", era um período particularmente alegre. A palavra "hilário" tem a mesma origem. A Deusa Cibele pode ser comparada a Deméter em vários aspectos: assim como Deméter, Cibele representava a Terra e possuía um filho/amante que ressuscitava na primavera, Attis, que correspondia a Kore/Perséfone. Este alegre festival celebrava o poder de Cibele em derrotar a morte.

Eostre era a Deusa germânica do renascimento. Lebres e ovos coloridos eram símbolos de fertilidade a ela associados. Originalmente, Eostre era a Deusa do Equinócio da Primavera que teve seu nome alterado pelos cristãos na origem da palavra "Páscoa", em inglês, *Easter*.

Luna, Deusa romana da Lua, era honrada com a confecção de bolos da Lua, que eram trocados e comidos. Até mesmo os chineses e europeus conheciam os bolos da Lua e alguns aspectos desta Deusa.

Correspondências

Espíritos da Natureza: sereias, seres da Água e do Ar ligados às chuvas de primavera.
Ervas: gesta, poligonáceas, betônica dos bosques, musgo irlandês.
Cores: verde-claro, grená.
Flores: junquilho, narciso, violeta.
Essências: madressilva, flor de macieira.

Pedras: água-marinha, hematita.
Árvores: amieiro, corniso.
Animais: puma, porco-espinho, javali.
Aves: corvo marinho, águia pesqueira.
Deidades: Ísis Negra, Morrighan, Hécate, Cibele, Astarte, Athena, Minerva, Ártemis, Luna.
Fluxo de energia: energia liberada; crescimento, prosperidade, exploração. Recomeços; equilíbrio entre luz e trevas. Desfazer ilusões. Encarar a verdade em sua vida, não importa o quão doloroso possa ser.

Velhos Ditados e Sabedoria

- Diz-se que se o clima em março começa como um cordeiro, terminará como um leão.
- Um verso:
  Lua nova, Lua verdadeira,
  Estrela a brilhar no rio,
  Peço-lhe, diga meu futuro
  Em meus sonhos
  Lua pálida é da chuva,
  Lua vermelha é dos ventos,
  Lua Branca não é da chuva nem da neve.

- Na África do Sul, diz-se que dá azar iniciar uma viagem ou um trabalho importante durante o último quarto da Lua.
- Depois que a influência cristã passou a ser fortemente sentida, as pessoas passaram a temer as sextas-feiras de lua cheia. Havia um ditado:
  A Lua da sexta-feira
  Chega quando deseja,
  E sempre chega rápido.

- E se a lua cheia caísse numa sexta-feira que também fosse dia treze, este seria considerado o dia mais azarado possível.

- Quase todas as culturas acreditavam que se a lua cheia caísse numa segunda-feira (*Monday, Moon day*), este seria um prenúncio de bom tempo e de boa sorte.
- Os marinheiros acreditavam que se uma grande estrela ou planeta fosse visto próximo à Lua, isso prenunciava uma tempestade. Tal estrela era por eles chamada de "o Cão da Lua".
- Na Cornualha, dizia-se que se uma criança nascia durante a lua minguante, o próximo filho seria do mesmo sexo do recém-nascido.
- Os dinamarqueses acreditavam em uma espécie de elfos aos quais davam o nome de "Povo da Lua". Eles eram de aparência perfeita quando vistos de frente, mas eram ocos ao serem vistos por trás. Dizia-se que o Povo da Lua trazia doenças quando assopravam nos humanos.

Receitas

Delícias de Cogumelos

Esta receita simplificada tem origem numa velha receita grega para folhada de cogumelos (*Bourekakia me Manitaria*). Poucas pessoas hoje em dia dispõem de tempo para prepará-la de acordo com o modo original. No entanto, se desejar ser autêntico, enrole a mistura em folhas de massa folhada.

- 1/3 kg de cogumelos frescos
- ½ xícara de parmesão ralado
- ½ xícara de cebolas picadas
- ¾ de xícara de farelo de pão
- 1 barra de margarina
- 450 g de massa folhada ou rolos de massa pronta
- Margarina derretida para dourar
- Pimenta e sal a gosto

Limpe os cogumelos e pique-os bem fininhos. Doure a cebola na margarina até que fique macia e dourada. Acrescente os cogumelos e cozinhe até que todo o líquido desapareça. Remova do fogo e acrescente o queijo, o sal, a pimenta e o farelo de pão.

Separe a massa pronta. Forme círculos com a massa, de espessura bem fina. Use cerca de uma colher (chá) do recheio em cada círculo. Dobre a massa formando um semicírculo e feche as bordas com um garfo. Coloque em uma forma antiaderente. Espalhe a margarina derretida sobre as massas. Asse no forno a 170 ºC por cerca de 15 a 20 minutos, ou até dourar. Sirva quente. IMPORTANTE: se utilizar massa folhada, abra cuidadosamente uma folha de massa por vez e recheie. Dobre em formato triangular.

Biscoitos de Semente de Anis

Os gregos possuem um maravilhoso *cookie* de anis e semente de gergelim chamado de *Koulourakia me Glikaniso*, mas leva muito azeite e é necessário sovar e abrir muito a massa. O substituto mais simples é a receita tradicional ou uma caixa de mistura pronta para *cookie*.

- 1 colher (chá) de canela em pó
- 1 colher (chá) de raspas de casca de laranja
- 1 colher (chá) de raspas de casca de limão
- 1 colher (sopa) de gergelim
- 1 colher (sopa) de semente de anis
- 1 fornada de massa para *cookie* ou uma caixa grande de massa pronta
- Para a cobertura, misture bem:
- 1 colher (sopa) de canela em pó
- 2 colheres de açúcar

Prepare a massa de *cookie* ou utilize a massa pronta conforme as instruções. Misture as sementes de anis e gergelim e as raspas de laranja e limão à massa, além da canela. Enrole em superfície polvilhada com farinha até atingir cerca de 0,5 cm de espessura.

Corte com um cortador de biscoitos (luas ou meias-luas são ideais) e coloque sobre as formas. Polvilhe a mistura com açúcar e canela e asse de acordo com as instruções ou sua receita.

Travesseiros de Ervas

Travesseiros de ervas vêm sendo utilizados há muito tempo no combate a dores de cabeça, distúrbios do sono e sonhos proféticos. Também são utilizados para aromatizar armários e guarda-roupas. Escolha um tecido de malha fina pelo qual as ervas não possam passar. Corte em quadrados de 9 cm para travesseiros pequenos, 18 cm para travesseiros um pouco maiores e 30 cm para travesseiros grandes. Costure três laterais, deixando uma aberta para encher com a mistura de ervas.

- Para sonhos proféticos, forre com artemísia. Se sua sensibilidade estiver aguçada ou estiver passando por problemas pessoais, talvez não possa usar esse travesseiro muito constantemente.
- Mistura para sono que agrada aos homens: 30 g de capim-cidró; 30 g de flores de lavanda; uma pitada de tomilho e uma de hortelã.
- Uma boa mistura para dores de cabeça e para proteger contra pesadelos: 30 g de flores de lavanda; 15 g de verbena; 15 g de tomilho; 15 g de aspérula; 7 g de alecrim.

Colônia Espanhola

- 1/2 litros de álcool
- 1 litro de água
- 1 gota de óleo de limão
- 2 gotas de óleo de laranja
- 30 ml de glicerina

Misture bem e guarde longe da luz do Sol. Para mudar um pouco o aroma, pode-se acrescentar uma gota ou duas de óleo de bergamota.

Sais de Banho Fumaça do Dragão para Prosperidade

- 1 xícara de sal
- 2 gotas de óleo de anis
- 5 gotas de óleo de cereja

Sais de Banho Merddin para Encantamentos de Profecia

- 1 xícara de sal
- 4 gotas de óleo de glicínia
- 4 gotas de óleo de violeta
- 4 gotas de óleo sintético de ambargris
- 8 gotas de óleo de lilás
- 8 gotas de óleo de narciso

Sais de Banho da Luz Sagrada

- 1 xícara de sal
- 3 gotas de óleo de canela
- 3 gotas de óleo de noz-moscada
- 8 gotas de óleo de sândalo

Sais de Banho Aura de Vênus

- 1 xícara de sal
- 4 gotas de óleo de lavanda
- 4 gotas de óleo de rosas
- 4 gotas de óleo frangipana
- 4 gotas de óleo sintético de almíscar
- 8 gotas de óleo de jasmim

Sais de Banho do Bastão Místico

- 1 xícara de sal
- 4 gotas de óleo de sândalo
- 6 gotas de óleo de violeta
- 8 gotas de óleo de heliotropo

Mitos

O Nascimento de Athena

A história de Zeus e Athena pode ser uma maneira metafórica de explicar a conquista da sociedade matriarcal, na qual as Deusas não seriam relegadas silenciosamente a segundo plano.

Zeus era o rei dos Deuses gregos e governava o Olimpo com mão forte. Fidelidade e lealdade não faziam parte de seu vocabulário, pois dedicava boa parte de seu tempo a seus casamentos, seduzindo e violentando uma longa lista de Deusas e mortais. Sua primeira esposa foi Métis, cujo nome significa "sabedoria", mas ele a engoliu, assim como a seu filho, tão logo soube que o bebê seria mais poderoso que ele. A partir daí, seria o pai de muitas outras crianças, mortais e imortais.

Em meio a suas bebedeiras, orgias e criação de mais filhos, Zeus passou a sofrer de terríveis dores de cabeça, tão terríveis que ele implorou a um de seus filhos, o Deus Hefesto, por ajuda. Hefesto tinha uma vaga ideia acerca do problema, então ele arrebentou a cabeça do pai com um machado. Athena, que havia sido engolida antes de seu nascimento, pulou para fora da cabeça de Zeus já completamente

Athena

crescida, vestindo armadura e carregando sua lança o bastante para dar a qualquer Deus uma boa dor de cabeça.

Athena era uma Deusa absolutamente casta, uma raridade entre os Deuses olímpicos, e só ajudava aqueles que julgava merecedores. Entre seus outros atributos, Athena era a Deusa grega da tecelagem, uma característica geralmente associada à Lua. Seu animal de companhia era uma coruja, um animal também associado à Lua.

Astarte

Astarte, a Rainha do Paraíso, era conhecida por todo o Oriente Médio, até mesmo entre os hebreus. Era a divindade principal da cidade de Sidon. Outro de seus muitos nomes era Ashtoreth. Assim como muitas outras divindades lunares, esta Deusa era constantemente descrita usando os chifres da lua crescente ou tendo uma cabeça de novilha com chifres.

Esta não era apenas uma Deusa lunar do amor, mas também uma deidade da prosperidade. Até mesmo as mulheres de Israel eram admoestadas por oferecer bebidas, incenso e bolos lunares a Astarte. Seus bosques sagrados, onde viviam as Sacerdotisas do amor, eram frequentados pelos homens. Os profetas de fogo e enxofre de Israel que tentavam forçar o culto do Deus único ao povo só obtiveram sucesso após destruir os templos e cortarem as árvores dos bosques da Rainha do Paraíso. Mas a Deusa mergulhou no subsolo para permanecer como parte da nova religião, na pele de Shekhinah. Os cristãos ainda a conhecem como "Maria, A Rainha dos Céus".

Cibele e Attis

No tempo dos gregos e romanos, Cibele era chamada de "a Mãe dos Deuses". O grande Sófocles a chamava de "Mãe de Tudo". Seu culto teve início na Anatólia Ocidental e na Frígia, onde era conhecida como "a Senhora do Monte Ida". Cibele era a Deusa dos mortos, da fertilidade, da vida selvagem, da agricultura, das leis e da Caçada Mística. Tamborins, pratos e tambores lhe eram sagrados.

Por volta do século 5, uma estátua de Cibele sentada em um trono e flanqueada por leões foi erguida em seu templo em Athenas. Os romanos decoravam suas estátuas com rosas. Ela possuía seus próprios e secretos Mistérios, pelos quais a rosa tornou-se um símbolo da reencarnação e do mundo secreto da Deusa.

Há muitas lendas acerca da relação de Cibele e Attis. Algumas histórias contam sobre como ela encontrou o garoto abandonado que cresceu para se tornar seu amante e que mais tarde morreria acidentalmente durante uma caçada. Outra história diz que o belo Attis era o neto/amante de Cibele. Encontrar mulheres que sucumbissem a seus encantos não era problema para Attis. Quando Cibele descobriu, seu ciúme doentio enlouqueceu Attis; ele decepou seus órgãos genitais com uma foice no formato de uma lua, num acesso de remorso. Todas as lendas terminam da mesma forma: Cibele vela por ele até que ele renasce.

Cibele

Março era o período dos Mistérios de Cibele-Attis. A morte e o renascimento de Attis formavam a parte principal dessas cerimônias secretas e sagradas. Durante as procissões pelas ruas, não era raro ver jovens rapazes devotos que, tomados pelo frenesi do momento, castravam a si mesmos. Todos os Sacerdotes de Cibele eram castrados em homenagem a Attis. Muito antes do advento do Deus solar Mitra, Cibele era honrada com o sacrifício de touros e pelo batizado de seus seguidores com o sangue do touro.

Quando Attis renasceu, Cibele voltou a ser feliz, como atestam as alegres celebrações finais de seus Mistérios de Primavera. Esse alegre festival era chamado de Hilária.

Rituais

Prevenção contra a Pobreza

Os gregos possuíam uma celebração chamada Diásia, em que se protegiam contra a pobreza, no mês de março. Num período (e quando não vivemos tais períodos?) de incertezas econômicas, fica a critério de cada um o que se pode fazer para manter sua vida num modo positivo e próspero. Por vezes as circunstâncias, por qualquer motivo, conduzem-nos a dificuldades financeiras. Há certas coisas que podemos fazer para melhorar a situação e eventualmente eliminar a necessidade em nossa vida.

O primeiro e mais importante passo é tornar-se financeiramente responsável. Controle suas despesas mensais; elimine os supérfluos. Se possui o péssimo hábito de parcelar suas compras, apenas para descobrir que não vai conseguir pagá-las, pare imediatamente! Deixe os cartões de crédito em casa. Se a situação estiver realmente ruim, procure um conselheiro financeiro. Organize seu orçamento e respeite-o. Comece por criar um fundo de "vacas magras" para o qual, a cada pagamento, reservará uma pequena parcela: pode ser um envelope no fundo de uma gaveta, o proverbial pote de biscoitos, uma caixa na prateleira mais alta de seu armário. Você quer que tal dinheiro esteja disponível, não para gastá-lo, mas para periodicamente contá-lo e provar para si mesmo que você é capaz de se controlar.

O segundo passo a ser tomado é a remoção de pensamentos programados. Não é preciso manter as mesmas atividades nem possuir as mesmas coisas que os vizinhos, amigos, familiares ou quem quer que seja. Ser econômico não é ser miserável. Ter uma postura próspera em relação à vida não é pecado ou errado. O dinheiro não é maléfico. E passar um dia ocasional apenas relaxando não é vagabundagem.

✦ ✦ ✦

Para realizar este ritual, compre uma vela verde fina, óleo de menta ou madressilva e algum dinheiro de brinquedo.

Dois dias antes da lua cheia, leve a vela verde a seu altar ou local de trabalho espiritual. Entalhe vários cifrões na vela, pensando em uma vida mais próspera. Unte a vela com o óleo essencial esfregando do pavio à base. Coloque-a num suporte à prova de fogo e posicione-a no centro de seu altar. Acenda a vela.

Espalhe seu "dinheiro" em frente à vela acesa. Divida em montes designando as contas ou compras de que queira cuidar. Dedique ao menos cinco a dez minutos pensando de que modo gastaria esse dinheiro de modo responsável. Em seguida, apague a vela.

Na noite seguinte, acenda novamente a vela e embaralhe o "dinheiro" mais uma vez. Após dez ou quinze minutos, apague a vela. Na terceira noite de lua cheia, realize o ritual mais uma vez, permitindo desta vez que a vela queime por inteiro, após ter dividido o "dinheiro".

Dia da Liberdade
– Equinócio de Primavera –

A Liberália romana era um festival da liberdade feminina. Provavelmente um resquício de algum antigo festival pertencente a uma sociedade matriarcal, pois as mulheres de Roma, apesar de terem mais liberdade do que as gregas, ainda não poderiam ser consideradas livres segundo os critérios atuais.

Hoje, tal evento pode ser utilizado para pedir pela liberdade das mulheres ao redor do mundo, que não possuam controle sobre suas vidas e destinos. Em muitos países, as mulheres ainda são vendidas e compradas como gado; quando seu dote chega ao fim, elas podem ser mortas pelos próprios maridos. Essas mulheres são forçadas a gerar um filho atrás de outro, mesmo quando não querem mais crianças. Nos países ditos civilizados, elas ainda sofrem discriminação de diversas espécies, das sutis às mais gritantes. O que os homens se recusam a perceber é que aquilo que prejudica as mulheres indiretamente os prejudica também. Toda a humanidade sofre.

O Dia da Liberdade pode, entretanto, englobar muito mais do que os direitos da mulher. Pode abranger todos os povos que sofrem com o terror e os abusos de ditadores, falsos presos, pessoas enclausuradas pela economia em empregos indignos, criados por companhias e patrões indiferentes, ou em condições de vida que lhes cause a sensação de viver em prisões ou em qualquer circunstância sob a qual as pessoas simplesmente não tenham opção, nem como evitar ou mudar a sensação de falta de liberdade.

Obviamente, isso não implica abrir mão de responsabilidades que são legitimamente suas. Também não o absolve de tentar, com gestos positivos, solucionar a situação. Rituais e magia não trazem simplesmente resultados prontos, apenas criam oportunidades.

✦ ✦ ✦

Se estiver preso a uma situação com outra pessoa e desejar encerrar o relacionamento com o mínimo de conturbação, espere pela lua nova. Você vai precisar de uma vela preta, uma vasilha à prova de fogo, uma tesoura, um lápis ou caneta, dois pequenos pedaços de papel.

Acenda a vela preta. Escreva seu nome num papel e o nome da outra pessoa em outro papel. Amarre um fio ou linha aos dois papéis. Deposite-os em seu altar com as bordas se tocando. Visualize a situação atual entre vocês dois. Mova vagarosamente os papéis em direções opostas, o mais distante que a linha permitir. Mentalize uma separação pacífica com vocês dois virando-se de costas e indo embora. Com a tesoura, corte agora a linha ao meio e diga:

Eu estou livre.
Você está livre.
Seguimos nossos caminhos separados em paz.

Pegue o papel com o nome da outra pessoa, coloque fogo com a chama da vela e atire à vasilha para que queime. Jogue as cinzas fora quando elas esfriarem.

Para obter paz em um mundo de conflitos, use este mesmo ritual. Como exemplo, podemos tomar as conturbações e guerras na Bósnia. Utilize dessa vez três papeletas: uma para os croatas, uma para os sérvios e uma para os muçulmanos. Amarre a terceira papeleta com outra linha ao centro da linha que une as duas primeiras. Visualize essas facções solucionando pacificamente seus problemas. Corte cada linha, separando as papeletas. Diga:

Os croatas estão livres.
Os sérvios estão livres.
Os muçulmanos estão livres.

Queime as três papeletas.

Expulsando Entidades de Má Sorte

Por volta do final de março, os tibetanos celebravam uma cerimônia para expulsar os demônios do azar de suas casas, vidas e comunidades. O povo de Bali, a leste de Java, também realiza expulsões públicas de demônios ao menos uma vez por ano, sempre numa lua crescente. Cada vila deposita alimentos nas encruzilhadas mais próximas e, a seguir, dirige-se ao templo local. Todos oram e tocam trombetas para reunir os demônios e em seguida batem em qualquer coisa que faça barulho, para apavorar as entidades que fogem da área. Os demônios não conseguem resistir à comida, param nas encruzilhadas e, então, são emboscados por um Sacerdote que os amaldiçoa. Essa cilada final faz com que os demônios malignos abandonem a região, restaurando assim a ordem.

De tempos em tempos, é comum sermos, mesmo contra nossa vontade, hóspedes desavisados de hostes de entidades agourentas. Tais entidades podem nos ser enviadas através da inveja e da má vontade dos outros. Por vezes absorvemos as vibrações negativas quando estamos expostos ao público; essas entidades mergulham em nossas auras por estarmos deprimidos, com raiva, irritados de alguma forma ou doentes. Devemos tomar muito cuidado ao ir ao consultório médico, por exemplo. Lojas durante grandes liquidações são outro local onde podemos inadvertidamente atrair tais criaturas. A última categoria dessas entidades agourentas é aquela que engloba as criadas por nós mesmos devido ao nosso próprio negativismo. Assim que se sentir sobrecarregado dessas entidades, você vai desejar se livrar delas. A primeira providência é limpar as vibrações de sua casa. Pegue um pequeno punhado de sal em sua mão; posicione sua outra mão sobre a primeira e peça aos Deuses que abençoem esse agente de limpeza. Polvilhe alguns grãos de sal em cada canto dos cômodos e armários de sua casa. Quando terminar, tome um banho com um pouco de sal na água. Isso ajuda a limpar sua aura, mesmo sendo uma ação física.

Para evitar o retorno de tais criaturas, queime incensos de patchouli ou de olíbano durante três dias e peça às entidades de boa sorte para que entrem em sua vida; um vazio seria indesejável, pois atrairia de volta tudo aquilo que expulsou.

Como precaução final, escolha um talismã para usar; passe-o pela fumaça do incenso antes de usá-lo. Pode ser qualquer coisa, desde um machado de Thor a um cristal. Limpe-o periodicamente passando-o pela fumaça do incenso para livrá-lo das vibrações negativas que possa ter absorvido.

Amando a Criança Interior

Aparentemente, a pessoa mais difícil de ser amada incondicionalmente por você é você mesmo. Aprendemos a noção de que qualquer ação que não ponha outra pessoa em primeiro lugar em nossa lista de prioridades é egoísta e errada. Os pais costumam cair nessa armadilha com a desculpa de que seus filhos devem ser mais bem tratados ou possuir mais do que tiveram quando crianças. Falando como mãe, posso dizer que filhos não apreciam pais absolutamente devotados e que abram mão de seus próprios sonhos. Alguns crescem exigindo esse tipo de "amor" de todos, como se fosse um direito deles. Médicos, psiquiatras e a justiça ganham muito dinheiro com essa atitude programada.

Há, no entanto, uma linha definida entre cuidar e amar a si próprio e ser narcisista e egoísta. Devemos aprender a seguir com responsabilidade, assumir compromissos quando necessário, mas mantendo o que é importante para nossa criança interior. Isso não significa desrespeitar as leis, prejudicar os demais ou levar uma vida amoral.

A criança interior é uma parte de nós na qual repousam nossos sonhos e esperanças, nossas emoções desprotegidas, nossa abertura natural a todos os demais e a todas as formas de vida. É aquela porção oculta de nossa personalidade que se liberta para rir ou chorar ao assistir a um filme, curtir as cores do outono, perder completamente a noção do tempo linear ao se envolver com uma atividade que realmente gostamos de fazer. Infelizmente, aprendemos desde cedo em nossa vida que tais ações são indesejáveis e devem ser reprimidas. O ato de doar até doer, seja seu tempo, seu dinheiro ou a si mesmo, já causou inúmeros problemas. Prefiro dizer "doe enquanto se sentir bem".

Para se realinhar com sua criança interior, você deve ser paciente. A "criança" terá receio de sair a campo aberto; afinal, você pode não gostar de seu comportamento ou de suas ideias. Permita-se ao luxo de assistir a um filme realmente cômico e rir ruidosamente. Se acha que não conseguirá fazer isso num cinema, assista em casa. É um excelente modo de permitir que sua "criança" aflore. Além disso, o riso faz bem à saúde.

Dê ouvidos a sua criança interior quando ela diz que não aprecia certas cores ou móveis, que ela quer um visual diferente hoje. Obviamente devemos usar o bom senso ao considerar as sugestões da criança interior. A "criança" normalmente tem pouco senso de moral e não sente a menor obrigação de ser socialmente correta ou agir de acordo com o status social. Sou famosa por pular corda ou brincar de amarelinha com as crianças da vizinhança. Certa vez surpreendi meus netos ao emboscá-los com uma pistola d'água. Não se espera tal comportamento de avós.

Mas creio que o mais difícil é amar sua criança interior sem restrições, o que quer dizer amar a si próprio totalmente. Todos temos alguma coisa, normalmente muitas coisas, das quais não gostamos em nós mesmos. Hábitos e costumes podem ser alterados, um de cada vez. Outras características deixam de ser tão indesejáveis quando deixamos de ser tão críticos quanto a nós mesmos.

Se dizem que você faz barulho quando ri, e daí? Quem quer rir igual aos demais? Se não gosta da mais nova tendência em penteados, ou da moda, bronzeados, ou fins de semana repletos de esportes, elimine-os de sua vida. Apesar de ser apenas uma parte da centelha vital do Universo, ainda assim você é único. Permita que a intuição de sua criança interior o conduza. A vida será mais feliz e muito mais confortável.

Podemos também nos beneficiar da criança interior de outras formas. Se você é daqueles que sempre cedem para manter a paz, convoque a teimosia de sua criança interior no momento certo. Se sua criança interior não estiver à vontade em uma dada situação ou na companhia de certas pessoas, preste muita atenção ao que está acontecendo: as palavras usadas, linguagem do corpo, tom de voz. Você está sendo alertado sobre um possível acontecimento desagradável.

Seja gentil com sua criança interior, mas também seja firme quando receber sugestões erradas ou perigosas. Apesar de a criança interior por vezes ter pouco senso de moral, ela será sempre parte do seu eu, uma parte que deve amar e tentar compreender.

Ártemis, Guardiã das Mulheres
- *Lua Crescente* -

Neste mês realizava-se a Delfínia, ou Ártemis Soteira, de Ártemis, a equivalente grega da Diana romana, uma Caçadora Virgem; os gregos a chamavam de "a Caçadora de Almas". Ela protegia os lugares silvestres e os animais e tinha o conhecimento dos lugares profundos da Natureza onde se poderia repousar e recuperar as energias. Ártemis repugnava a violência pela violência, mas era hábil ao estabelecer punições aos criminosos, especialmente aqueles que ameaçassem ou maltratassem mulheres. Seus objetos sagrados eram as bolotas de carvalho, os gamos, ursos, cães de caça, o absinto e a foice em forma de lua. Era a deidade das Amazonas.

As Deusas cretenses Britomartis e Dictynna eram muito similares a Ártemis/Diana. O Monte Dikte, em Creta, era a montanha de Dictynna. Numa península a oeste de Kydonia, também em Creta, localizava-se o Diktynnaion, um grande templo e caverna sagrados. A área era guardada pelos cães sagrados de Dictynna, como atesta a história de Apolônio de Tiana. Ambas as Deusas eram conhecidas como senhoras dos animais. No entanto, apenas Britomartis era ligada a um homem, um filho/amante/consorte conhecido como Mestre dos Animais.

Ártemis

Quando oravam para a maioria dos Deuses, os gregos permaneciam em pé com os braços erguidos. Quando louvavam um Deus dos mares, os braços eram estendidos para a frente; ao louvar uma divindade da Terra ou do Submundo, mantinham seus braços voltados para o solo, enquanto batiam os pés na Terra para chamar a atenção da divindade. Em todas as posições rituais, eles se voltavam para o Leste. Quando oravam em templos, voltavam-se para o altar e para a estátua da deidade.

O antigo costume grego de honrar o aniversário de Ártemis com um bolo de lua cheia é até hoje preservado em nossos bolos de aniversário. Os gregos punham inclusive velas acesas sobre o bolo da Lua.

Para honrar o aniversário de Ártemis e o seu próprio desaniversário (como em *Alice no País das Maravilhas*), asse ou compre um pequeno bolo. Numa noite de lua crescente, vista-se com belas roupas como se fosse receber um amigo. Cubra seu altar ou local espiritual com uma bela toalha. Coloque uma vela sobre o bolo no centro do altar. Decore com figuras ou imagens de animais ao redor do bolo. Ártemis ama os felinos de todos os tipos, veados e todos os animais selvagens. Prepare um copo de suco ou vinho ao lado do bolo. Tome um gole e acenda a vela. Cante "Parabéns a você" para a Deusa se desejar. Diga a seguir:

> Dama das coisas silvestres, Caçadora da Lua,
> Senhora da magia e encantamento,
> Entoo seu nome adorável para proteção.
> Ártemis! Ártemis! Ártemis!
> Sussurro suas preces à lua cheia.
> Acolha meu espírito cansado e desgastado
> Nos recantos sagrados de seus densos bosques.
> Renove minha vida, vivaz Ártemis.

Corte um pedaço de bolo para você e coma. Tome a bebida. Diga à Deusa porque precisa de sua proteção. Após terminar, agradeça-a pela ajuda por vir. Leve o resto do bolo para o lado de fora como um banquete para os pássaros e animais.

Festival das Flores
- *Lua Cheia* -

O festival egípcio da colheita de primavera de Ísis acontecia em 20 de março. Em 31 de março havia o festival romano de Luna, a Deusa da Lua. Ambas as divindades eram Deusas da lua cheia e Deusas Mães, que regiam a fertilidade e o crescimento. Quatro de março era o festival grego de Anthesteria, uma celebração às flores e dedicado à Flora. Para celebrar o festival das flores da primavera, compre flores frescas para sua casa. Se possuir plantas domésticas, troque seus vasos e coloque fertilizante neles. Acenda um incenso floral, como jasmim, rosa ou madressilva. Use tons pastéis para representar as tonalidades delicadas dos novos botões da primavera. Coloque um belo jarro de água em seu altar e ponha uma leve flor a flutuar dentro dele.

Quando a lua cheia se erguer, dirija-se a seu altar e acenda uma vela branca. Sente-se na escuridão apenas à luz da vela. Observe a flor que flutua e pense nas maravilhosas forças da Natureza que criam as flores ano após ano. Contemple o modo como essa força influi em sua vida.

Sinta suas "raízes" penetrando fundo na Terra, da qual você obtém a energia que o sustenta. Sinta a energia voltando para você. Agora, erga seus braços em direção à Lua. Sinta as energias da Lua somando-se às da Terra. Deixe que essas energias fluam ao seu redor e através de você, limpando, curando, equilibrando. Para romper o fluxo, apoie ambas as mãos no solo. Deixe que as energias voltem para a Terra.

Cibele, Rainha da Noite
- *Lua Nova* -

A 15 de março e de 22 a 27 deste mês eram celebrados festivais em honra à Deusa do Submundo, Cibele, na Anatólia, Grécia e Roma.

Desde os primórdios e avançando nas religiões patriarcais, a lua nova simboliza predição, iluminação, Mistérios Sagrados e muitas das energias de cura. Esta fase da Lua era também relacionada ao Submundo e às serpentes, que vivem normalmente em buracos escuros. Muitas culturas antigas consideravam que suas tocas eram ligadas ao Submundo, o que tornava as serpentes animais sagrados.

Cibele era conhecida como a Mãe dos Deuses, a Mãe Total. Seu culto estendia-se da Anatólia ocidental e da Frígia até a Grécia e Roma. Ela era a Deusa dos mortos, da fertilidade, da vida selvagem, agricultura, leis e da Caçada Mística. Tamboretes, pratos e tambores eram utilizados em seus rituais. Uma estátua grega mostra a Deusa sentada em um trono e ladeada por leões. Os romanos decoravam suas estátuas com rosas.

Cibele possuía seus próprios Mistérios Sagrados, do mesmo modo que as Deusas Perséfone e Deméter. Suas cerimônias eram celebradas à noite, pois ela era a Rainha da Noite. Era também conhecida por possuir uma profunda sabedoria a qual compartilhava apenas com seus seguidores legítimos.

Para ter uma questão respondida, ou para perguntar sobre sua vida de modo geral, realize este ritual na noite de lua nova.

Tome um banho ritual de limpeza e vista-se com uma túnica escura ou mesmo nu. Abra seu Círculo como de costume, ou ao menos consagre sal e polvilhe ao redor de sua área de trabalho. Acenda uma vela preta de cada lado do altar. Deixe preparado um incenso apropriado. Coloque suas cartas de tarô ou suas runas no centro do altar. Deixe seu Bastão ao lado das cartas. De pé, com os braços estendidos, diga:

> O ciclo da Lua fecha-se mais uma vez.
> A Lua oculta sua luz aos não iniciados.
> Aqueles que seguem os Antigos Caminhos
> sabem que seu poder não desapareceu, nem diminuiu.
> A sabedoria da Mãe Obscura está à disposição
> dos que realmente a procuram.

Bata em seu altar três vezes com seu Bastão:

> Ouça-me, ó Guardiã da Sabedoria.
> Minha voz voa pela noite até você.
> Mostre-me novos caminhos a seguir
> Para mudar minha vida e torná-la nova.

Acenda o incenso e erga-o sobre o altar:
Trago uma oferenda, bela e fina.
O aroma se ergue no ar
Para alcançar seus domínios. Abençoe-me,
Ó Senhora da Lua Escurecida.

Bata nas cartas ou no saco de runas por três vezes com seu Bastão e, em seguida, circunde-o no sentido horário três vezes usando o Bastão. Bata mais três vezes, para atingir o número nove, um número lunar. Deixe o Bastão ao lado e embaralhe as cartas ou misture as runas.

Divida as cartas em três montes, da esquerda para a direita; ou deite três runas, da mesma forma. À esquerda, o passado; no meio, o presente; à direita, o futuro.

Vire a carta superior de cada monte e analise o que vê. Esteja aberto, mesmo se não compreender a mensagem. Fará sentido mais tarde. Vire uma segunda carta em cada monte e pense no que vê. Repita pela terceira vez. Se algo não estava claro na primeira carta, provavelmente estará agora. Se desejar usar tanto o tarô quanto as runas, vire a primeira leva de cartas. Escolha a seguir uma runa e deite-a próxima a cada carta virada.

Por fim, deite uma segunda leva de cartas.

Isso também vale para mais de um baralho de tarô ou tipo de baralho. Por exemplo, pode-se utilizar um tarô padrão, as Cartas Xamânicas ou as Cartas dos Portais das Estrelas.

Anote o que lhe foi revelado. Assim, será mais fácil lembrar e compreender os eventos quando estes começarem a acontecer no futuro.

LUA DO CRESCIMENTO

— Abril —

Também conhecida como: Lua da Lebre, Lua da Semente ou do Plantio, Lua do Semeador, Lua das Árvores Crescentes, Eastermonath (Mês de Eostre), Ostarmanoth, Lua Cor-de-Rosa, Lua da Relva Verde

Na lua cheia, temos o Festival do Barco Dragão, na China.

1º de abril: Festival de Kali na Índia. Fortuna Viril de Vênus em Roma. Dia de Hathor no Egito.

4 de abril: a Megalésia de Cibele, ou *Magna Mater*, na Frígia e em Roma, celebrando a chegada da Deusa a seu templo romano. Festival de sete dias.

5 de abril: Festival da Boa Sorte em Roma; a Deusa Fortuna.

8 de abril: Hana Matsuri, ou Festival das Flores, no Japão; honra aos ancestrais e decoração dos santuários. A Mounichia de Ártemis na Grécia; um dia para os bolos da Lua.

11 de abril: na Armênia, dia de Anahit, Deusa do amor e da Lua.

12 – 19 de abril: Cereália, ou retorno de Perséfone, em Roma, em honra a Ceres e a sua filha.

15 de abril: Festival de Bast no Egito.

22 de abril: Festival de Ishtar na Babilônia.

28 de abril – 3 de maio: festival de três dias de Flora e Vênus, ou a Florália, em Roma; Deusa da sexualidade e das flores da primavera.

✦ ✦ ✦

O nome "abril" vem da Deusa grega Afrodite, identificada com a Vênus romana. Devido ao fato de o feriado cristão da Páscoa por vezes cair nesse mês, os anglo-saxões e os francos o chamavam de "mês da Páscoa" (em inglês, *Easter*); obviamente, a palavra *Easter* origina-se do nome da Deusa Pagã Eostre, divindade da primavera, da fertilidade e da nova vida. Os romanos chamavam esse mês de *Aprilis*, o período do desabrochar de folhas e flores.

A Megalésia de Cibele, também conhecida como a *Magna Mater* (Grande Mãe) tanto na Frígia quanto em Roma, celebrava a chegada dessa Deusa a Roma. Em 204 AEC, Roma estava envolvida em uma grande guerra contra Aníbal. As coisas não iam nada bem para as legiões romanas. Finalmente, os romanos enviaram uma delegação ao Oráculo de Delfos para que interpretassem seus sagrados Livros Proféticos. Nessa passagem, diz-se que invasores estrangeiros só poderiam ser expulsos quando a Mãe do Monte Ida fosse transferida de Péssinus para Roma. O Oráculo enviou a delegação ao rei de Pérgamo, na Ásia Menor, onde, segundo informações, estaria o meteorito negro que continha o espírito de Cibele. Pinheiros do Monte Ida, sagrado à Deusa, foram utilizados na construção de um navio e a pedra foi transportada de um santuário a outro, até chegar a Roma. Após cerca de um ano, Aníbal deixou a Itália para não mais voltar.

O Festival das Flores japonês é hoje uma celebração ao nascimento de Buda. No entanto, na antiga celebração, as pessoas colhiam flores silvestres para o santuário doméstico. Os adeptos da fé Shinto colocavam marcos de madeira sobre os túmulos e oravam.

No festival romano da Cereália, celebrava-se o retorno de Prosérpina, à Deusa da Terra, Ceres. Nossa palavra "cereal" vem do nome de Ceres. Esse era o período do plantio de grãos. Ceres era a equivalente romana da Deusa Deméter. Anahit da Fenícia, Canaã e Ur era representada portando uma *Ankh*, chifres e um disco lunar.

Ceres também era conhecida por muitos outros nomes, entre eles Anat, Qadesh, Anait, Anahita e Anatu.

Os egípcios chamavam sua terra de Khemennu, ou Terra da Lua. Plutarco escreveu que eles acreditavam ser a Lua a Mãe do Universo. Apesar de a Deusa Bast ser inicialmente considerada uma deidade do Sol brando, ela era também relacionada à Lua.

A Florália ainda é celebrada em muitos países da Europa Central e Oriental. Nesse período é honrada a Deusa das flores. As pessoas se vestem com roupas alegremente decoradas e usam flores no cabelo. O gesto de enviar secretamente cestas de flores no *May Day* (Dia de Maio, ou 1º de Maio, a Festa da Primavera) é uma reminiscência desse antigo festival. Apesar de ter feito isso quando criança, há muitos anos não vejo tal costume. O que é uma pena, pois as crianças adoram fazer as pequenas cestas de papel, escolher as flores e deixá-las à soleira de uma casa. Também nesse mês ocorria a Ayrihua ou Camay Inca Raymi dos Incas, o Festival dos Incas.

Correspondências

Espíritos da natureza: fadas das plantas.

Ervas: manjericão, cebolinha, cálamo (*Daemonorops Draco/Calamus Draco*), gerânio, cardo.

Cores: vermelho carmim, ouro.

Flores: margarida, ervilha-de-cheiro.

Essências: pinho, louro, avelã.

Animais: urso, lobo.

Aves: falcão, pega.

Deidades: Kali, Hathor, Anahita, Ceres, Ishtar, Vênus, Bast.

Fluxo de energia: criação e produção; devolver o equilíbrio aos nervos. Mudança, autoconfiança, aproveitar as oportunidades. Lapidar temperamento, oscilações emocionais e egoísmo.

Velhos Ditados e Sabedoria

- Duas luas crescentes no mesmo mês prediziam um mês de clima ruim.
- Qualquer lua crescente num sábado ou domingo trazia chuva e má sorte em geral.
- Você atrairá boa sorte se vir a lua crescente pela primeira vez ao ar livre e por sobre seu ombro direito. Pode-se também fazer um pedido que este será atendido. A melhor sorte pode ser atraída ao se olhar diretamente para a Lua.
- Um anel em torno da Lua significa chuva ou neve.
- Mudar de residência durante a lua minguante assegura que jamais passará fome.
- Na Europa e na Inglaterra medieval, os "homens da lua" eram salteadores e ladrões de estrada que executavam seus furtos pela noite. O termo atual *moonlighting* (à luz da lua) é semelhante, significando um emprego adicional noturno.
- Em algumas partes da Inglaterra, o termo *moonrakers* (pescadores de lua) passou eventualmente a significar uma pessoa de ideias simples. A história por trás disso, no entanto, revela que alguns contrabandistas raciocinavam bem rapidamente. Os coletores de impostos ingleses saíam à noite, tentando apanhar os contrabandistas em flagrante. Ao ouvir a aproximação dos coletores, os contrabandistas atiravam sua mercadoria ao fundo de um lago e fingiam estar tentando pescar o reflexo da Lua na água. Quando os cobradores de impostos lhes perguntavam o que faziam, os contrabandistas inocentemente respondiam que estavam "pescando a Lua". Enquanto os cobradores iam embora meneando suas cabeças pela estupidez do povo local, os contrabandistas recuperavam sua mercadoria e iniciavam suas negociações.

Receitas

Bisnagas de Groselha com Ervas Nevadas

Muito semelhantes aos Pãezinhos de Passas *Hot Cross*, muito mais velhos do que a tradição cristã que os popularizou. Rende seis dúzias.

- ½ colher (chá) de semente de anis
- ½ xícara de groselhas ou passas
- ¾ de xícara de açúcar de confeiteiro
- 1 colher (sopa) de suco de limão
- 1 ovo, bem batido
- 1 pacote de mistura para pão
- 6 colheres (sopa) de açúcar

Prepare a massa de pão de acordo com as instruções da embalagem, adicionando o açúcar, as groselhas e o ovo. Cubra com um pano de prato ou semelhante e deixe crescer em local morno até ficar leve e com o dobro do tamanho, por cerca de 30-45 minutos.

Amasse a massa até ficar com cerca de 1,5 cm de espessura numa superfície polvilhada com farinha. Corte com um cortador de biscoitos untado ou com a borda de um copo grande. Coloque as bisnagas numa forma bem untada, cubra novamente e deixe crescer mais uma vez até atingir o dobro do tamanho.

Asse a 155 ºC por 20 a 30 minutos. Misture o açúcar de confeiteiro, as sementes de anis e o suco de limão. Bata até afinar. Espalhe sobre as bisnagas.

Ovos à la diable com Salmão Defumado

– Rússia –

- ¼ de xícara de maionese
- ½ xícara de salmão defumado picado
- 1 colher (chá) de mostarda em pó
- 1 dúzia de ovos bem cozidos
- 1 pote de cream cheese de 225 g
- Sal e pimenta a gosto

Descasque os ovos cozidos. Corte longitudinalmente e remova cuidadosamente as gemas. Amasse as gemas e acrescente a mostarda, o *cream cheese*, a maionese e o salmão. Encha cada metade do ovo cozido com a mistura. Cubra e refrigere.

Chá Russo

- ½ de colher (chá) de cravos
- ½ de colher (chá) de noz-moscada
- 1 pau de canela
- 1 pote de chá quente
- Folhas de menta
- Rum ou vodca (opcional)

Deixe os cravos, a noz-moscada e a canela de molho no chá por alguns minutos. Quando for servir, acrescente rum ou vodca e uma folha de menta em cada xícara.

Mistura de Pot-pourri
– Século 16 –

- 1 colher (sopa) de benjoim ou lírio-florentino moído
- 1 colher (sopa) de cravos moídos e coentro
- 1 colher (sopa) de sementes de alcaravia bem moídas
- 1 pitada de flores de alfazema
- 1 pitada de folhas de hortelã cortadas
- 1 pitada de tomilho

Misture levemente todos os ingredientes. Coloque numa vasilha para pot-pourri e cubra com algumas pétalas secas de rosa e cravo-de-defunto, para colorir.

Ovos de Equinócio

(Páscoa)

Ovos decorados no Equinócio de Primavera não são novidade. Eram comuns muito antes de qualquer ligação com a Páscoa Cristã. Ovos vermelhos em especial eram ofertados em muitas culturas como presentes desta estação, em honra à Grande Deusa e suas habilidades de renovação da vida. Os antigos romanos celebravam a primavera com corridas em pistas ovais e ofertando ovos como prêmios.

Se planejar utilizar os ovos apenas para decoração, é melhor usar somente as cascas. Com uma agulha, faça um pequeno furo no topo e outro furo um pouco maior no fundo de um ovo cru. Certifique-se de que a agulha perfura a membrana interna. Segurando o ovo sobre uma vasilha, assopre no furo de cima até que todo o conteúdo tenha saído pelo fundo. A casca vazia pode agora ser decorada e a clara e a gema podem ser aproveitadas como omelete ou em uma receita. Antes de decorá-la, lave a casca com cuidado.

Ovo de Páscoa

Os camponeses poloneses costumavam decorar seus ovos com moldes detalhados. Às vezes as cascas eram coloridas antes, cobrindo-as com papel colorido. Para fazer um molde de padrão repetido, dobre um papel quantas vezes forem necessárias para repetir o padrão. Desenhe um esboço do padrão na primeira camada de papel. Corte ao redor do desenho com uma boa tesoura, certificando-se de cortar todas as camadas ao mesmo tempo. Desdobre o papel e aplique-o às cascas de ovo. Pode-se também decorar os ovos com asas, orelhas, patas, etc. feitos de papel colorido para representar animais e aves.

Sais de Banho dos Tecedores de Encantos

- ¼ de colher (chá) de cálamo em pó
- 1 xícara de sal
- 2 gotas de óleo de pinho
- 8 gotas de óleo de mirra

Sais de Banho do Caldeirão

- 1 xícara de sal
- 3 gotas de óleo sintético de almíscar
- 3 gotas óleo de verbena
- 6 gotas de óleo de cipreste

Sais de Banho Fantasia para o Amor

- 1 xícara de sal
- 4 gotas de óleo de patchouli
- 8 gotas de óleo de madressilva
- 8 gotas de óleo de rosas

Sais de Banho Cerridwen

- 1 xícara de sal
- 8 gotas de óleo de jasmim
- 8 gotas de óleo de lótus

Sais de Banho da Caçadora Obscura para Uso Durante a Lua Minguante

- 1 xícara de sal
- 2 gotas de óleo de pinho
- 3 gotas de óleo de gerânio
- 4 gotas de óleo sintético de ambargris
- 8 gotas de óleo de magnólia

Mitos

O Nascimento de Afrodite/Vênus

Os romanos assimilaram muitas lendas e divindades gregas, alterando seus nomes, mas muito pouco de suas histórias. Uma dessas divindades era Afrodite, que se transformou na Vênus romana. No início do mundo e das divindades, Rhea (a Terra) deu à luz vários filhos de seu filho Urano (o Céu). Mas quando Urano começou a aprisionar seus descendentes, Rhea confeccionou uma foice e convenceu seu filho mais novo, Cronos, a castrar seu pai. Quando Cronos atirou os genitais ao oceano, surgiu uma grande massa de espuma. Do meio dessa espuma surgiu a bela Deusa Afrodite/Vênus.

Na realidade, Afrodite, assim como Athenas, tem uma origem muito mais antiga do que o usurpante panteão patriarcal. Esta lenda de seu nascimento nada mais é que um modo de conceder novamente a uma antiga e poderosa Deusa uma posição de importância. Em seu aspecto médio-oriental de Asherah, ou Astarte, esta Deusa possuía o mais antigo templo em uso contínuo do mundo.

Sob o nome romano de Vênus, essa deidade apaixonou-se por um mortal e deu à luz Ênéas. Os romanos consideravam Vênus sua mãe ancestral, pois de acordo com a lenda, Ênéas fundou a civilização romana. A cidade de Veneza recebeu esse nome em sua homenagem.

Vênus/Afrodite é uma divindade da lua cheia, a qual sustenta e nutre a vida. Seus poderes são maduros, cheios de vida e poderosos, mas ela também protege ferrenhamente tudo aquilo que cria. Por simbolizar o amor e a fertilidade, seus símbolos são as vacas, os cervos, as cabras, as ovelhas, as pombas e as abelhas.

Vênus

Hathor, a Mãe Brilhante/Obscura

Uma das Deusas Mães do Egito era Hathor, constantemente chamada de "mãe de todas as deidades" e "Deusa da Lua". Originalmente, seu nome era Het-Hert ou Hat-Hor, o que significa "a Casa" ou "o Ventre de Hórus". Hathor criou-se a si própria, uma forte indicação de que seu culto já acontecia quando da ascensão das divindades masculinas dominantes. Os egípcios a chamavam de "a Vaca Celestial", que originou a Via Láctea a partir de seus fluidos vitais. Era também identificada com o lendário ganso do Nilo que botou o Ovo Dourado do Sol. Ela era a rainha do Oeste (os mortos), mas também a protetora das mulheres e da maternidade.

Hathor possuía também um lado obscuro. No início, quando a humanidade ainda dava seus primeiros passos na Terra, o Deus solar Rá decidiu punir os humanos por se tornarem perversos e desrespeitosos aos Deuses. Ele ordenou a Hathor que executasse sua vingança. A Deusa matou humanos até que seu sangue corresse em rios. Rá passou a sentir remorso pelos humanos e pediu a Hathor que parasse, mas por estar ensandecida, ela se recusou. Finalmente, Rá lançou 7.000 jarras de cerveja misturadas com mandrágora para que parecesse sangue. Hathor bebeu toda a cerveja, ficou completamente embriagada e esqueceu-se de seu desejo por sangue.

Hathor

A Deusa Felina Bast

Apesar de ser geralmente identificada com os suaves poderes de criação do Sol, a Deusa Bast era também associada a gatos e à Lua. Heródoto afirmou que o grande templo sagrado de Bubastis teria sido construído em sua honra. O gato era o animal mais sagrado do Egito e os gatos negros eram especialmente sagrados a Bast. Matar um gato acarretava pena de morte automática. Quando os gatos do templo de Bast morriam, eram embalsamados em grande cerimônia. Estátuas de Bast a representam com a cabeça de um gato.

No Egito, celebrava-se uma enorme feira anual em sua homenagem. Milhares de seguidores deslocavam-se através do Nilo, acompanhados por flautas, castanholas e muito vinho. Esplêndidas procissões atravessavam as ruas em direção a seus templos.

Bast possuía também uma faceta obscura, conhecida como "Pasht, a Rasgadora". Pasht era um aspecto da lua nova, uma Deusa de retribuição, vingança e terror, que podia seguir e de fato seguia um humano aonde este fosse, para obter a punição que ela achasse que fosse justa. Nem a morte podia deter a Deusa da lua nova, Pasht, pois seus poderes transcendiam à morte e à próxima encarnação.

Rituais

Consagração de Barcos

O Festival Chinês do Barco Dragão acontecia na lua cheia de abril. Barcos decorados seguiam em procissão ao Luar rio acima e rio abaixo e também em lagos. Todos participavam, pois acreditava-se que isso agradava os dragões responsáveis por trazer energia vital à comunidade. Flores eram atiradas às águas para que levassem as bênçãos e os desejos do povo.

Para os chineses, os dragões não são criaturas temíveis a ser evitadas, mas, sim, seres sábios e poderosos que poderiam ajudar de muitas maneiras. Os amantes de dragões de hoje têm ciência disso e cultivam sua amizade. Dragões podem ser poderosos aliados.

Este é um excelente período para consagrar embarcações, estejam elas decoradas ou não com um dragão. Os antigos diziam que cada barco possuía um espírito embutido, e se tal espírito ficasse insatisfeito ou bravo, o barco não seria facilmente controlado contra ventos e vagas.

Se você tem um barco (grande ou pequeno), este ritual pode melhorar sua segurança e performance. Se não possui nenhuma embarcação, este ritual pode ser utilizado para abençoar carros, motocicletas, bicicletas ou qualquer outro meio de transporte que utilize.

✦ ✦ ✦

Ande ao redor do barco no sentido horário e espalhe uma mistura de água e sal consagrado. Se o barco estiver na água, ande ao redor do convés o quanto for possível.

Quando terminar, fique de pé na proa do barco ou de frente para ele e diga:

> Espíritos deste barco (diga o nome do barco, se tiver um),
> Peço aos Deuses que os abençoem.
> Que vocês guiem este barco com segurança,
> na calma e na tempestade.
> Usem seus poderes para proteger
> tanto o barco como aqueles que nele viajam.
> Agradeço seus esforços por nós.

Pendure uma guirlanda de flores no barco, como uma oferenda.

Se não possuir seu próprio barco, mas desejar enviar seus votos de segurança a todas as embarcações, escolha um rio que corre para o mar. Escolha flores leves o bastante para flutuar na água. Dirija-se à margem do rio ou a uma doca e sussurre gentilmente seus votos a cada flor antes de atirá-las, uma a uma, à água. Diga:

> Espíritos dos barcos por toda parte,
> Peço aos Deuses que os abençoem.
>
> Peço que guiem e abençoem a todos os barcos e marinheiros que viajam por água, e aos que navegam por prazer; aqueles que comercializam através das ondas, trazendo alimentos e suprimentos aos necessitados.

Não permita que vento ou onda lhes cause mal.
Proteja-os de qualquer desastre ameaçador.
Agradeço por seus esforços.

Não faz diferença se as flores atinjam ou não o oceano. Cada barco que passar por tais flores abençoadas levará a mensagem a outros barcos. O efeito se espalha continuamente, como as ondas feitas por uma pedra atirada a um lago.

Recomeços

Há incontáveis períodos na vida nos quais devemos encarar a necessidade de recomeçar do início. Muitas vezes não damos a esses recomeços a atenção e a consideração que merecem. Sem planejamento e consideração, eles podem tomar rumos diferentes dos positivos. Alguns recomeços podem ser: formar-se no colégio ou na faculdade; novos relacionamentos; casamentos; nascimento de uma criança; um novo emprego; o fim de um relacionamento ou casamento; a morte de alguém próximo; uma doença, ou o período após essa doença.

Para abrir uma nova porta devemos fechar uma velha. Normalmente temos ciência dessa necessidade, mas não sabemos como fazer isso. Este ritual facilitará as circunstâncias. Esteja preparado para aproveitar as oportunidades que surgirem.

O ritual a seguir pode ser de grande valia. Prepare um altar com uma vela branca acesa no centro. Faça uma estrela de cinco pontas com papel, cortando ou desenhando. Tenha à mão óleo de lótus ao lado da vela. Acenda incenso de cravo para que forneça energia para encarar sua nova vida. Vista uma túnica branca ou de um azul bem claro. Se desejar, é possível abrir um Círculo e incluir este ritual na sua cerimônia regular. No entanto, não é necessário efetuá-lo dentro de um Círculo.

✦ ✦ ✦

Permaneça de pé por alguns segundos perante o altar. Expire todas as vibrações negativas e inspire as positivas.

Segurando a estrela com uma mão, apanhe sua adaga ou espada ritual com sua mão de poder. Volte-se para o Leste e, apontando a adaga para fora, diga:

> Desapareçam todos os problemas,
> do pensamento e da mente.
> Que os ventos celestes os levem.

Volte-se para o Sul. Segurando a espada, diga:

> Desapareçam, temores e raivas malignas.
> Que os fogos do Espírito os queimem.

Volte-se para o Oeste. Segurando a espada, diga:

> Desapareçam, insegurança e emoções sem controle.
> Que as águas sagradas da Grande Mãe as lavem.

Termine voltando-se para o Norte. Segure a espada e diga:

> Desapareçam, teimosia e rigidez.
> Que a Terra renovadora e purgante as enterre.

Retorne ao altar e erga a espada em saudação, dizendo:

> Todas as influências e hábitos negativos
> foram limpos pelos Deuses.
> Estou perante meu altar,
> renovado em meu espírito e em minha força.

Pingue uma gota de óleo de lótus no indicador de sua mão de poder. Visualize cada cor dos chacras quando tocar aquele chacra. Inicie pela área superior do triângulo pilífero do púbis, na área do chacra básico. Diga:

> Que a Kundalini surja na hora devida.
> Dê-me equilíbrio em minha vida física.

Toque o chacra do baço (entre os genitais e o umbigo). Diga:

> Abra minha mente como uma flor para a sabedoria que me dá.
> Dê-me equilíbrio em minha força mental.

Toque o umbigo no chacra do plexo solar. Diga:

> Guie meus passos em minha busca pela verdade.
> Dê-me equilíbrio e controle de minhas emoções.

Toque o chacra do coração no centro de seu peito. Diga:

Dê-me compreensão dos mistérios
da Caverna do Coração Universal.
Mostre-me o caminho espiritual que devo seguir.

Toque a base de sua garganta. Diga:

Prepare meu ser espiritual para que ouça as vozes dos Deuses.
Ensine-me o caminho para a criação construtiva.

Toque no ponto entre os olhos, pouco acima das sobrancelhas. Diga:

Abra minha visão interior aos dons psíquicos.
Conceda-me a utilização correta do poder do desejo.

Toque o topo de sua cabeça no chacra da coroa. Diga:

Desabroche o botão de lótus de mil pétalas
Que eu receba e dê bênçãos.
Abençoem, ó Antigos e Eternos,
Para que possa crescer além da roda do carma.

Bast, A Deusa Felina

O gato era associado no Egito tanto a Bast como a Pasht (a Lua). Pasht era o aspecto obscuro de Bast. Era a Senhora do Leste, mãe de todos os felinos e esposa do Deus Ptah. Apesar de ser considerada a encarnação da força vital e do calor do Sol, era também, através de seus gatos, conectada à Lua.

No Egito, o gato era o animal mais sagrado. O templo de Bast mantinha gatos especialmente sagrados que eram embalsamados com grande cerimônia quando morriam. Aquele que matasse um gato no Egito recebia sentença de morte. Gatos pretos eram especialmente sagrados a Bast; o símbolo do gato preto era utilizado pelos médicos egípcios para anunciar sua capacidade de cura.

O sistro e o espelho de Hathor eram decorados com gatos. Este animal representava a Lua. O nome egípcio para gato era *Mau*. O gato foi domesticado logo no início e era valorizado como matador de cobras. O lince (uma espécie de felino selvagem com orelhas peludas) era conhecido no Egito como *Maftet*, considerado como "o benevolente" e "o protetor". Também era um matador de serpentes.

Bast era representada com uma cabeça de gato, carregando um sistro em sua mão direita e levando uma cesta na esquerda. Vestia normalmente uma túnica verde.

Era a Deusa do Fogo, da Lua, dos partos, fertilidade, prazer, bondade, alegria, ritos sexuais, música, dança, proteção contra maus espíritos, intuição, cura, casamento e todos os animais (especialmente os gatos).

Bast pode ser honrada através da criação de um santuário, num bosque ou jardim, para os espíritos da Natureza e para os animais silvestres. Posicione uma estátua de um gato no centro do santuário para representar a Deusa.

Para pedir a você mesmo ou a seus gatos de estimação a bênção da Deusa Bast, prepare um altar com fotos e/ou estátuas de gatos. Podem ser de qualquer tipo de felino, domésticos ou selvagens. Coloque uma foto sua, de sua família e de alguns de seus gatos também. Prepare duas velas verdes no altar. Este ritual pode ser executado por si só ou como parte de um ritual de Círculo.

Bast segurando sistro

✦ ✦ ✦

Apanhe o sistro e caminhe ou dance lentamente ao redor da área de ritual, balançando-o enquanto caminha. Inicie e termine no Leste e mova-se no sentido horário. Cante enquanto segue:

> A alegria vem de Bast, Senhora dos gatos.
> A Deusa ama e protege os animais.
> Como filho(a) de Bast, eu clamo por ela
> Para que derrame suas bênçãos.

Retorne ao altar e balance o sistro enquanto diz:

Salve, Bast, Senhora dos Gatos.
Salve, Deusa dos prazeres terrenos.
Ensine-me a exultar pelo ser que sou.
Ensine-me a amar e a ser feliz.

Se possuir fotos de seus gatos, olhe para elas com alegria e amor. Caso não possua as fotos, mentalize-os. Chame cada gato pelo nome como se estivesse apresentando-os à Deusa. Esteja alerta para a atmosfera ao seu redor, pois é bem provável que sinta a presença da Deusa de alguma maneira.

Quando tiver terminado, apanhe o sistro e volte-se para o Leste. Chacoalhe o sistro cinco vezes. Diga:

Os ouvidos de Bast são sensíveis a cada palavra maldosa, dirigida a mim e a meus animais. Eu e meus gatos estamos protegidos.

Volte-se para o Sul, balance o sistro cinco vezes e diga:

As garras de Bast são afiadas e me defendem. Eu e meus gatos estamos protegidos.

Volte-se para o Oeste. Balance o sistro cinco vezes. Diga:

Os dentes de Bast estão à mostra para os praticantes do mal. Eu e meus gatos estamos protegidos.

Finalmente, volte-se para o Norte e balance o sistro cinco vezes e diga:

Os olhos de Bast podem ver através da escuridão. Nada lhe passa despercebido. Eu e meus gatos estamos protegidos.

Retorne ao altar. Balance o sistro três vezes. Diga:

Ouçam bem, todos que desejam causar mal, a mim e aos meus, aqui ergue-se uma poderosa fortaleza, um escudo inquebrável.

É impossível penetrar aqui. Seus pensamentos malignos retornam para vocês. O portão está trancado para vocês.

Visualize uma luz verde iluminando toda a sala, acariciando você e as fotos de seus gatos. Não se surpreenda se seus gatos entrarem na sala para aproveitar esta bênção.

> Amada Deusa dos gatos, agradeço por suas bênçãos. Mantenha-nos em segurança, saúde e felicidade. Proteja meus pequenos não importa onde possam ir.

Lance um beijo à Deusa e apague as velas. Como um presente especial, tanto para Bast como para seus gatos, presenteie seus animais com um brinquedinho.

Para pedir a Bast que cure seus gatos, cante o seguinte verso perante sua estátua/figura, enquanto segura uma foto ou visualiza o animal doente:

> Erga a mão da doença.
> Restaure a saúde!
> Elimine todos os males.
> Restaure a saúde!
> Derrame suas forças curadoras em (nome do gato)
> Bast! Restaure a saúde!

Se seus gatos estiverem realmente correndo risco físico, clame pelo aspecto obscuro de Bast, a Deusa Pasht.

Neith do Véu
– Lua Crescente –

Neith (pronuncia-se *Nait*) era "a Abridora de Caminhos", "a Caçadora", "Senhora do Oeste", "Deusa guerreira e protetora". Seu nome significa "Eu venho de mim mesma", ou "a autoconcebida". Os gregos a identificavam com Palas Athena.

De acordo com registros egípcios, seu culto era muito antigo, sendo que duas rainhas da Primeira Dinastia receberam seu nome. Ela usava a coroa vermelha do Baixo Egito e segurava em suas mãos um arco e duas flechas. O abutre era o animal sagrado de Neith e de outras Deusas. O símbolo hieroglífico para "mãe" era um abutre.

Plutarco visitou o grande templo de Neith em Sais e lá leu a inscrição: "Sou tudo o que já existiu, existe e que virá a existir. Nenhum mortal até hoje foi capaz de erguer o véu que me cobre". Parte desse santuário era uma escola de medicina chamada "a Casa da Vida". Essa escola era cuidada pelos Sacerdotes de Neith.

Neith era a divindade das ervas, magia, cura, conhecimentos místicos, rituais e meditação. Era a patrona das artes domésticas, tecelagem, caça, medicina, guerra e armas. Era também considerada a protetora das mulheres e do casamento.

✦ ✦ ✦

De pé, perante o altar, erga seus braços em saudação e diga:

Caçadora obscura, Abridora do Caminho, Senhora do Oeste,
Eu chamo por seu nome.

Você que é tudo o que já foi, é e que virá a ser,
Ensine-me os Mistérios Obscuros e Sagrados.

Pois sem compreender os sonhos que me conduzem
à porta interior, não sou completo.

Os sonhos são os professores noturnos dos Antigos.
Ensine-me, grande Neith.

Cruze suas mãos em seu peito e aguarde pelas bênçãos de Neith. Erga seus braços em cumprimento uma vez mais e diga:

Caçadora prateada,
cavalgando as pálidas nuvens da meia-noite,
Eu saúdo sua luz celestial com alegria.

Bela Dama da Noite, eu aguardo os sonhos que me enviará.
Visões e magia fazem parte de seu reino de poder.

Ensine-me os mistérios da Deusa Tríplice
Simbolizada pelas mudanças da Lua.

Mãe da cura e da antiga sabedoria, abençoa-me.

Clamando pela Deusa do Amor
– Lua Cheia –

Vênus era uma Deusa da Lua, a patrona das flores e da vegetação, como atestado pela sua participação na Florália. Apesar de por vezes ser referida como virginal, esta expressão tem o sentido de independente, sem relação com o estado sexual. A pomba e a garça eram suas aves sagradas. E mesmo Afrodite e Vênus sendo semelhantes em sua natureza, Vênus era sem dúvida uma Deusa das atividades sexuais, sem nenhuma ligação com o casamento. Seus templos abrigavam prostitutas sagradas e suas Sacerdotisas não precisavam ser necessariamente fisicamente virgens. Ela era uma deidade do amor, da beleza, dos prazeres do amor físico, da fertilidade, da criação contínua, da renovação e da magia com ervas.

✦ ✦ ✦

Este ritual deve ser executado durante ou na lua cheia. Acenda um incenso do amor, como rosas. Decore o altar com rosas ou pétalas de rosas e tenha à mão um barbante ou cordinha cor-de-rosa, comprido o bastante para circundar sua cintura. Uma pequena imagem de Vênus ou pomba pode ser utilizada para fortalecer sua conexão com a Deusa. Você vai precisar também de uma vela rosa num suporte e uma vasilha de metal.

Escreva num pequeno pedaço de papel "alguém que realmente me ama". Se desejar lançar o encantamento em uma pessoa específica, reflita cuidadosamente sobre as repercussões cármicas dessa ação antes de continuar. Isso é tentar controlar outra pessoa, algo que certamente não gostaria que fosse feito contra você. Além do mais, se forçar outra pessoa a "amá-lo" através da magia, haverá para sempre uma sensação de ressentimento, mesmo que essa pessoa nunca venha a descobrir o que você fez. E, na maioria das vezes, esses "amantes" acabam criando uma situação que lhes permite abandoná-los. Os que ficam podem estar entre aqueles que lhe causarão grande trabalho para se livrar deles no futuro. Não jogue roleta-russa com sua vida afetiva. A Deusa do amor é infinitamente mais esperta que você. Permita que ela escolha sua companhia perfeita.

Quando estiver preparado, permaneça em silêncio em frente ao seu altar, para relaxar. Acenda então a vela rosa, dizendo:

> Meu coração está vazio.
> Envie-me alguém que o encha de amor.
> Minha alma está desejosa.
> Conduza-me à harmonia espiritual.
> Minha mente está inerte.
> Encha-a com fertilidade.

Passe o barbante pela fumaça do incenso. Em seguida, passe o papel pela fumaça, dizendo:

> Que se crie um elo de amor
> Que nos una através do tempo e do espaço,
> E que nos aproxime até que estejamos
> Cara a cara, coração a coração.

Prenda o papel à sua cintura com o barbante. Permaneça de pé em silêncio por alguns momentos, agradecendo a Vênus por seu auxílio. Ouça seus conselhos; ela pode se comunicar com você no futuro em sonhos ou através de seus amigos. Depois, deixe o papel no altar, ainda amarrado ao barbante. Deixe-o no altar até a manhã seguinte. Apague a vela.

Na noite seguinte, volte ao altar. Acenda algum incenso de amor e a vela rosa. Converse com Vênus usando suas próprias palavras, explicando as características que mais deseja em um parceiro. Ateie fogo ao pedaço de papel com a chama da vela e deixe que queime na vasilha metálica. Livre-se das cinzas após esfriarem.

Dama do Sicômoro
– *Lua Nova* –

A Deusa egípcia Hathor era conhecida como "a Dama do Sicômoro", "Rainha do Oeste" (ou dos Mortos), "Casa do Ventre de Hórus", "Rainha dos Céus" e "a dourada". Segundo os egípcios, seus sete aspectos, chamados de "as sete Hathors", eram as "Comadres Sagradas", associadas aos sete planetas. Era sua tarefa conduzir "o Olho Sagrado de Rá". O espelho, o tamborete e o sistro eram sagrados para ela. Hathor podia ser representada como uma mulher com cabeça de vaca ou uma cabeça humana com chifres. Dizia-se que esta Deusa se incorporava no sistro para afugentar maus espíritos.

Seu principal templo era em Dendera, onde era cultuada com seu filho Ihi, "o Tocador de Sistro". Hathor era cultuada também em Edfu, com seu esposo Hórus. Os egípcios diziam que ela conduzia os mortos ao Outromundo.

Hathor era mais uma protetora das mulheres, do casamento, da família e da maternidade. Ela exercia poder sobre o amor, prazer, flores, o céu, a Lua, túmulos, as artes, vinho e cerveja, música, dança, conforto físico, astrologia, prosperidade e proteção.

✦ ✦ ✦

Abra seu Círculo como de costume. Além de seus instrumentos regulares, você vai precisar de uma *Ankh* e incenso de lótus. Após abrir o Círculo e invocar os guardiões das direções, de pé, perante o altar, entoe:

>A Lua está escura e a Deusa está próxima.
>Salve, Hathor, Dama do Sicômoro, Rainha do Oeste!
>O tempo é propício para a magia, clamo por sua presença.

Erga suas mãos sobre o altar e, como se estivesse abrindo um véu, afaste suas mãos uma da outra, dizendo:

>Veja, a Deusa chegou!
>Contemple sua beleza no céu estrelado.
>Ouça seus sussurros dentro deste local sagrado,

Sussurros de magia e de instrução.
Ouça a voz poderosa de Hathor nos ventos da noite.
Suas palavras de sabedoria e profecia são sussurros,
Sussurros dentro deste local sagrado.

Curve-se por alguns momentos perante a Deusa que se aproxima. Apanhe a *Ankh* e aperte-a brevemente contra seu peito. Volte-se então para o Leste. Erga a *Ankh* e diga:

Do Leste e dos céus da aurora
Chegam até mim palavras de magia e poder.
Grande Hathor, eu escuto seus ensinamentos.

Volte-se para o Sul. Erga a *Ankh*. Diga:

Do Sul e do meio-dia chegam, a ação e o propósito.
Grande Hathor, eu escuto seus ensinamentos.

Volte-se para o Oeste, erga a *Ankh*. Diga:

Do Oeste e do Poente, recebo a força emocional.
Grande Hathor, eu escuto seus ensinamentos.

Finalize voltando-se para o Norte. Erga a *Ankh*. Diga:

Do Norte e dos céus noturnos,
recebo a ligação à Terra,
necessária para toda a magia.
Grande Hathor, eu escuto seus ensinamentos.

Retorne ao altar e deposite a *Ankh* sobre ele. Diga:

Ó Grande Hathor, eu ouço e aceito dentro de mim,
as palavras de magia e o poder que me oferece.

Com sua mão de poder erguida sobre o altar, entoe:

Eu retorno através do Véu dos Mistérios do templo,
para estar mais uma vez de volta ao meu tempo e espaço.
Louvada seja Hathor.

Estenda suas mãos e aproxime-as como se estivesse fechando uma cortina. Feche o Círculo como de costume.

LUA DA LEBRE

— Maio —

Também conhecida como: Lua Alegre ou Dyad, Lua Brilhante, Lua Flor, Lua do Retorno dos Sapos, Thrimilcmonath (Mês do Leite Triplo), Repolho, Winnemanoth (Mês da Alegria), Lua do Plantio, Lua durante a qual Pôneis se abrigam

O quinto dia da lua crescente é o Festival da Artemísia, na China, onde a lua cheia é também conhecida como Lua Pestilenta; Chun' K'uei, o grande caçador espiritual de demônios, é homenageado.

1º de maio: Dia Bruxo da Sorveira para a Deusa finlandesa Rauni.

4 de maio: Dia do Pilriteiro Sagrado na Irlanda; início do mês do Estrepeiro.

5 de maio: Festa do Dragão na China.

9 de maio: Festa de Ártemis na Grécia.

9, 11 e 13 de maio: Lemúria em Roma, quando os espíritos errantes de familiares eram homenageados.

12 de maio: Festival de Shashti na Índia; Aranya Shashti é um Deus da floresta semelhante a Pã.

15 de maio: Dia de Maya, uma Deusa da lua cheia, na Grécia.

16 de maio: Savitu-Vrata na Índia, em honra a Saraswati, Rainha do Paraíso.

19 – 28 de maio: Kallyntaria e Plynteria; um festival de limpeza e purificação da primavera, em Roma e na Grécia.

23 de maio: Rosália em Roma, o festival das rosas de Flora e Vênus.

24 de maio: Nascimento de Ártemis/Diana, chamado de Thargelia; normalmente na lua crescente. Uma antiga celebração grega nesse dia era a de honrar as Horas. É também a celebração das Três Mães nas regiões celtas, as quais traziam prosperidade e boas colheitas.

26 de maio: Dia de Chin Hua Fu Jen, na China, uma Deusa amazona semelhante à Diana.

26 – 31 de maio: Festival de Diana como Deusa dos bosques silvestres em Roma.

30 – 31 de maio: Festa da Rainha do Submundo em Roma.

✦ ✦ ✦

A Deusa grega Maia, a mais importante das Sete Irmãs (as Plêiades), considerada a mãe de Hermes, empresta seu nome a esse mês. Ao menos alguma variação de seu nome era conhecida por povos da Irlanda e da Índia. Os romanos a chamavam de *Maius*, a Deusa do Verão, e a homenageavam na Ambarvália, um festival familiar de purificação e proteção das terras agrícolas.

Nas culturas celtas, o nome para o mês de maio é *Mai* ou *Maj*, um mês de liberdade sexual. Vestia-se verde durante este mês, para homenagear a Mãe Terra. Primeiro de Maio marcava o Festival de Beltane, um festival celebrando a fertilidade de todas as coisas. O gado era conduzido através das Fogueiras de Beltane para purificação e fertilidade. No País de Gales, Creyddylad era associada a esse festival e era constantemente chamada de Rainha de Maio. O *maypole* (mastro para as festividades do Beltane), e sua dança, são resquícios dessas antigas celebrações. A Sheela Na Gig pode ainda ser vista entalhada como decoração de muitas igrejas irlandesas. Esta imagem da Deusa é uma mulher grotesca, geralmente magra, de cócoras e abrindo sua genitália. Muitos irlandeses ainda a consideram a protetora dos pobres e penduram roupas velhas em arbustos de estrepeiro no dia 4 de maio; acredita-se que isso protege contra a pobreza. É possível que a expressão australiana

"Sheila", usada para designar qualquer mulher, esteja relacionada a essa Deusa e suas imagens.

Bona Dea, a Boa Deusa romana, tem seu festival celebrado na noite do dia 2 para o dia 3 de maio. Não era permitida a presença de homens.

O festival romano da Lemúria servia para confortar e relembrar os Lêmures, ou os espíritos errantes dos mortos. Cada família executava suas próprias cerimônias particulares, que terminavam com a entrega de presentes às sepulturas. Em homenagem àqueles que morreram, mas que não possuíam sepulturas, o chefe da família caminhava descalço pela casa, atirando nove feijões pretos para trás.

Os gregos celebravam um festival especial para Pã durante o mês de maio. Pã era uma deidade de aspecto selvagem, meio homem e meio bode. Como lembrete de suas frequentes aventuras sexuais, Pã era representado com seu pênis ereto. Foi ele quem criou a flauta de Pã, construída com junco. Originalmente, não era um opressor de mulheres, mas, sim, amante delas.

No período de 19 a 28 de maio ocorria o solene festival grego da Kallyntaria e Plynteria, dedicado à limpeza e conservação de estátuas e templos sagrados. As estátuas, pequenas o bastante para serem removidas, eram levadas a um rio ou lago próximo para serem lavadas até que estivessem completamente limpas. Esse era um trabalho sério, sem cantos ou brincadeiras.

Ao final do mês, era celebrada uma cerimônia em honra à Prosérpina, Rainha do Submundo, e ao seu consorte Plutão. Prosérpina controlava o local de descanso das sombras (almas), mas seu reino era ligado a algo mais do que apenas à morte. Plutão era também conhecido como a divindade da riqueza oculta.

Na Finlândia, no dia 1º de maio, celebrava-se o Dia Bruxo da Sorveira, um período de homenagem à Deusa Rauni, associada ao freixo da montanha ou à sorveira. Ramos e galhos de sorveira eram, e ainda são utilizados como proteção contra o mal naquela parte do mundo. Algumas fontes listam Rauni como um Deus.

As culturas eslavo-russas possuíam um festival similar, porém mais longo, celebrando a diversão, os rios e o bem-estar. Ocorria entre 25 de maio e 25 de junho. Originalmente, este festival homenageava a Deusa Lada, posteriormente transformada no Deus Lado.

Artemísia era o nome de uma erva sagrada na China e na Europa. Como parte das celebrações de 5 de maio, os chineses confeccionavam bonecas com folhas de artemísia. Eles penduravam essas bonecas acima de portões e portas para afastar influências e entidades negativas.

No Tibete, um velho festival da Natureza para o início do verão e para as deidades da chuva transformou-se na celebração da morte e na transformação de Buda. O festival da transformação ocorria no dia 8 de maio, enquanto a celebração da morte de Buda era no dia 15 de maio. Parentes falecidos eram homenageados nesse período.

Os incas celebravam o Aymoray Quilla ou Hatun Cuzqui, que era o Grande Cultivo.

Referências

Espíritos da Natureza: fadas, elfos.

Ervas: dictamo-de-creta, sabugueiro, menta, rosa, artemísia, tomilho, mil-em-rama.

Cores: verde, marrom, rosa.

Flores: lírio-do-vale, rosa, dedaleira, gesta.

Essências: rosa, sândalo.

Pedras: esmeralda, malaquita, âmbar, cornalina.

Árvores: estrepeiro.

Animais: gatos, lince, leopardo.

Aves: andorinha, pombo, cisne.

Deidades: Bast, Vênus, Afrodite, Maia, Diana, Ártemis, Pã, Deus Cornífero.

Fluxo de energia: energia criativa potencial; propagação. Intuição, contato com fadas e outros seres sobrenaturais. Fortalecimento da ligação com os seres e os protetores sobrenaturais que nos rodeiam. Energia que flui dos Deuses dos Bosques e das árvores.

Velhos Ditados e Sabedoria

- Para sonhar com um novo marido, saia à luz da primeira lua cheia do ano novo e diga:

  Lua, Lua, conte para mim
  Quando verei meu verdadeiro amor.
  Que belas roupas devo vestir?
  Quantos filhos darei à luz?
  Pois se meu amor não vier até mim,
  Escura e triste será minha vida.

- Dizem os irlandeses que, para antever o futuro, bom ou mau, devemos sair com um espelho. Permita que a luz da Lua se derrame sobre a superfície do espelho e fixe seus olhos nela. Qualquer rosto que apareça terá alguma conexão com seu futuro.

- Em algumas partes da Irlanda, ao verem a lua crescente, as pessoas se curvavam ou se ajoelhavam, dizendo:

  Ó, Lua, deixe-nos tão bem quanto quando nos encontrou.

- Alguns fazendeiros ainda creem que as plantações semeadas perto da lua cheia estarão prontas para a colheita com um mês de antecedência em relação às semeadas na lua minguante.

- Mineradores de estanho da Cornualha têm várias noções interessantes a respeito da Lua. Uma delas diz que, ao colocar um pedaço de estanho num formigueiro, perto de uma determinada fase da Lua (não especificada), ele se transformará em prata.

- Ao ver a lua crescente, curve-se perante ela e gaste o dinheiro que tiver em seus bolsos. Isso trará sorte em todos os seus assuntos.

Receitas

Bebida de Iogurte

Os povos do Oriente, particularmente na Índia, utilizam iogurte em muitas de suas receitas. Essa bebida é uma espécie de *milk-shake* exótico e muito mais saudável. Serve seis porções.

- 1 litro de iogurte integral de baixa caloria
- 2 colheres (sopa) de água de rosas ou 4 gotas de essência de rosas
- 6 colheres (sopa) de mel ou açúcar mascavo light
- 6 cubos de gelo

Coloque o iogurte, a água de rosas e o mel num liquidificador e bata. Acrescente os cubos de gelo e misture até que o iogurte esteja batido. Sirva em copos altos.

Patê Cremoso Amargo de Ervas

Esta guarnição é ótima com tiras de aipo, cenoura ou abobrinha, ou então com tomates-cereja. É um ótimo aperitivo para crianças e adultos. Rende ¾ de xícara.

- ⅛ de colher (chá) de alho em pó de páprica
- ⅛ de colher (chá) de sal de cebola
- ¹⁄₁₆ de colher (chá) de pimenta vermelha moída
- ¹⁄₁₆ de colher (chá) de pimenta-do-reino
- ¼ de colher (chá) de manjericão picado
- ¼ de colher (chá) de sal
- ¼ de xícara de maionese
- ½ xícara de iogurte integral

Misture o iogurte, a maionese, o alho em pó, o sal de cebola, a pimenta-do-reino e a pimenta vermelha, o manjericão e o sal. Misture uniformemente. Deixe esfriar. Pouco antes de servir, polvilhe com uma pitada de páprica, para decorar.

Artesanato

Bolsinhas Perfumadas

Desde o início deste século, bolsinhas perfumadas são utilizadas para perfumar armários, prateleiras e a sala em si. As casas tendiam a ficar úmidas e a cheirar mofo e esse era um dos métodos utilizados pelas donas de casa para contornar o problema. A receita a seguir foi modificada a partir de uma receita do século 19.

- 55 gramas de cálamo aromático
- 55 gramas de canela em casca
- 55 gramas de cravos
- 55 gramas de flores de lavanda
- 55 gramas de pétalas secas de rosa
- 55 gramas de raiz de lírio-florentino
- 55 gramas de sândalo amarelo
- 55 gramas de sementes de coentro
- 450 gramas de lascas de carvalho

Corte e fatie os ingredientes bem finos até formar um pó grosso e misture bem. Pode-se acrescentar com moderação óleos essenciais de rosa e de lavanda, para acentuar os aromas. Coloque a mistura em pequenos saquinhos fechados por barbantes e deposite em gavetas.

Bonecas de Malva-rosa

Este passatempo me foi ensinado por minha avó, que dizia que ela e suas irmãs confeccionavam essas bonecas quando crianças. É ainda um fascinante passatempo para garotinhas. Apanhe uma flor completamente aberta com um pedaço curto do caule ainda preso. Vire-a de ponta-cabeça; isso será a saia. Apanhe um botão fechado para fazer a cabeça. Com um palito de dentes, faça um buraco no "pescoço", na parte inferior do botão. Insira o pedaço do caule da parte que é a saia. Tais bonecas podem ser decorações originais para mesas, assim como brinquedos. Há uma rima para as bonecas de malva-rosa:

> Malva-rosa, malva-rosa, curve-se para mim já.
> Dê-me um pouco de queijo (pólen) para minha boneca tomar chá.

Pot-pourri de Lavanda

- 1 bastão de canela quebrado
- 28 gramas de goma de mirra
- 28 gramas de pétalas de rosa
- 55 gramas de flores de lavanda
- 55 gramas de folhas de damiana

Colônia Mistério da Índia

- ½ de litro de água destilada
- 1 colher (chá) de canela
- 1 colher (chá) de noz-moscada
- 1 gota de extrato de cumaru
- 1 gota de óleo de limão
- 28 gramas de glicerina
- 28 gramas de olíbano em pó
- 125 ml de álcool

Colônia Oriente Misterioso

- ½ litro de água destilada
- 1 colher (chá) de baunilha
- 1 gota de óleo de glicínia
- 1 gota de óleo de limão
- 1 gota de óleo de rosas

- 28 gramas de glicerina
- 125 ml de álcool

Sais de Banho da Grande Deusa

Disseram-me que estes sais se assemelham ao perfume White Shoulders.

- 1 xícara de sal
- 4 gotas de óleo de rosa
- 4 gotas de óleo sintético de almíscar
- 8 gotas de óleo de violeta

Chapéu de Folhas de Carvalho

O Rei Carvalho, o Homem Verde e o Senhor da Floresta (Cernunnos) eram muito provavelmente aspectos da mesma deidade. Para honrar esse Deus da Natureza, crianças (e adultos) podem fazer e vestir chapéus de folhas de carvalho. Colete uma boa quantidade de folhas grandes de carvalho. Utilizando pequenos pedaços de ramos ou palitos de dente, comece a unir duas folhas entre si em dois pontos diferentes.

Cernunnos

Posicione o primeiro palito próximo ao talo e o outro perto do lóbulo. Ordene as folhas de modo que se encontrem no topo. Continue prendendo as folhas umas às outras. Molde conforme a cabeça, tomando cuidado para não fazer o chapéu muito raso. Este chapéu me faz recordar das fadas dos bosques que são vistas espreitando por detrás das árvores.

Mitos

O Nascimento de Ártemis/Diana

O Deus grego Zeus estava sempre envolvido em casos com alguma Deusa ou com uma desafortunada mortal. Leto, também chamada de Latona, era uma da filha dos Titãs e tão bela que o rei dos Deuses por ela se apaixonou. Logo ela estava grávida de gêmeos. Para evitar a fúria e a vingança de Hera, Leto fugiu para a ilha de Delos, originalmente chamada de Ortygia, onde deu à luz seus filhos numa caverna. A Deusa lunar Artemis/Diana nasceu um dia exato antes de seu irmão o Deus Solar Apollo.

Hera ficou furiosa. Ela enviou a grande serpente Píton no encalço de Leto, mas o Deus dos mares, Poseidon, a ocultou. O jovem Apollo, extremamente forte e belo, fortaleceu-se com néctar e ambrosia. Tomando consigo as flechas forjadas especialmente para ele pelo ferreiro Hefesto, Apollo buscou o monstro em Parnaso e o matou.

Ártemis era tão bela quanto seu irmão, mas ao contrário de Apollo, esta Deusa não desfrutava de prazeres sexuais. Ela era "a Caçadora Virgem", "a Caçadora de Almas". Tão logo nasceu, Ártemis partiu diretamente ao encontro de seu pai, Zeus, e pediu uma túnica curta, botas de caça, um arco de prata e uma aljava repleta de flechas.

As Amazonas lhe eram leais sob sua fase de lua crescente. Seus lugares prediletos eram os bosques e montanhas de Arcádia, por onde andava na companhia de sessenta Oceânidas, vinte ninfas e uma matilha de cães

Ártemis/Diana

de caça chamados de *Alani*. Ela tornou-se defensora das mulheres maltratadas ou ameaçadas pelos homens. Apesar de não ter nada em comum com homens nem permitir que suas ninfas se envolvessem, Ártemis era a patrona da fertilidade feminina e dos partos.

As Horas

As Horas (Horae ou Estações) eram as Deusas guardiãs dos ciclos da Natureza e da lei e da ordem. Eram elas Eunômia (sabedoria da legislação), Dike (justiça) e Irene/Eirene (paz). Filhas de Zeus e da Titã Têmis. Os gregos consideravam apenas a primavera, o outono e o verão como estações, sendo o inverno um período de repouso e morte. Mas a maioria dos gregos honravam as Horas como deidades da ordem, propriedade e moralidade na vida dos humanos.

Eunômia era especialmente honrada pelo Senado, uma vez que ela lidava primariamente com a vida política e com a elaboração de leis. Acreditava-se que Dike relatava diretamente a Zeus, seu pai, qualquer injustiça causada a qualquer humano. Eirene era homenageada com canções e festividades; era também considerada a mãe de Plutão, o Deus da riqueza, que acompanhava Dioniso.

Maia e as Plêiades

Maia, de quem o mês de maio recebeu o nome, era uma das Sete Irmãs da mitologia greco-romana; tais irmãs foram posteriormente chamadas de Plêiades. Elas nasceram em Arcádia, tendo como pai o Deus Atlas e uma mãe desconhecida. Seus nomes eram Alcyone, Calaeno, Electra, Maia, Mérope, Astérope e Taygete. Apesar de a princípio as irmãs acompanharem Ártemis, elas posteriormente se envolveram com homens. Electra teve um filho, Dardanus, que teria sido o fundador da cidade de Tróia.

O gigante Órion as viu uma vez enquanto dançavam numa relva de Arcádia e decidiu que desejava possuir todas as sete irmãs. Elas se recusaram e ele partiu em seus encalços. Elas pediram o auxílio de Zeus e este as transformou em uma constelação; Órion e seu cão Sírius também foram confinados ao firmamento. Segundo a lenda, apenas seis das irmãs-estrela são visíveis, porque Electra se escondia para evitar ver a destruição de Tróia. Posteriormente, Electra foi transformada em um cometa, cortando os céus em seu sofrimento.

Pã

Pã, o Deus dos bosques, era uma deidade amorosa, cuja atividade predileta era perseguir e seduzir mulheres. Um dia, Syrinx, a filha do Deus fluvial Ladon, caminhava pela margem do rio próxima aos bosques de Pã, quando ele a avistou. Pã saiu em seu encalço, perseguindo por algum tempo a assustada ninfa. Por fim, quando estava perto o suficiente para alcançá-la, a ponto de Syrinx poder sentir sua mão áspera e ouvir sua respiração em seu ouvido, ela gritou pedindo que seu pai a socorresse. O Deus do rio a transformou então num feixe de juncos à margem do rio, próximo da água.

Incapaz de reconhecer sua derrota, Pã aguardou por um longo tempo, esperando que ela voltasse à sua forma original, o que jamais aconteceu. Por fim, o Deus dos bosques cortou alguns dos juncos e os amarrou uns aos outros lado a lado, com uma das extremidades fechadas. Quando soprou por cima da extremidade aberta superior, percebeu ter produzido uma bela melodia. Desta forma, foi criada a Flauta de Pã.

Apesar de passar a ser representado como um ser lascivo após o domínio patriarcal, ele originalmente simbolizava simplesmente as forças masculinas da natureza. Era um filho da Terra, uma deidade da fertilidade, o Pequeno Deus. Os cristãos o transformaram em seu principal demônio.

Festa do Dragão

Na China, a Festa do Dragão era celebrada durante esse mês. Para os chineses, os dragões não eram criaturas malignas, mas, sim, úteis. Acreditava-se que eles traziam chuvas e prosperidade, controlavam as águas, traziam curas e perseguiam maus espíritos. A maioria das pessoas está familiarizada com as imagens de dragões exibidas nas celebrações do Ano Novo chinês, mas poucos sabem que existiam muitos outros festivais do dragão na China.[1] Dragões são criaturas fascinantes, mas ao mesmo tempo ardilosas, de grande poder e conhecimentos de magia.

Barcos decorados com dragões navegavam em rios e lagos ao Luar, para atrair as energias do dragão para a comunidade. As pessoas atiravam flores à água para que levassem suas mensagens para os dragões, considerados como maravilhosas criaturas sobrenaturais. Eles tiveram, no entanto, péssimas experiências com humanos adultos e, portanto, tendem a evitar serem descobertos. Com paciência e persistência, pode-se convencer um dragão a ser amigo. Os mais fáceis de serem encontrados são os dragões guardiões, os "bebês" da espécie.

Dragões guardiões pessoais podem ter formas e tamanhos variados, eles são normalmente pequenos se comparados a dragões adultos. Podem ter qualquer cor, em tons pastéis ou brilhantes, com o ventre numa infinita miríade de matizes. Os pequenos dragões guardiões são normalmente supervisionados por um ou mais dragões adultos, que podem ou não ser vistos.

Alegoria do Festival do Dragão

Os pequenos dragões não são tão poderosos quanto os dragões adultos, mas podem ajudar com proteção, amizade, amor, adivinhações (tais como tarô, runas, leitura de cristais), desenvolvimento das habilidades psíquicas, dança, música e rituais gerais. Sua tarefa mais importante, entretanto, é a de protegê-lo, à sua família e ao seu lar. São como uma espécie de cães de guarda astrais.

Esses pequenos dragões pessoais são os mais amigáveis da espécie e os que mais gostam de diversão. Eles apreciam rituais espontâneos que incluem danças, cantos e diversão de modo geral. Gostam de gengibre e dos aromas adocicados ou incensos aromáticos. Habitualmente, eles permanecem sobre seu ombro enquanto lê cartas ou olha em um cristal. Se tiver dificuldade em visualizar seus dragões, tente colocar um pedaço de cristal na área do seu terceiro olho, na testa.

Se desejar fazer amizade com seus dragões guardiões, assim como fazer com que eles saibam que você está ciente de sua existência, execute este ritual simples de boas-vindas. Acenda uma vela, de qualquer cor que não a preta; essa cor é normalmente associada aos enormes Dragões do Caos. Acenda um incenso aromático ou adocicado. Espalhe alguns cristais para atrair sua atenção. A seguir, cante:

> Pequenos dragões, com o brilho do arco-íris,
> Bons amigos desta família,
> Envie bons votos a todos nós.
> Junte-se alegremente aos nossos rituais.
> Protejam-nos de dia ou à noite,
> Enquanto despertos ou durante o sono.
> Que através de seu amor e de sua vigilância
> Esta família permaneça sempre em segurança.

Dia da Lembrança

Os antigos romanos celebravam a Lemúria nos dias 9, 11 e 13 de maio; o porquê da alternância dos dias permanece um mistério. Durante esse período eles honravam os espíritos vagantes dos ancestrais e da família. Atualmente, muitas pessoas ainda visitam os cemitérios no fim de semana do Dia da Lembrança com a finalidade de depositar flores nos túmulos, uma maneira de relembrar os membros mortos da família. No entanto, não é necessário ir até o cemitério para homenagear seus ancestrais. Numa linhagem grande, provavelmente muitos de seus ancestrais podem não ter sido sepultados em locais próximos e outros podem ainda ter sido cremados e suas cinzas espalhadas ou ter tido seus corpos físicos extraviados. O Dia da Lembrança não existe para homenagear um corpo físico decomposto, mas, sim, para honrar as linhas de sangue que conduziram à sua existência.

✦ ✦ ✦

Estabeleça em um ponto de sua casa um altar ancestral temporário; escolha um local que não seja perturbado ao menos por uma semana. Deposite nesse altar quantas fotos de membros falecidos de sua família possuir. Se não possuir fotos, escreva seus nomes num pedaço de papel. Arrume um belo vaso com flores frescas próximo às fotos. Acenda diariamente incensos de lavanda ou rosa nas proximidades do altar.

Durante todos os dias dessa semana, vá até o altar uma vez por dia para conversar com seus ancestrais. Não se esqueça daqueles que, de tão afastados em sua linhagem, você nem tenha conhecido. Deixe uma vela branca acesa no altar pelo menos por uma hora ao dia.

Talvez exista um membro da família recém-falecido com o qual você não se dava muito bem. Todos nós temos. Se achar que suas energias espirituais estejam lhe causando problemas (e realmente alguns fazem isso), simplesmente remova suas fotografias até que passem a se comportar melhor. Pode soar estúpido, mas funciona com a maioria dos espíritos. Eles querem ser lembrados e homenageados, não serem esquecidos e jogados ao ostracismo. No entanto, uma minoria pode permanecer incorrigível e terão que ser barrados em sua casa.

Peça diariamente conselhos e ajuda a seus ancestrais. Se meditar próximo a este altar, pode muito bem passar a receber visitas de seus entes queridos. E lembre-se de pensar neles e chamá-los durante o resto do ano, especialmente em ocasiões importantes. O ramo irlandês de minha família costumava acender uma vela branca durante o período do Solstício de Inverno/Natal e aprontar um lugar extra na mesa. Diziam-me que isso ajudaria os entes amados a encontrar seu caminho de volta para que pudessem participar das festividades.

Festival de Limpeza e Purificação

Nos dias 19 e 20 de maio, os gregos e os romanos celebravam dois festivais: a Kallyntaria e a Plynteria. Era uma cerimônia de limpeza e purificação da primavera, que se estendia dos templos até as casas.

Na Grécia, a Deusa da lua cheia, Maia, era honrada em maio, mês ao qual emprestou seu nome. Mas na China antiga esse mês era chamado Lua Pestilenta, um período no qual eram invadidos por demônios e outros arruaceiros sobrenaturais. Eles pediam ajuda a Chung K'uei, conhecido como o grande caçador espiritual de demônios, para que expurgasse a intenção maléfica dessas entidades.

Tanto faz se sua vida é agitada ou se seu padrão de vida é mais relaxado, a realidade é que os vários planos pessoais acabam se entrelaçando. É necessário estabelecer um ciclo repetitivo de limpeza e de purificação. Transferir esse treinamento mental para a vida pessoal é fácil. Temos a tendência de nos agarrarmos a amizades e relacionamentos antigos, os quais deveriam ter a oportunidade de deixar de existir. Nós nos atemos às emoções, boas ou más. Ao nos atermos a hábitos pouco construtivos e pouco funcionais, limitamos nossas possibilidades de progresso.

Esse é um período excelente para reciclar as roupas que não vêm sendo usadas há mais de dois anos. Doe-as a uma organização filantrópica. Verifique as prateleiras de sua cozinha: se possuir utensílios sem uso ou em dobro, recicle-os também. Algumas pessoas apreciam efetuar vendas de quintal. Eu prefiro doar meus pertences a uma organização filantrópica, como o Exército da Salvação.

Essa limpeza, acompanhada por uma purificação de sua casa e de você mesmo, é um ótimo preparativo para o ritual das Três Mães da Prosperidade. Afinal, a Natureza detesta uma lacuna e logo a preencherá. Então, por que não preparar sua lacuna para que seja preenchida com prosperidade?

Apesar de este ritual ser parte do processo de limpeza e de purificação, é também indicado para os momentos em que estiver se sentindo atacado, seja por outras pessoas, seja pela vida em si. Este ritual, na verdade, visa a fortalecer o escudo psíquico ao redor de seu corpo e de sua aura.

✦ ✦ ✦

Inicie na noite anterior à lua cheia. Prepare seu altar num local em que não venha a ser perturbado por ao menos 24 horas. Coloque um Caldeirão no centro do altar com uma vela vermelha do lado direito, uma preta do esquerdo e uma branca exatamente atrás do Caldeirão. Deixe as velas apagadas.

Espalhe uma mistura de partes iguais de brotos de sabugueiro, manjerona, menta e arruda num círculo ininterrupto ao redor do Caldeirão.

Num pequeno frasco, coloque a mesma quantidade de gotas de óleos de cravo, olíbano, jasmim e lavanda. Deposite a garrafa fechada no caldeirão e deixe lá até a noite de lua cheia.

Na noite de lua cheia, tome um banho purificante e vista-se de branco ou vá despido. Queime um bom incenso de proteção e/ou de purificação e leve-o em todos os cômodos da casa. Certifique-se de que a fumaça penetra também os armários.

Retorne ao altar e acenda as velas. Apanhe sua espada ou adaga ritual, vire-se para o Leste e erga a adaga em saudação, dizendo:

Pelo poder do Sol nascente,
Todo o mal de minha vida se vai.

Volte-se para o Sul e diga:

Pelo poder dos raios do meio-dia,
Assumo finalmente todo o controle.

Vire-se para o Oeste e diga:

Pelo poder do poente,
Meu escudo é forte, minha armadura é resistente.

Volte-se para o Norte e diga:

Pela lua cheia no céu enegrecido,
Não estou só. Minha ajuda está aqui.
As mãos da Deusa me envolvem,
Protegendo-me noite e dia.
Afastem-se, maus espíritos indesejados, daqui
Eu os expulso e nada temo,
Pois eu venci. Eu estou livre
Vocês não mais exercem poder sobre mim.

Apanhe o frasco de óleo. Coloque uma gota de óleo no seu indicador e unte sua testa, seu coração, o plexo solar, os pulsos e o peito dos pés. Ao executar isso, visualize uma brilhante armadura azul descendo lentamente sobre seu corpo até que esteja completamente protegido. Tampe o frasco e guarde em lugar seguro. Agradeça à Deusa por sua ajuda e apague as velas.

Aplique o óleo e repita as frases sempre que sentir que a armadura esteja enfraquecendo.

Festival da Artemísia

A artemísia é uma erva muita mágica, especialmente quando é colhida no Solstício de Verão ou na lua cheia. Era sagrada para os druidas e muitas outras culturas antigas para ser utilizada em trabalhos rituais. Os chineses consideravam-na tão importante que criaram para a Artemísia um ritual próprio.

Esta planta pode ser esfregada em bolas de cristal e espelhos mágicos para aumentar seu poder. Para elaborar uma beberagem que estimule a clarividência, deixe 8 gramas de artemísia curtindo em uma garrafa de vinho leve por nove dias (um número lunar), começando na lua crescente. Ao final desse período, coe a artemísia. Use várias camadas de pano de malha fina, pois a artemísia libera muita borra. Recoloque o vinho na garrafa e feche bem. Beba uma pequena quantidade para auxiliar na clarividência, adivinhações e leitura de cristais.

Este ritual serve para uso em bolas de cristal, espelhos mágicos ou pedaços de cristal. Até mesmo um copo de água pode ser utilizado, ter uma bela e cara bola de cristal não é nenhum pré-requisito para ler o futuro. Seja o que for que decida utilizar (bola de cristal, espelho, pedaço de cristal), mantenha-o sempre coberto quando não estiver em uso. As pessoas são fascinadas por esse tipo de coisa e podem querer manuseá-la. Isso faz com que suas vibrações se misturem com as da outra pessoa, o que torna mais difícil a utilização do objeto. Alguns gatos podem ficar completamente arrebatados ao olhar para bolas de cristal. Nunca, no entanto, encontrei um gato que deixasse traços de suas vibrações.

Leitura do futuro é algo que requer uma tremenda paciência. Raramente as imagens, na bola de cristal ou em sua mente, vêm imediatamente. Relaxe; não se esforce para ver algo. Não é necessário ficar olhando para o cristal até sua vista cansar ou ficar com dor de cabeça. Deixe que sua vista perca levemente o foco e tente permanecer como um espectador. Observe e escute em sua mente o que pode vir a surgir. Algumas pessoas realmente veem imagens no cristal. Pela minha experiência creio que o objeto aparentemente limpa e fortalece meus poderes psíquicos, fornecendo-me imagens e mensagens mentais.

Posicione seu objeto de clarividência em seu Pentagrama[2] e circunde-o cinco vezes com seu Bastão, dizendo:

Uma pela Donzela, clara e brilhante.
Uma pela Dama da noite.
Uma pela Antiga, onisciente e sábia.
Uma pelo Deus dos céus ensolarados.
Uma pelo dom da profecia.
Eu lhes peço agora, mostre-me o futuro.

Continue com sua clarividência.

Honrando as Três Mães

As Três Mães, ou a Deusa Tríplice, são conhecidas ao redor do mundo. A Deusa Tríplice representa os três estágios da vida humana: juventude e puberdade, maternidade e maturidade, velhice e sabedoria. Ou corpo, mente e espírito. Esta tríade simboliza as três fases da Lua: crescente, cheia e nova. As Deusas eram mais comumente conhecidas pelos títulos de Donzela, Mãe e Anciã. As antigas escolas dos Mistérios, que eram originalmente centros de sabedoria da Deusa, possuíam três graus principais.

O número três era sagrado desde o tempo dos antigos babilônios. Pitágoras escreveu que a Ordem Universal se manifestava em três. Os antigos chineses acreditavam que do três provinham todas as coisas. Mesmo hoje, na numerologia, o número três representa atividade, criatividade, talento e conhecimento.

Entrelaçado celta

As regiões celtas, em particular, honravam essa tríade como a portadora de prosperidade e de boas colheitas. Os celtas consideravam o Deus Cornífero das florestas como seu consorte e companheiro. Durante o mês de maio, especialmente na cerimônia do Beltane, o uso de trajes verdes e a livre expressão de sua sexualidade eram práticas comuns entre os celtas. Tais práticas tornaram-se uma verdadeira dor de cabeça para os cristãos após tomarem o poder. Eles tentaram reprimir estes costumes ao declarar que a cor verde trazia azar e que o sexo era uma atividade pecaminosa e suja.

Hoje, percebemos que a liberdade sexual deve ser utilizada com discrição. Uma gravidez não planejada pode gerar problemas emocionais em todos, inclusive na criança. A superpopulação é a maior poluição da Terra. Com o aumento desenfreado da população e das doenças sexuais e com o perigo constante da AIDS, todas as pessoas, jovens e velhos, devem agir com responsabilidade.

Podemos encarar as Três Mães como mais do que apenas atividade sexual. São símbolos dos ciclos de crescimento na Terra, das fases que atravessamos fisicamente agora e dos ciclos de eventos que acontecem em nossa vida.

Por vezes não temos muita certeza sobre qual fase nos encontramos num dado ciclo de eventos. Isso pode ser frustrante e deprimente. Pode ser que tenhamos que suportar isso até o fim do ciclo, mas é reconfortante saber por quanto tempo mais teremos que tolerar a situação. Este ritual de adivinhação pode lhe dar alguma ideia do lugar que você se encontra dentro do ciclo. Se for observador e sábio o bastante para buscar aconselhamento e desejoso de mudanças, não importa o quão dolorosas possam vir a ser, é possível encurtar o ciclo.

O melhor período para este ritual é a lua crescente ou cheia, mas em situações graves pode ser executado a qualquer tempo. Quando executado durante a lua crescente, indicará predominantemente as origens do ciclo, possivelmente o que originou os eventos que estejam ocorrendo. A lua cheia indicará o que ocorreu, ou ocorrerá, no ápice dos acontecimentos. A lua nova revela o resultado ou o fim do ciclo.

Cubra com uma bela toalha a mesa onde você possa colocar as cartas de tarô. Acenda uma vela branca de cada lado de sua área de trabalho. Acenda um bom incenso divinatório. Se utilizar carvão, acrescente artemísia ao incenso. Sente-se por alguns momentos com as cartas de tarô em suas mãos. Expire todas as energias negativas, inspirando as positivas.

Embaralhe as cartas três, seis ou nove vezes, enquanto mentaliza com força o ciclo de eventos que deseja esclarecer. Seis e nove são múltiplos de três, portanto, poderosos. Divida o baralho em três pilhas da esquerda para a direita. Bata em cada pilha de cartas três vezes com seus dedos e diga:

Uma para a Donzela, livre como o ar
Uma para a Mãe, amável e justa;
Uma para a Sábia, em seu salão escuro;
Ouçam, Grandes Senhoras! Escutem meu chamado.

Vire a carta superior da pilha da esquerda. Pense cuidadosamente sobre a carta, pois ela representa o que deu início ao ciclo. Vire a carta superior da pilha central; ela simboliza a atividade no ciclo em seu ápice. Vire a carta superior da pilha da direita; este é o final, o fechamento do ciclo. A partir dessas três cartas é possível identificar em que ponto se está no ciclo de eventos.

Se sentir que pode suportar até o fim do ciclo, não é necessário fazer mais nada. Se, no entanto, quiser alterar ou encerrar o ciclo, será necessário buscar aconselhamento espiritual sobre quais passos tomar. Nesse caso, vire mais uma carta em cada pilha, da esquerda para a direita. Essas cartas devem dar dicas de que atitudes, se necessárias, devem ser tomadas.

É uma boa ideia tomar nota das cartas viradas, na ordem correta. Dessa forma é possível pensar sobre que coisas devem ser feitas ou alteradas. Temos a tendência de bloquear o que não gostamos em uma leitura.

Vesta da Chama da Lareira

- Lua Crescente -

A Deusa romana Vesta (Héstia, em grego) era uma virgem eterna conhecida como "aquela de luz". Suas Sacerdotisas eram as Virgens Vestais que mantinham o Fogo Sagrado de Roma sempre aceso. Seis Vestais de boa origem familiar a serviam por trinta anos, iniciando seu ofício entre os sete e os dez anos. Essas Sacerdotisas não ofereciam sacrifícios em sangue. Caso uma Vestal desejasse encontrar-se com um homem condenado, ele seria liberto. Ela era a deidade do fogo, tanto doméstico como cerimonial. Nenhum templo ou lar era considerado completo até que o Fogo de Vesta nele fosse aceso.

♦ ♦ ♦

Como deidade da pureza e da purificação, Vesta auxilia quando necessitamos de purificação espiritual em nossa vida. Planeje este ritual para a lua crescente. Você vai precisar de um incenso purificador, um Caldeirão, um Bastão e uma vela vermelha. Muitas pessoas não associam a cor vermelha com a purificação, mas o vermelho é a cor do fogo, o símbolo de Vesta. Abra seu Círculo como de costume.

Ajoelhe-se no chão perante o altar até que se sinta reconhecido pela Deusa. Diga:

Que eu seja limpo por dentro e por fora, de corpo e alma,
Que todas as coisas da minha vida se renovem.

Acenda a vela dentro do Caldeirão. Toque-a levemente com seu Bastão, dizendo:

Vesta da Chama Sagrada,
Deusa da purificação e renovação,
Dama que liberta os cativos,
Derrame suas labaredas purificantes
sobre meu coração e minha alma.
De modo que minha vida se renove
e que meu espírito fique receptivo.
Desperte minha mente para novas oportunidades.
Chame meu espírito para um maior conhecimento espiritual.
Revele-me seus Mistérios Ocultos
Para que eu possa experimentar uma nova iniciação.
Purifique-me e me abençoe, ó Vesta.

Permaneça de joelhos enquanto aguarda pela purificação. Pode ser que se sinta aquecido ou com muito frio. Pode ser que sinta como se teias de aranha estivesse roçando sobre seu rosto e braços. Nunca podemos prever o modo como a Deusa anunciará sua presença.

O processo de purificação, que geralmente ocorre dias após o ritual, pode ser tão sutil quanto uma noção de que deve mudar seus hábitos alimentares. Ou pode ser tão forte a ponto de assemelhar-se aos sintomas de uma gripe ou resfriado. Lembre-se, você pediu por purificação, então aceite graciosamente e aprenda com o processo.

Inanna, Dama da Prosperidade
– Lua Cheia –

Essa Deusa era conhecida como Inanna na Suméria, mas também como Ishtar na Babilônia. Era uma divindade de luz, vida, amor, morte e da estrela noturna. Inanna tinha grande poder sobre o destino das cidades e dos amantes. Ela própria teve que superar grandes adversidades e assim ajuda seus seguidores a fazer o mesmo.

Se estiver diante de uma situação que requeira a tomada de decisões difíceis ou de adversidades que aparentemente não consiga solucionar, chame por Inanna. Você deve ter esgotado todas as suas possibilidades antes que essa Deusa passe a lhe ajudar. Ela não perde seu tempo com aqueles que não assumem suas responsabilidades, tentam transferir sua culpa, não tomam decisões ou queiram que tudo lhes seja entregue de bandeja.

Este ritual pode ser executado com ou sem a abertura do Círculo. Decore o local do altar com flores. Tenha também preparada uma nova planta, interna ou externa, como uma oferenda para a Deusa. Acenda incenso de canela. De pé, diante do altar, diga:

> Dama da plenitude da vida,
> Mostre-me a melhor de suas opções
> Para que possa provar a alegria de todas,
> E honrá-la para o resto de meus dias.

Volte-se para o Leste, dizendo:

Inanna, Deusa das flores e da vegetação,
Eu chamo por seu auxílio.
Abençoe-me com sua presença.

Volte-se para o Sul e diga:

Inanna, Deusa de todos os prazeres do amor
Eu peço que minha vida seja preenchida com amor e alegria.
Abençoe-me com sua presença.

Volte-se para o Oeste e diga:

Inanna, Deusa da criatividade e do crescimento espiritual,
Peço por sabedoria e aconselhamento
para que eu faça o melhor.
Abençoe-me com sua presença.

Volte-se para o Norte e diga:

Inanna, Deusa que desceu ao Submundo
e regressou gloriosa,
Que se desprenda o que for velho
e inútil em minha vida, dando lugar ao novo.
Abençoe-me com sua presença.

Acenda uma vela rosa. Medite ou tire suas cartas de tarô, ou ambos. Quando terminar, fique de pé mais uma vez diante do altar e diga:

Grande Mãe das cavernas profundas
e dos altos pinheiros,
Eu aguardo por sua sabedoria.
Dama da lua cheia e dos animais silvestres,
Eu busco seu aconselhamento.
Seu olho prateado brilha no céu.
Eu te saúdo, Mãe do Nascimento e Renascimento.

Esteja atento aos sonhos e acontecimentos ao seu redor até a próxima fase lunar. A Deusa constantemente traz sua sabedoria através dos outros ou de livros.

Ishtar das Batalhas
– Lua Nova –

Por dois dias, ao final do mês de maio, os romanos celebravam a Festa da Rainha do Submundo, uma celebração em honra a Deusas do Submundo tais como Hécate, Cibele e, posteriormente, a Ísis Negra.

Apesar de Ishtar ser conhecida no Oriente Médio como a Deusa do amor, ela era também conhecida por sua ferocidade nas batalhas e na proteção de seus seguidores. Quando neste aspecto, Ishtar conduzia uma carruagem puxada por sete leões, ou sentava-se num trono ornado com leões, portando um cetro de serpente duplo e ladeada por dragões.

Ela era chamada de "a Possessora das Tábuas" com os Registros da Vida, a Guardiã da Lei e da Ordem, a Dama das Batalhas e da Vitória. Seus símbolos eram a estrela de oito pontas, o Pentagrama, o pombo e as serpentes. Era a Deusa dos lados positivo e negativo de tudo o que regia, Patrona das Sacerdotisas. Por vezes podia ser rígida, cruel e temperamental. Seus poderes se estendiam a muitas áreas, incluindo a superação de obstáculos.

✦ ✦ ✦

Este ritual de banimento e libertação surte melhor efeito se realizado durante a lua nova ou minguante. Pode ser efetuado para uma pessoa ou problema específico que esteja lhe atrapalhando. É também indicado quando precisar encerrar um relacionamento.

Você vai precisar de um incenso de banimento, um pequeno pedaço de papel, lápis, óleo de patchouli ou cânfora, uma adaga ou espada, uma vasilha com pequenas quantidades de louro e olíbano em pó e um Caldeirão Metálico.

Acenda o incenso. Escreva o nome do problema ou da pessoa no papel e deposite-o no altar ao lado do óleo de patchouli ou cânfora. Numa pequena vasilha deverão estar o louro e o olíbano.

Erga sua espada ou adaga à sua frente, apoiando a ponta no Caldeirão. Bata seu pé contra o chão e diga:

Ouça-me, ó poderosa Ishtar.
Este é um período de libertação, de livrar-se de algo.
Eu corto todos os laços com (nome da pessoa ou problema).
Envie seus grandes poderes para que isso (ele/ela) saia de minha vida.

Permaneça segurando a espada à sua frente enquanto mentalmente visualiza a pessoa ou o problema afastando-se rapidamente da ponta da espada. Veja-o(a) despencando dentro do Caldeirão até desaparecer. Tente vê-lo(a) desaparecendo por completo. Não especifique o modo como deseja que isso ocorra, deseje apenas que o problema não mais lhe cause transtornos.

Apanhe o papel e espete-o na ponta da lâmina, dizendo:

Todos os laços estão cortados. Nada mais nos une.
Você está sendo carregado pelos ventos da Senhora das Batalhas.

Remova o papel da lâmina. Coloque uma gota de óleo de patchouli ou cânfora nos quatro cantos e no centro. Queime dentro do Caldeirão.

Rainha dos Céus, Deusa da Lua,
Lance seus poderosos raios sobre meus inimigos.
Que eles se curvem em derrota.
Defenda-me, Senhora das Batalhas e da Vitória!

Polvilhe um pouco das ervas picadas sobre o papel enquanto queima; se o papel já tiver se consumido, faça um pequeno montinho de ervas e acenda-o. Diga:

A renovação vem do Caldeirão do Submundo.
Assim como Ishtar ascendeu vitoriosa de sua Jornada,
Eu me renovo através de seu amor e sabedoria.

Livre-se do papel e das ervas queimados usando a descarga de seu banheiro, uma simbologia adequada para livrar-se de problemas.

Notas

1. Para os interessados em obter mais informações sobre dragões e sua ajuda em rituais, há alguns títulos no mercado, incluindo o meu *Dancing With Dragons*, publicado pela Llewellyn, em 1994.
2. Um Pentagrama é normalmente um disco de madeira com uma estrela de cinco pontas entalhada, sendo uma das pontas voltada para cima. O Pentagrama (estrela) é o símbolo do Elemento do Espírito.

LUA DOS PRADOS

— Junho —

Também chamada de: Lua dos Cavalos, Lua dos Amantes, Lua do Sol Forte, Lua de Mel, Aerra Litha (antes de Lithia), Brachmanoth (Mês do Intervalo), Lua do Morango, Lua da Rosa, Lua da Engorda

Na lua cheia acontecia o Festival de Edfu, para Hathor, no Egito; na lua crescente sua imagem iniciava sua jornada por barco, até Edfu.

1 – 2 de junho: em Roma, Dia de Carna, Deusa da sobrevivência física, das portas e fechaduras. Syn, a Deusa nórdica da inclusão e exclusão, é semelhante.

2 de junho: o Shapatu, ou Sabbat, de Ishtar na Babilônia.

6 de junho: Bendídia de Bendis, Deusa lunar da Trácia. Na Grécia, bolos eram deixados em encruzilhadas como oferenda a Ártemis.

14 de junho: Aniversário das Musas.

16 de junho: Noite da Lágrima, Festa das Águas do Nilo, no Egito, celebrando a Deusa Ísis e seus lamentos.

17 de junho: em Roma, Ludi Piscatari, ou festival dos pescadores.

21 de junho: Solstício de Verão. Na Inglaterra, Dia de Cerridwen e seu Caldeirão. Na Irlanda, dia dedicado à Deusa fada Aine de Knockaine. Dia de Todas as Heras, ou Mulheres Sábias. Dia do Homem Verde na Europa.

24 de junho: Dia das Lanternas em Sais, no Egito, uma celebração a Ísis e Neith.

25 de junho: na Índia, Teej, um festival para mulheres e garotas em honra a Parvati.

27 de junho: na Grécia, a Arretophorria, um festival de ninfas em honra à Donzela e às Deusas Amazonas.

✦ ✦ ✦

Junonius era o nome romano original para esse mês, em honra à Grande Deusa Mãe, Juno; equivalente a Hera entre os gregos.

O Solstício de Verão tem sido e ainda é importante para muitas religiões e culturas ao redor do mundo. Não apenas sagrado para os Deuses da fertilidade, casamento e amor, como também considerado um período no qual as fadas, elfos e muitas outras criaturas sobrenaturais apareciam em grande número.

Essa Lua traz uma poderosa energia para contatar e trabalhar com elementais de todos os tipos. A energia psíquica flui livremente, permitindo que até mesmo a mais sensata das pessoas vivencie acontecimentos pouco comuns.

Nas culturas eslavo-russas, o Festival do Solstício de Verão era chamado de *Kupalo* e *Jarilo*. Outros nomes eram: *Kostroma*, *Sobotka*, *Kresnice* e *Vajano*. *Kupalo/Kupala* era o nome de uma antiga deidade eslava, originalmente uma Deusa, mas que posteriormente foi transformada num Deus. As características marcantes desse festival eram as fogueiras, o espargir de água e a execução de artes divinatórias.

No Egito, o Festival da lua cheia de Edfu honrava a Deusa Hathor.

Os chifres de vaca em sua cabeça representavam a lua crescente. Todos os anos, na lua crescente, a estátua de Hathor era retirada de seu templo, em Dendera, e transportada por barco até o templo do Deus Hórus, em Edfu, lá chegando na lua cheia. Esse festival celebrava a franca união sexual entre as duas divindades. Era um período de grandes festividades e, muito apropriadamente, de casamentos entre humanos, pois era considerado um período de muita sorte.

O festival egípcio conhecido como a Queima das Lanternas acontecia em Sais, no templo de Ísis. Lá, numa capela subterrânea sob o templo principal, havia um caixão de madeira para o Deus Osíris. Sacerdotisas, Sacerdotes e iniciados se reuniam nesse local oculto, portando lanternas, e então marchavam em procissão ao redor do caixão. Os egípcios diziam que era a luz da Lua que Ísis chamava para restaurar a vida a Osíris. Segundo o mito, quando Osíris partiu para os céus, ele foi para a Lua.

Em Roma, o mês de junho era consagrado à Deusa Juno e, portanto, era um mês de sorte para quem durante ele se casasse. Era também um período no qual as Virgens Vestais limpavam o *penus* (um vaso sagrado) no templo de Vesta.

A cerimônia romana dos Ludi Piscatari, ou festival dos pescadores, era, na verdade, uma bênção às embarcações. Eles acreditavam que cada embarcação possuía sua própria entidade espiritual. Se as forças que se instalassem na embarcação durante sua fabricação não estivessem em harmonia com a entidade, o barco jamais seria fácil de controlar quando na água; estaria constantemente em luta contra os ventos e as marés. O ritual de bênção dos barcos harmonizava as energias contidas nas embarcações, tornando-as ativas, de fácil manuseio e resistentes.

O dia celta de Cerridwen e seu Caldeirão pode em sua origem estar associado ao Solstício de Verão. Cerridwen de Gales era uma Deusa da lua nova; seus símbolos eram o Caldeirão, grãos e a Lua. A porca branca, que se alimenta de cadáveres, representava a Lua e era um de seus animais emblemáticos.

No Tibete, este era um período de danças sagradas com máscaras e peças teatrais misteriosas. Eles celebravam os Budas Médicos e o Nascimento de Padmasambhava, considerado um grande mestre espiritual. Para os incas, no Hemisfério Sul, este era o período do Solstício de Inverno, uma vez que as estações são invertidas. Eles celebravam a Festa do Sol, ou a Inti Raymi, para comemorar a colheita do milho. Seus cantos iam do nascer ao pôr do sol. Inti era o Deus Sol da dinastia governante, representado por um disco de ouro com uma face humana.

Correspondências

Espíritos da Natureza: silfos, zéfiros.

Ervas: rainha-dos-prados, verbena, tanásia, erva-cão, salsinha, musgos.

Cores: laranja, verde-dourado.

Flores: lavanda, orquídea, milefólio.

Essências: lírio-do-vale, lavanda.

Pedras: topázio, ágata, alexandrita, fluorita.

Árvores: carvalho.

Animais: macaco, borboleta, sapo, rã.

Aves: corruíra, pavão.

Deidades: Aine de Knockaine, Ísis, Neith, o Homem Verde, Cerridwen, Bendis, Ishtar.

Fluxo de energia: energia total, mas em repouso; proteção, fortalecimento e prevenção.

Período de Luz: energias da terra em transformação. Tomada de decisões, assumir responsabilidades pelos eventos atuais. Trabalhar inconsistências pessoais. Fortalecer-se e se autorrecompensar pelas características pessoais positivas.

Velhos Ditados e Sabedoria

- Quando a Lua estiver crescente, faça tranças com seu cabelo ou com alguma linha enquanto diz:

    Eu faço essa trança, essa trança eu faço,
    Para descobrir aquilo que ainda não sei,
    E que enquanto eu durma eu possa ver claramente
    O homem (mulher) que meu(minha) marido (mulher) será,
    Não em seus melhores, mas, sim, nos piores trajes,
    Naqueles que usa normalmente,
    Para que no futuro eu o(a) reconheça
    Entre todos(as) outros(as) homens (mulheres).

- Colha um pouco de milefólio durante a lua crescente. Coloque sob seu travesseiro e diga, antes de dormir:

  Boa noite, belo milefólio,
  Três vezes boa noite lhe desejo.

  Espero que antes da aurora romper
  Meu verdadeiro amor eu possa ver.

  Olhe para a lua crescente e diga:

  Crescente, ó crescente, diga-me
  Quem será meu verdadeiro amor.

  A cor de seu cabelo,
  As roupas que vestirá,
  E quando surgirá.

- Para remover uma verruga, encontre um freixo e vá até lá numa noite de lua cheia. Esfregue levemente a verruga contra o freixo e diga:

  Freixo, freixo,
  Eu lhe peço, compre esta verruga de mim.

  Deixe uma oferenda, como um pouco de gengibre ou leite, ao pé da árvore.

- Um verso:

  Se a Lua apresenta um escudo (anel) prateado,
  Não tema colher o que em seu campo foi plantado.

- Um verso:

  Eu vejo a Lua,
  E a Lua vê a mim.

  Deusa, abençoe a Lua,
  E também a mim.

Receitas

Patê de Chá

Um excelente e original patê de ovo, delicioso para sanduíches, torradas ou muffins. Ótimo e rápido prato a ser servido com saladas. Rende cerca de ¼ de xícara.

- ¼ de xícara de maionese
- 1 colher (sopa) de mostarda de ervas
- 4 ovos bem cozidos e picados
- 8 azeitonas recheadas com pimentão, bem picadas

Misture bem os ovos e as azeitonas. Adicione a mostarda de ervas e a maionese até homogeneizar. Deixe esfriar.

Sharbatee Gulab

Essa bebida é originária da Índia e junho é um bom período para servi-la, pois as rosas estarão em sua época de florescência. Serve de seis a oito porções.

- ¼ de xícara de suco de limão
- ⅓ de xícara de açúcar
- 2 litros de água fria
- 3 xícaras de abacaxis, frescos ou em conserva, amassados
- 5 rosas abertas e perfumadas grandes
- Gelo moído
- Pétalas extras de rosas

Selecione apenas rosas não pulverizadas com pesticidas. Lave as rosas e retire o excesso de água. Retire cuidadosamente as pétalas e as deposite numa vasilha grande. Derrame a água fria sobre as pétalas e deixe-as num local escuro, mas não refrigerado, por cerca de quatro horas. Coe as pétalas, guardando a água. Dissolva o açúcar no suco de limão e acrescente à água de rosas. Misture o abacaxi.

Pouco antes de servir, derrame sobre o gelo moído e decore com uma pétala de rosa por cima de cada copo.

Tussie mussies são buquês feitos à mão e eram adereços comuns nas roupas femininas. Como os sachês manuais, o *tussie mussie* era feito de ervas e flores aromáticas, cujas fragrâncias auxiliavam a minimizar os odores da precária higiene pessoal e do mau saneamento da época. O uso de corsages (pequenos buquês presos ao ombro) é um resquício do uso de *tussie mussies*.

As mulheres não mais utilizam *tussie mussies* ou corsages. A mulher moderna tem a necessidade de ter suas mãos sempre desimpedidas, por motivos que vão desde carregar as compras, passando por levar seu bebê, até defender-se de um trombadinha. Mesmo assim, nada a impede de desfrutar das fragrâncias à moda antiga; basta fazer um pequeno *tussie mussie* para usar na lapela ou preso ao seu vestido.

Comece pelo miolo, com um lindo botão perfeito e pequeno, como uma rosa. Usando fita floral, faça círculos ao redor do botão, com flores miúdas, tais como cravo-de-amor, alternando-as com raminhos de ervas aromáticas. Faça-o pequeno e simples.

Para terminar, amarre uma fita colorida ao redor. Se não desejar usar flores frescas, é possível fazer um *tussie mussie* com raminhos secos de flores e ervas.

Tussie Mussie

Pot-pourri da Bruxa Alemã

- ¼ colher (chá) de gengibre
- 1 colher (chá) de casca de limão ou laranja
- 110 g hamamélis
- 2 colheres (chá) de baunilha
- 2 gotas de óleo de pinho
- 55 g de alecrim
- 55 g de arruda
- 55 g de aspérula doce
- 55 g de goma de mirra em pó

Coloque numa pequena vasilha com tampa. Remova a tampa quando desejar perfumar a sala.

Pot-pourri da Almofadinha Vitoriana

- 1 canela em pau quebrada
- 110 g de flores de lavanda
- 110 g de alecrim
- 220 g de pétalas de rosas
- 55 g de olíbano granulado

Utilize flores secas. Muitas almofadas de alfinete vitorianas eram cheias com pot-pourri cortado em pedaços grandes; às vezes a mistura era enrolada em algodão para que os alfinetes ficassem mais facilmente presos.

Rodas da Fortuna

Na Suécia e na Noruega, durante o Solstício de Verão, as pessoas confeccionavam Rodas da Fortuna. Algumas dessas rodas eram enroladas com vime, para posteriormente serem roladas morro abaixo em chamas, uma prática pouco segura ou legal. Elas eram utilizadas de dois modos:

1) a roda era rolada por uma pessoa que visava, com isso, livrar-se de seus infortúnios;
2) ou era rolada na direção de uma determinada pessoa para trazer-lhe sorte.

Para fazer uma boa Roda da Fortuna, utilize um pedaço de arame moldado em uma circunferência. Um gabarito de bordar também funciona bem. Enrole palha ou fitas ao redor do aro até que ele esteja completamente coberto. Amarre flores secas ou artificiais, amuletos de boa sorte e fitas soltas. Essas rodas podem ser penduradas em paredes como decoração ou ainda atiradas girando em sua direção durante rituais.

Roda da Fortuna

Tintas para Caneta Perfumadas

Tintas perfumadas têm sido usadas em encantamentos desde os tempos da Babilônia e do Egito. Eram utilizadas para desenhar sigilos ou escrever encantamentos em papel. Podem ser utilizadas sempre que desejar intensificar um encantamento. Se acender uma vela, escreva seu objetivo num pequeno pedaço de papel e coloque-o sob a vela. Se o encantamento exigir a queima do papel, esta tinta fortalecerá o que estiver escrito. Alguns magos utilizam um alfabeto mágico em vez do normalmente utilizado no dia a dia.[1]

É muito simples elaborar tinta para caneta perfumada. Adquira um pote de tinta preta ou colorida e acrescente duas a três gotas do óleo essencial apropriado. Deixe o pote de tinta sobre seu altar durante a noite. Noites de lua cheia são ainda melhores para tintas com carga positiva, assim como as noites de lua nova para tintas negativas.

Há diversos e excelentes livros de autoria de Scott Cunningham, publicados pela Llewellyn, que poderão auxiliá-lo na escolha da cor e do óleo essencial mais apropriados. Todos os livros de Scott Cunningham são ótimas fontes de referência.

Mitos

Ishtar da Babilônia

Algumas lendas dizem que Ishtar era a filha do Grande Deus Anu, enquanto outras dizem que era a filha da Deusa lunar Sinn. Ela era a irmã do Deus Sol Shamash e chamava a si mesma de "a Deusa da manhã e da noite"; isso a associa com o planeta Vênus. Era uma Deusa tanto do amor quanto da guerra. Mas seu amor foi fatal em mais de uma ocasião aos humanos a quem cedeu seus favores.

Quando Ishtar se apaixonou pelo Deus das colheitas, Tammuz, seu amor literalmente o matou. A Deusa pranteou tanto sua morte que decidiu ir ao Outromundo para resgatá-lo. Ishtar desceu então às trevas. Para que pudesse atravessar os sete portões, ela deveria deixar em cada um uma peça de ornamento, joias ou vestes. Quando finalmente atingiu o palácio subterrâneo de Ereshkigal, Ishtar estava nua e indefesa. Ereshkigal a aprisionou e a torturou.

Foram necessárias as poderosas palavras mágicas de Asushu--Namir, o mensageiro do grande Ea, para que Ishtar fosse libertada. Ea sensibilizou-se com as lágrimas de Ishtar por seu amado e ordenou que Tammuz pudesse passar parte do ano com a Deusa, mas teria que retornar à terra dos mortos durante o restante do tempo. Ele borrifou Ishtar com a água da vida para que ela revivesse. À medida que a Deusa retornava à superfície, ia encontrando suas joias e vestes, recuperando, assim, seus poderes.

Ishtar

O Lamento de Ísis

Ísis era a grande Deusa dos egípcios, esposa/irmã de Osíris. Assim como seu irmão/marido, ela era associada com a Lua. Entre muitos outros títulos, era chamada de "a Criadora e Provedora da Vida". De acordo com as lendas, ela e Osíris se casaram enquanto estavam ainda dentro do ventre de sua mãe, Nut. Ela nasceu nos pântanos do Delta do Nilo. Ísis e Osíris ensinaram aos humanos todas as artes da civilização. A partir de então, enquanto Osíris viajava pelo mundo instruindo outras culturas além da egípcia, Ísis governava em seu lugar. Seu irmão, o maligno Seth, tinha inveja do poder e da posição de Osíris. Quando Osíris retornou à sua casa, Seth e seus seguidores lhe ofereceram um grande banquete. No local do banquete havia uma caixa maravilhosamente decorada, a qual Seth disse que pertenceria àquele que nela coubesse. Osíris então entrou; Seth e seus seguidores lacraram a caixa com chumbo e a atiraram ao Nilo. A caixa foi levada até o mar pela correnteza e daí a uma praia em uma terra distante, onde uma árvore nasceu ao seu redor.

Quando Osíris desapareceu, Ísis ficou extremamente desolada. Ela buscou por longo tempo e, finalmente, seguindo um doce aroma, encontrou a caixa dentro de um pilar da casa de um rei. Ísis revelou sua identidade à rainha e recuperou dessa forma o corpo de seu marido. De volta ao Egito, Ísis, com o auxílio de sua irmã Néftis, reanimaram o corpo por tempo o bastante para que Ísis concebesse um filho, Elas ocultaram o corpo encaixotado no fundo dos pântanos do Delta, mas Seth o encontrou enquanto caçava. Seth cortou o corpo em muitos e pequenos pedaços e os espalhou por todo o Egito. As irmãs procuraram e recuperaram todas as partes, com exceção do falo. Com o auxílio de Thoth, elas juntaram as partes e embalsamaram Osíris.

Os egípcios ainda mantêm um festival conhecido como a Noite da Lágrima. Tal festival tem sido preservado pelos árabes como o festival junino de Lelat-al-Nuktah.

O Homem Verde

Existe um entalhe fascinante entre as antiguidades inglesas: um rosto que espia por entre folhas e vinhas. É o Homem Verde, uma misteriosa deidade dos bosques, que cuida das florestas e especialmente de todas as variedades de árvores. Diz-se que ele tem forma humana, tez verde e se veste com folhas e cascas de árvore. Para aqueles que destroem indiscriminadamente bosques e árvores, o Homem Verde é um espírito maligno. Para aqueles que amam e usam de modo sábio as árvores, ele é uma tímida entidade que encoraja o crescimento da árvore. Segundo a lenda, ele oculta tesouros sob suas árvores frutíferas, mas torna a ocultá-los se os fazendeiros arrancam as árvores de seus pomares em busca dos tesouros.

Cerridwen e seu Caldeirão

A Deusa Cerridwen era a grande Anciã de Gales. Era associada à Lua, ao Caldeirão Mágico e aos grãos. Todos os verdadeiros Bardos celtas dizem ter dela nascido; de fato, os Bardos galeses, como um todo, autodenominavam-se *Cerddorion* (os filhos de Cerridwen). Diz-se que beber de seu Caldeirão Mágico confere maior inspiração e talento aos poetas e músicos. A jornada ao Caldeirão era parte da iniciação de um Bardo e era uma jornada perigosa, como pode ser visto na lenda de Taliesin.

Taliesin inicia sua vida como Gwion Bach. Ainda enquanto jovem, Gwion Bach vagava pelo norte de Gales. Subitamente, ele se viu no fundo do Lago Bala, onde viviam o gigante Tegid e sua esposa Cerridwen. A Deusa possuía dois filhos, um garoto e uma garota. A garota era muito bela, mas o garoto era extremamente feio. Cerridwen estava então preparando uma poção para que seu filho fosse muito sábio. Ela pediu para que Gwion a ajudasse mexendo o Caldeirão que continha a poção. Ele mexeu por um ano e um dia até que só houvesse três gotas restando. As gotas ferventes pularam para seu dedo; instintivamente, ele levou o dedo queimado à boca e percebeu no mesmo instante todo o terrível poder de Cerridwen. Ele então fugiu do lago em terror.

Transformação de Cerridwen

Furiosa, Cerridwen saiu em seu encalço. Numa tentativa de escapar da Deusa, Gwion se transformou diversas vezes, assumindo várias formas. Cerridwen o seguia, também ela se metamorfoseando, até finalmente comê-lo quando este assumira a forma de um grão de milho. Nove meses depois ela deu à luz um menino, que lançou ao mar num barquinho.

Elphin, filho de um rico proprietário de terras, salvou o bebê e lhe deu o nome de Taliesin (semblante radiante). A criança reteve todo o conhecimento e sabedoria adquiridos pela poção e cresceu para tornar-se um talentoso e importante Bardo.

Rituais

Sobrevivência Física

Nos dias 1 - 2 de junho era celebrado em Roma o Dia de Carna, uma Deusa associada tanto à sobrevivência física quanto a portas e fechaduras. Atualmente, à medida que o nível de crimes cresce assustadoramente, em especial os furtos e roubos, portas trancadas e sobrevivência física são constantemente associados. A Deusa nórdica Syn, uma deidade de inclusão e exclusão, é muito similar a Carna. Temos o direito de incluir ou excluir qualquer pessoa de nossas casas ou mesmo do meio próximo que nos cerca, se não desejamos sua presença.

✦ ✦ ✦

Este encantamento é bastante simples, mas requer concentração absoluta. Use um pequeno fio preto. Dê um nó numa das pontas do fio, dizendo:

> Um para procurá-la(lo, los)
> (Dê um nó no meio)
> Um para encontrá-la(lo, los).
> (Dê um nó na outra extremidade)
> Um para trazê-la(lo, los).
> (Dê um nó unindo as duas extremidades)
> Um para prendê-la(lo, los). Pedra sobre pedra, para sempre um só.
> Assim, eu digo, este encantamento está feito.

Enterre o fio amarrado fora de sua propriedade. Se não for possível, atire-o num rio ou abandone-o na beira de uma estrada.

A Rainha das Fadas e O Homem Verde
– Solstício de Verão –

Na Irlanda, o Solstício de Verão era dedicado à Deusa das fadas Aine de Knockaine. Em Gales e na Grã-Bretanha, este era o período de Cerridwen e de seu Caldeirão Mágico. No entanto, dizia-se em muitos outros lugares que esse era um período poderoso para as fadas, os elfos e outras criaturas sobrenaturais.

Hoje, os Pagãos acreditam que todos os Povos Pequenos vêm à Terra em grandes quantidades, durante esse período de equilíbrio entre Luz e Trevas. Se estiver em paz com eles, acredita-se que, ao ficar de pé no centro de um anel-das-fadas, é possível vê-los. É um período excelente para fazer amizade com fadas e outros seres do gênero.

Junho e o Solstício de Verão eram considerados os períodos do Homem Verde e da Rainha das Fadas, em particular no norte da Europa. É certamente um poderoso mês da Lua para trabalhar e fortalecer suas habilidades psíquicas e contatos com outros domínios da existência.

Nas áreas mediterrâneas, era o período de Pã e da Deusa da Floresta. Pã, com sua flauta, provocava ninfas e donzelas para com ele se encontrarem nos bosques verdejantes para amor e prazer. O Homem Verde e o Deus de chifres Cernunnos podem muito bem ser a versão celta do antiquíssimo Pã.

Se possível, celebre esta cerimônia a céu aberto e à noite. Se não dispuser de um local seguro, ou tiver vizinhos bisbilhoteiros, realize-a dentro de casa numa sala escura, iluminada apenas por velas. Prepare frutas e flores como oferendas. Será também necessária uma corda verde longa o bastante para poder amarrá-la confortavelmente ao redor de sua cintura. Separe alguns biscoitos para compartilhar com fadas e elfos. Vista-se com uma túnica confortável. Seria interessante usar uma guirlanda de flores em sua cabeça. Tenha pelo menos um vaso com flores nas proximidades.

Coloque para tocar música de flautas ou flautas de Pã, ou execute você mesmo a música. Tenha à mão um Cálice de suco de fruta ou vinho; toda vez que dele beber, erga-o primeiro saudando a Pã e à Senhora dos Bosques. Sinta-se feliz e curta o momento, pois nenhum dos dois apreciam caras sérias e vibrações negativas.

Erga o Cálice em oferenda e tome um gole. Diga:

Uma música diferente ecoa pelos prados
De flautas de junco feitas por Pã.
O antigo Deus dos Bosques e da Natureza
Retorna como previsto pelas lendas.
Com seus cornos à cabeça e batendo os pés,
Não o temerei ao encontrá-lo.
O Grande Pã é o melhor da Natureza.
Suas notas fluidas podem nos acalmar
Afastando os cuidados e preocupações,
Sincronizando-nos à água, à terra e aos céus.

Deixe um punhado de frutas e flores na direção Leste e diga:

Grande Pã e Senhora dos Bosques,
Liberem suas brisas refrescantes
para que soprem doces e frescas sobre a terra.

Deixe um pouco de frutas e flores na direção Sul.

Grande Pã e Senhora dos Bosques,
Que os suaves raios de sol aqueçam a terra e preservem a vida.

Faça o mesmo no Oeste, dizendo:

Grande Pã e Senhora dos Bosques,
Abençoem-nos com chuvas refrescantes e renovadoras.

Termine deixando frutas e flores na direção Norte:

Grande Pã e Senhora dos Bosques,
Permitam que as estações cheguem nos períodos apropriados,
Tanto no Mundo quanto em minha vida.
Abençoem-me com boas coisas.
Façam com que as lições da vida não sejam duras e cruéis.
Todos honram Pã e a Senhora dos Bosques!

Erga uma extremidade do barbante verde e beije-o.

A Senhora dos Bosques é amor e felicidade.
Seu consorte curva-se a seu desejo à noite.
Grande Dama, abençoe com todas as boas coisas
E faça que minha vida seja plena e brilhante.

(Guarde o barbante para ser reutilizado em outras ocasiões ao contatar Pã e a Senhora dos Bosques.)

Deixe uma oferenda de biscoitos em cada ponto do Círculo ao lado das flores, sempre movendo-se no sentido horário, dizendo em cada ponto:

A todos vocês, Espíritos da Natureza e Fadas,
A todos dou boas-vindas e agradeço sua ajuda.

Relaxe e permita que a comunicação com os Pequenos e com as deidades dos bosques se abra. Se fizer meditação, convide-os para que apareçam durante seu período de quietude. Peça a eles que protejam sua propriedade, seu lar e seus animais de estimação. Alguns Espíritos da Natureza e Fadas permanecerão em sua casa por todo o ano caso sintam-se bem-vindos. Termine seu ritual agradecendo-os por se juntarem a você em sua celebração.

Dia da Sabedoria

Todos nós necessitamos de orientação de tempos em tempos. Quando fizemos todo o possível para solucionar um problema e ainda assim nos encontramos confusos, esse é o momento para contatarmos as forças superiores. Na Grécia Antiga, eles celebravam o Dia de Todas as Heras (mulheres sábias). Evidências indicam que todos os oráculos, ao menos no início, eram dedicados a aspectos da Grande Deusa, sendo Hera um de seus últimos nomes.

No entanto, a Deusa grega Athena era também considerada a Deusa da Sabedoria. Ela era chamada de "Athena dos Olhos Brilhantes" e "a Sábia". Apesar de essa Deusa usar um elmo e um peitoral e carregar lança e escudo, ela era primariamente uma Deusa das artes e artesanato, escrita, ciência, proteção, renovação, aconselhamento sábio, paz e estratégias de batalha. Era conhecida como a Deusa da liberdade e dos direitos das mulheres, a patrona dos soldados e a protetora das cidades. Segundo a lenda, Athena inventou o arado, os arreios, a canga de bois, a flauta e o ancinho. Além disso, ela ensinou à humanidade como criar e domar cavalos. A coruja, a oliva, o carvalho e as serpentes entrelaçadas lhe eram sagrados.

✦ ✦ ✦

Neste ritual para aconselhamento, você vai precisar de uma pequena estátua de uma coruja e uma vela azul num suporte à prova de fogo. Unte a vela do pavio à base com óleo de lótus.

Posicione a coruja ao lado da vela. Dedique o tempo que julgar necessário para comunicar à Deusa a sabedoria específica que deseja adquirir, especialmente se for para resolver algum tipo de problema. Se não tiver nenhum problema em particular que necessite de respostas imediatas, peça por sabedoria para melhorar sua vida.

Após acender a vela, diga:

Sábia Athena, grande conselheira,
Ensine-me a despertar e a dormir.
Envie-me augúrios verdadeiros e sonhos de sabedoria.
Instrua-me com sua grande sabedoria.
Eu lhe abro minha mente e meu coração, ó Sábia.
E peço por seu aconselhamento e orientação oniscientes
Para que meu benefício venha rapidamente!

Se você utiliza o tarô ou outras ferramentas divinatórias, use-as agora. Anote as respostas e estude-as por completo nos dias que se seguirem. Após terminar, diga:

Dê-me as habilidades manuais e de justiça. Grande Athena, torna-me sábio. Proteja-me, todas as artes maravilhosas são suas para desfrutar, ó Athena dos Olhos Brilhantes. Você que é tanto habilidosa quanto forte. Guie meus passos, afaste-me dos problemas.

Deixe que a vela queime por completo.

Parvati, a Fiel

- Lua Crescente -

O mês de junho tem dois festivais para a Deusa da lua crescente: a Bendídia de Bendis, da Trácia, e a Arretophorria, um festival grego de ninfas em honra à Donzela. Bolos de Lua eram oferecidos em encruzilhadas, na Grécia, em honra à Caçadora Virgem Ártemis. Na Índia, acontecia o Teej, um festival para mulheres e meninas em honra à Deusa Parvati, Deusa que seduziu Shiva, considerada como o aspecto da Donzela da Deusa Kali.

Parvati era a consorte do Deus Shiva. Ela o seduziu ao se cansar de seu ascetismo; representa a união do Deus e da Deusa, ou das energias positiva e negativa. Shiva era considerado o Deus criador do êxtase sexual, que demonstrou o método tântrico de elevar a Kundalini através do ritual. Apesar de este festival hindu ser basicamente um ritual de fertilidade, excelente para quem deseja conceber um filho, não há motivos pelos quais a energia criativa não possa ser transformada para usos mais elevados do que os puramente físicos.

Parvati e Shiva

Queime incenso de jasmim ou de sândalo. Prepare um pequeno pires com sal e um Cálice com água no altar.

De pé, perante o altar, com as palmas de suas mãos unidas em oração, diga:

> Que meu corpo seja limpo, minha mente seja limpa,
> meu espírito seja limpo.
>
> Eu penetro agora o reino mágico dos Deuses.
> Preparem-se para me receber; forças criadoras.

Erga suas mãos sobre o pires de sal e o Cálice de água e diga:

> Agni, Deus do fogo e da pureza,
> Abençoe e purifique este sal e esta água.
> Encha-os com a purificação divina
> Para que aquilo que eu abençoe no mundo externo
> seja também abençoado no mundo interno.

Polvilhe um pouco de sal na água. Mexa o Cálice três vezes no sentido horário para misturar. Erga o Cálice por alguns momentos. Esparja a água consagrada sobre si mesmo e recoloque o Cálice no altar.

Aperte suas mãos novamente e curve-se perante as estátuas das deidades, ou ao menos perante o altar. Diga:

> Senhor da Dança,
> Deus com a Lua em seu cabelo,
> Eu ouço o bater de seus tambores
> na caverna do meu coração.
> Sua eterna Dança da Vida no Centro do Universo,
> repete-se dentro de mim.
> Eu sinto seus pés dançantes criando o padrão eterno
> No meu próprio Centro Sagrado.
> Rei da Dança, aquele que dá e toma de volta,
> Ajude-me a dançar a alegre Dança da Vida.
> Guie-me até a compreensão espiritual
> Dos ritmos do Universo.

Passe alguns momentos meditando sobre seu coração e sua conexão com o ritmo universal da vida. Aperte suas mãos novamente e curve-se mais uma vez.

Amada Parvati, fiel esposa de Shiva,
Ensine-me o equilíbrio entre o físico e o espiritual.
Assim como a união entre você e seu senhor gera harmonia,
Eu clamo por harmonia de espírito e da própria vida.

Permaneça quieto enquanto a Deusa lhe abençoa. Pode ser que sinta mãos como que empenadas em sua face e corpo. Pode também sentir um calor se espalhando por todo o seu corpo. A Deusa se faz sentir de muitas maneiras.

Junte suas mãos novamente, com as pontas dos dedos tocando sua testa e diga:

Bela Parvati, eu agradeço sua presença.
Eleve meu coração à alegria e minha mente à sabedoria.
Abençoe esta casa com harmonia e equilíbrio
Para que minha vida seja um exemplo de amor para os outros.

Pegue a água consagrada, dirija-se a cada cômodo da casa, movendo-se sempre no sentido horário. Esparja levemente em cada canto de cada cômodo. A não ser que exista alguém dentro da mesma casa trabalhando contra você, isto criará harmonia e equilíbrio na atmosfera.

Ishtar, Deusa do Amor
- Lua Cheia -

Na lua cheia, a Hathor egípcia era homenageada no Festival de Edfu. Na lua crescente seguinte, a imagem de Hathor iniciava sua jornada por barco até o templo em Edfu.

Dois de junho era um dos dias sagrados de Ishtar, na Babilônia; conhecido como o *Shapatu*, ou *Sabbat*, de Ishtar. Como Senhora do Paraíso, Deusa da Lua e Grande Mãe, Ishtar era uma Deusa de qualidades tanto positivas quanto negativas. Os babilônios conheciam essa deidade como a Luz do Mundo, a que abre o útero, a Justiceira, Dama da Vitória, etc. Era a irmã de Ereshkigal, rainha do Submundo.

Ishtar possuía um trono decorado com leões e um cetro com uma serpente dupla; algumas vezes era representada na companhia de dragões. Como a Freya nórdica, Ishtar possuía um colar de arco-íris e era associada ao amor sexual, mas não necessariamente ao casamento.

Estrela de Oito Pontas de Ishtar

✦ ✦ ✦

Este é um ritual para amor e companheirismo. Você vai precisar de uma vela cor de lavanda, um suporte à prova de fogo, óleo e incenso de jasmim.

Prepare um pequeno altar com a vela no centro. Se lhe agraciar, coloque uma pequena estátua de um leão ao lado. Permaneça em silêncio por alguns instantes, visualizando a sala preenchida com uma luz dourada em movimento. É preciso que saiba o que deseja num companheiro, não necessariamente quanto ao aspecto visual, mas principalmente quanto à sua personalidade. Caso contrário, pode atrair alguém fascinado por você, mas completamente incompatível.

Se desejar, pode tornar este ritual parte de um ritual regular, abrindo o Círculo como de costume e ativando os guardiões das quatro direções. Erga seus braços em saudação enquanto se volta para o Leste e diga:

Dentro deste local secreto, oculto do mundo,
Fora do tempo e livre do controle do homem,
Eu cultuo este centro sagrado.
Eu saúdo os Velhos Deuses uma vez mais.

Unte a vela com óleo de jasmim do pavio à base. Coloque-a no suporte.

Amor em todas as suas muitas formas,
Doçura, alegria, prazer,
Abençoe com isso, Doce Ishtar.
Ilumine cada nova noite.

Mentalize pensamentos alegres e amorosos; cante e dance; toque música. Faça isso até se sentir mais positivo com relação à sua vida amorosa. Uma vez mais, permaneça em pé perante seu altar, voltado para o Leste, diga:

A lua cheia se ergue por detrás das colinas.
Mãe, escute-me!
Conduza-me com seu desejo amoroso.
Mãe, escute-me!
Dê-me alegria, realize meus desejos
Mãe, escute-me!

Acenda a vela. Deixe que queime completamente. Feche o Círculo como de hábito.

Néftis, A Amada da Noite

– *Lua Nova* –

Junho era também o mês dos dois festivais da Ísis egípcia. O primeiro era a Noite da Lágrima, ou Festa das Águas do Nilo, quando Ísis pranteou a morte de seu marido. Depois vinha a Queima das Lanternas, uma celebração em Sais, a qual homenageava tanto Ísis quanto Neith.

A Néftis egípcia era conhecida como "a Senhora do Palácio", "Dama da Casa" e "a Reveladora". Era uma Deusa do Submundo que representava a vida e a morte. Apesar de ser representada como uma bela mulher de olhos verdes, ela era chamada de a irmã obscura de Ísis. De seu irmão, Osíris, ela concebera Anúbis, que conduzia os mortos. Por vezes Néftis era representada com longos braços alados estendidos em proteção; em outras vezes, ela carregava uma cesta em sua cabeça.

Como uma Deusa da lua nova, Néftis se compadece e compreende as fraquezas humanas. Seu aconselhamento é justo e sábio. Ela rege as artes mágicas, os conhecimentos secretos, os oráculos e as profecias. Animais como cobras, cavalos, cães brancos e pretos e dragões eram seus, assim como aves como a coruja e o corvo. No Egito, o Pentagrama (estrela de cinco pontas) era conhecido como a estrela de Ísis e Néftis.

Essa Deusa regia a morte e a magia escura, coisas ocultas, conhecimentos místicos, proteção, invisibilidade ou anonimidade, intuição, sonhos e paz.

Néftis pode nos apresentar a nossa porção de sombra, aquela parte de nossa psique que está sempre conosco e nos influenciando. A sombra engloba tudo aquilo de que temos medo, vergonha, que consideramos inadequado ou que simplesmente não apreciamos em nós mesmos. Tentamos reprimir e nos livrar dessas coisas, sem perceber que, se celebrarmos um armistício para que possamos utilizar suas forças, podemos nos tornar pessoas mais poderosas e completas.

A porção de sombra pode também ser a mensageira do subconsciente e dos Deuses. Ao utilizar sonhos e imagens/visões, eles podem nos revelar o que é necessário para nossa proteção, sabedoria e expansão, tanto em nossa vida física como na espiritual.

✦ ✦ ✦

Para este ritual, além de seus instrumentos corriqueiros, você vai precisar de incenso de lótus, um espelho de um único lado, um sistro, uma foto sua e/ou de sua família e animais de estimação, lápis-lazúli ou selenita para Ísis, e cristal ou ônix para Néftis. Figuras ou estátuas de Ísis e Néftis são opcionais e podem ser substituídas por pedras. Abra seu Círculo como de costume e ajuste os guardiões nas quatro direções.

Coloque a pedra e/ou a imagem de Ísis à esquerda de uma pequena vasilha de água e a pedra e/ou a estátua de Néftis à direita. Diga:

> Eu chamo por Ísis e Néftis,
> para que me protejam e me instruam.

Acenda o incenso de lótus ou outro incenso de proteção. Apanhe o sistro com sua mão de poder e balance-o por três vezes, dizendo:

> Grande Ísis, você vem me proteger com o vento do Norte.
> Você me fortalece contra qualquer adversidade.
> Você me defende contra todos os inimigos.
> Você é Ísis, a Divina, a Senhora do Paraíso,
> Rainha de Todos os Deuses.
> Sua magia e suas palavras de poder me protegem.

Apanhe o Bastão com sua outra mão e erga-o sobre o altar. Diga:

> Néftis, Dama da Vida, Senhora dos Deuses,
> Deusa Obscura das poderosas palavras de poder,
> Eu clamo por tua presença.
> Que sua força eterna esteja sempre atrás de mim,
> à minha frente, sob mim, acima de mim,
> Proteja-me, Mãe Obscura!

Começando no Leste e movendo-se no sentido horário ao redor do Círculo, erga o Bastão enquanto balança o sistro três vezes em cada direção dos elementos. Volte para diante do altar e afaste os instrumentos.

Apanhe o espelho com sua mão de poder voltando a face reflexiva para fora. Segure sua foto atrás do espelho enquanto lentamente começa a caminhar no sentido horário, começando pelo Leste, para que o espelho com a foto oculta seja apresentado a todos os elementos. Ponha a foto no altar e o espelho sobre ela, com a face reflexiva voltada para cima. Deixe o espelho e a foto imóveis no altar por toda a noite. Diga:

> Estou oculto sob as asas protetoras de Ísis!
> As asas escuras de Néftis me cobrem.
> Estou oculto dos olhos de meus inimigos.
> Seus encantamentos e pensamentos não têm poder sobre mim.
> Todo o negativismo deve retornar àqueles que o originam
> Pois Ísis e Néftis me protegem.

Apanhe o sistro com sua mão de poder, segure o Bastão com a outra mão e visualize-se coberto pelas asas das Deusas. Quando puder sentir sua proteção, balance o sistro três vezes e agradeça em silêncio a Ísis e Néftis.

Toque gentilmente a pedra/imagem de Néftis. Sinta o poder da Deusa se derramando através dela em suas mãos. Diga:

> Antiga Mãe, a Sagrada de muitos nomes,
> Mostre-me os segredos dos sonhos.
> Ensine-me a magia lunar e o conhecimento das ervas.
> Dê-me a sabedoria para lidar com meu lado de sombra,
> Usando suas forças e superando suas fraquezas.
> Eu lhe agradeço, Grande Senhora.

Agora é a hora de ler o tarô ou as runas para obter dicas imediatas do que fazer. Quando terminar, feche o Círculo como de costume.

Prepare-se para escrever todos os sonhos que tiver até a próxima fase da Lua, pois Néftis se comunica primariamente através de sonhos, usando o poder da Lua. Você logo perceberá um padrão nos seus sonhos. Sonhos sob a influência da lua cheia podem lidar com eventos de natureza psíquica, enquanto aqueles sob influência da lua nova são de natureza mais espiritual.

Nota

1. Em meu livro *Ancient and Shining Ones*, eu forneço vários exemplos de alfabetos mágicos.

LUA DE FENO

— Julho —

Também conhecida como: Lua das Plantas, Lua da Proclamação, Lua de Sangue (devido aos mosquitos), Lua da Bênção, Maedmonat (Mês dos Prados), Hewimanoth (Mês do Feno), Lua Alqueivada, Lua do Gamo, Lua do Trovão

Fim de julho na Grécia: Panateneia, em honra a Pallas Athena.

4 de julho: Dia de Pax, Deusa da Paz, e Concórdia, em Roma.

7 – 8 de julho: em Roma, o festival da mais velha entre as mulheres, Nona e Caprotinae, dedicado a Juno, a Grande Mãe.

10 de julho: Dia de Hel, ou Holde (Deusa anglo-saxã e nórdica) e de Cerridwen (Deusa celta).

14 de julho: O-Bon, ou Festival das Lanternas no Japão; dedicado aos espíritos ancestrais.

15 de julho: Chung Yuan, ou Festival dos Mortos, na China.

17 de julho: Nascimento de Ísis, no Egito.

18 de julho: Nascimento de Néftis, no Egito,

19 de julho: Ano Novo egípcio. Festival de Opet, ou o Casamento de Ísis e Osíris no Egito. É também a celebração de Vênus e Adônis em Roma.

23 de julho: em Roma, a Neptunália, em homenagem a Netuno, Deus dos terremotos.

27 de julho: Procissão das Bruxas na Bélgica.

❖ ❖ ❖

Inicialmente, os romanos chamavam esse mês de *Quintilis*, mas posteriormente o rebatizaram como *Julius*, em homenagem a Júlio César. As Olimpíadas gregas eram celebradas durante uma semana no mês de julho. Esse festival em honra a Zeus consistia de competições de atletismo, drama, música e outras atividades. Durante o período das Olimpíadas, todos os participantes recebiam um salvo-conduto para ir e regressar dos jogos. As constantes escaramuças entre os gregos eram deixadas de lado. Uma vitória nas Olimpíadas era uma grande conquista, tanto para o indivíduo como para a cidade.

Dois dos feriados romanos celebrados neste mês eram os dias 7 e 8 de julho, quando a Deusa Juno era honrada, e a Neptunália em 23 de julho, quando Netuno, Deus dos mares e dos terremotos, era acalmado. No Japão, durante a lua cheia de julho, celebrava-se o O-Bon, ou Festival das Lanternas. Era uma combinação de crenças budistas e xintoístas que homenageava os mortos. Lares, túmulos e tabuletas ancestrais eram cuidadosamente limpos. Os altares eram decorados. Os jardins eram enfeitados com lanternas penduradas para iluminar o caminho dos mortos, para que pudessem se juntar a suas famílias para a cerimônia de três dias.

O Ano Novo egípcio acontecia em julho, assim como o Festival de Opet, o qual comemorava as núpcias de Ísis e Osíris. Sua união sexual trouxe sorte para todas as pessoas. Praticamente no mesmo período, em Roma, o amor de Vênus e Adônis era celebrado. O ano egípcio era calculado pelo Nilo e suas férteis cheias anuais. Essa era também a época do nascimento de Ísis e Néftis, Osíris, Seth e Haroeris (Hórus, o antigo). Esses eram os dias conquistados por Thoth para o nascimento dessas deidades; em outras palavras, eram os dias necessários para ajustar os calendários solar e lunar.

Os incas celebravam uma cerimônia chamada Chahua-huarquiz, Chacra Ricuichi, ou Chacra Cona, o que significa Mês do Arado. Enquanto no Hemisfério Norte tinham início as colheitas agrícolas com o amadurecimento da safra de milho, o Hemisfério Sul iniciava o preparo da terra para o plantio.

O nascimento e as preces de Buda, também conhecidos como a Festa da Gravura, eram celebrados no Tibete.

Correspondências

Espíritos da Natureza: duendes (pequenos, grotescos, mas amigáveis), fadas das colheitas.
Ervas: madressilva, acrimônia, hissopo.
Cores: prata, cinza-azulado.
Flores: lótus, jasmim, nenúfar.
Essências: lírio-florentino, olíbano.
Pedras: pérola, selenita, ágata branca.
Árvores: carvalho, acácia, freixo.
Animais: besouro, tartaruga, golfinho, baleia.
Aves: íbis, estorninho, andorinha.
Deidades: Khephera, Athena, Juno, Hei, Holda, Cerridwen, Néftis, Vênus.
Fluxo de Poder: energia relaxada; preparação; sucesso. Trabalho de sonhos, adivinhação, meditação sobre objetivos e planos, especialmente espirituais.

Velhos Ditados e Sabedoria

- Se a lua crescente for avistada pela primeira vez bem à sua frente, ela prenuncia boa sorte até a próxima lua crescente.
- Se houver duas luas (duas crescentes ou duas cheias) no mesmo mês, o clima será desfavorável e instável até a próxima lua crescente.
- Se sofrer de calos, corte-os durante a lua minguante e eles desaparecerão definitivamente.
- Macieira cortada na lua crescente é difícil de partir. Se for cortada na lua cheia, será mais fácil.

- O capim deve ser semeado na lua cheia. Desta forma, o feno secará mais rapidamente.
- Em Gales, os pescadores evitam a linha da Lua, ou seja, o reflexo da Lua na água, quando partem para o mar. Para eles, cruzar essa linha traz má sorte. Entretanto, pescadores de outras regiões dizem que se pode fazer um pedido ao cruzar a linha da Lua.

Receitas

Patê Apimentado de Atum

Algumas pessoas não apreciam o sabor do peixe. Esta receita dá ao atum um sabor inteiramente diferente. Rende cerca de 2 ½ xícaras.

- ¼ de xícara de nozes bem moídas
- ½ colher (chá) de curry em pó
- ½ xícara de maionese
- 1 colher (sopa) de flocos de salsinha
- 1 lata de atum coado e amassado
- 2 colheres de sopa de picles

Misture o atum e os picles, adicionando a seguir as nozes, a salsinha e o curry em pó. Acrescente a maionese e misture bem.

Cogumelos à Escabeche (Rússia)

- 2 cebolas pequenas picadas
- 4 chalotas picadas
- 4 colheres (sopa) de cebolinha picada
- 70 g de champignons frescos
- Salsinha picada para decorar
- Escabeche
- ½ xícara de vinagre de estragão

- ½ xícara de vinho branco
- 1⅓ xícara de azeite
- 2 colheres (sopa) de casca de limão ralada
- 2 dentes de alho amassados

Limpe os champignons e fatie-os bem fininhos. Coloque numa vasilha com as chalotas, a cebolinha e as cebolas. Numa vasilha menor, misture o azeite, o vinho e o vinagre. Acrescente o alho e a casca de limão. Misture bem. Despeje o escabeche sobre os champignons e deixe esfriar. Misture suavemente a intervalos de mais de uma hora. Mantenha no refrigerador. Quando for servir, polvilhe com salsinha.

Pão de Mel e Abobrinha

- ½ colher (chá) de fermento em pó
- 1 colher (chá) de bicarbonato de sódio
- 1 colher (chá) de sal
- 1 xícara de castanhas bem moídas
- 1 xícara de mel
- 1 xícara de óleo vegetal
- 2 xícaras de abobrinha picada
- 3 colheres (chá) de baunilha
- 3 colheres (chá) de canela
- 3 ovos batidos
- 3 xícaras de farinha

Misture os ovos batidos, o mel, a abobrinha, a baunilha e o óleo. Em separado, misture a farinha, o fermento, o bicarbonato de sódio, a canela e o sal. Junte a mistura do ovo à mistura seca, mexendo o bastante para umedecer. Acrescente as castanhas e despeje em duas formas para pão bem untadas. Asse a 150º C por uma hora ou até que a massa esteja pronta.

Artesanatos

Mistura Floral para Sachês

- 1 colher (sopa) de pó de lírio-florentino
- 5 gotas de óleo de gerânio rosa
- 15 g de lavanda
- 15 g de pétalas secas de rosas e/ou de peônia
- 15 g de resedás ou outras flores de aroma doce

Misture levemente as resedás, as rosas secas e a lavanda. Esparja o pó de lírio-florentino e o óleo de gerânio. Misture levemente e insira dentro de pequenos saquinhos de sachê.

Sachê Masculino

Homens normalmente não se interessam por sachês e almofadas adocicadas. Esta mistura geralmente recebe sua aprovação. Pequenos sachês como estes podem também funcionar como desodorantes para sapatos.

Seque e rale a casca de uma laranja em pedaços grossos. Não deixe que a casca seque muito, ou então será como tentar ralar pedras! Misture com uma colher de sopa de pó de lírio-florentino e 15 g de verbena de limão. Insira dentro de saquinhos para sachê.

Colônia do Tibete

- 1 gota de óleo de bergamota
- 1 gota de óleo patchouli
- 1 gota de óleo sintético de almíscar
- 30 g de glicerina
- 500 ml de água destilada
- 500 ml de álcool

Mitos

Athena e Pallas

A Deusa Athena, nascida da cabeça de Zeus após este ter engolido sua mãe enquanto ainda grávida, era uma onipotente e sábia deidade guerreira. O Partenon (Templo Virgem) era seu recanto em Atenas, na Grécia. Athena usava um elmo e uma *aegis* (armadura) e portava uma lança e um escudo. No entanto, essa Deusa detestava violência desnecessária. Talvez isso se deva ao trágico acidente sofrido por sua melhor amiga.

Athena possuía uma amiga e amante humana, cujo nome era Pallas. A amiga apreciava a caça e os esportes, tanto quanto Athena. Elas debatiam sobre diversos assuntos, a Deusa defendendo o ponto de vista dos Deuses e Pallas defendendo os humanos. Athena jamais se sentiu ameaçada pelas habilidades de sua companheira humana e a amava profundamente. Um dia, no entanto, enquanto participavam dos jogos das Amazonas, Pallas caiu de um penhasco abrupto e faleceu. O sofrimento de Athena pela perda de sua amiga foi tão doloroso que ela decidiu incorporar o nome de Pallas a seu próprio nome.

Athena tornou-se a deidade da liberdade e dos direitos femininos, assim como a patrona de todas as artes, dos soldados, da sabedoria e dos cavalos. Ela era especialmente homenageada durante a Panateneia, em março, e novamente no Dia das Geniae, em 25 de dezembro.

O Nascimento de Ísis e Néftis

Quando o Grande Deus Rá abdicou de seu trono, ele o passou a seu filho Shu, que por sua vez o deixou para seus filhos, Seb e Nut. Eles se casaram, contrariando as orientações de Ra, e passaram tanto tempo copulando que Rá finalmente ordenou a Shu que os separasse à força. Rá declarou ainda que a Deusa celeste Nut, grávida, não poderia parir em nenhum mês do ano.

Ísis

O grande e sábio Thoth compadeceu-se de Nut e decidiu ajudá-la. Ele barganhou com Selene, a Lua, e conseguiu luz o bastante para criar cinco dias extras para cada ano. Uma vez que esses dias não pertenciam ao calendário egípcio original, de 360 dias, Nut pôde dar à luz. Seus cinco filhos nasceram em cinco pontos diferentes do Egito. Eram eles: Osíris, Hórus, Seth, Ísis e Néftis[1]. Esses cinco dias sagrados dos nascimentos das crianças tornaram-se um período intermediário, no qual o ano velho se findava e se iniciava o ano novo para os egípcios.

Ísis e Néftis eram aspectos opostos da mesma força. Ísis era a Rainha dos Vivos, esposa de Osíris e mãe de Hórus, a Deusa da lua cheia. Néftis era a Mãe Obscura, Rainha dos Mortos, amante de Osíris e mãe de Anúbis, a Deusa da lua nova. Ambas possuíam grandes poderes mágicos, os quais as complementavam.

Thoth, considerado autogerado e autoproduzido, era homenageado em seu festival principal alguns dias após o início do ano egípcio.

Netuno/Poseidon

O Titã Cronos e sua irmã Rhea possuíam seis filhos: Héstia, Deméter, Hera, Hades, Poseidon e Zeus. Após Zeus liberar os irmãos que havia engolido, ele repartiu o reino com eles. Zeus ficou com os céus e o Olimpo, Hades com o Submundo. Poseidon escolheu como seus domínios os mares e os oceanos da Terra. No entanto, sempre desejou expandir seu reino e estava constantemente em algum tipo de disputa territorial com Zeus. Ele jamais venceu por completo e teve que se contentar com apenas parte do que desejava.

Netuno

Sua esposa era a nereida Anfitrite, filha do Titã Oceano. Ele conduzia uma carruagem puxada por tritões que sopravam trombetas de conchas; tridentes, touros e cavalos eram seus símbolos. Ele tinha o poder de agrupar monstros das profundezas dos oceanos para se vingar dos humanos e assim o fez em diversas ocasiões. Poseidon era também conhecido como "aquele que Faz a Terra Tremer", numa referência ao seu poder de ocasionar terremotos. Um Deus agitado e independente, ele utilizava seu tridente para agitar os mares, ocasionando terríveis tempestades. Uma vez que os terremotos eram parte integrante da vida no Mediterrâneo, Poseidon/Netuno era honrado com festivais especiais.

Rituais

Pedido de Paz para o Mundo

Pode ser feito a qualquer tempo. Há tantos tumultos e lutas civis no mundo, que os humanos precisam se lembrar de pedir por paz. Acenda incenso de jasmim e uma vela azul e entoe:

> Nós lutamos em busca do Espírito continuamente,
> Com nossos passos incertos, inseguros sobre a direção.
> Abra as portas do conhecimento.
> Que amanhã seja um novo dia
> Com um propósito e um objetivo cármico,
> Um caminho para a nova Alma da Terra.

Sente-se em silêncio, visualizando uma nuvem azul de paz e cura cobrindo lenta, mas definitivamente, toda a Terra. Se possuir em mente uma área específica, trabalhe mentalmente, permeando aquela área com a nuvem azul. Envie vibrações de amor, compreensão, cooperação e paz. Não visualize o modo como isso ocorrerá, mas apenas o desfecho. Substitua a nuvem azul de paz por uma névoa rosa de amor universal, dizendo:

> Que haja paz entre todas as pátrias.
> Que haja harmonia entre todos os povos.
> O amor cósmico entra em cada coração, em cada mente.
> Todas as lutas são substituídas pela paz.
> Pelo poder do Supremo Criador dentro de mim,
> Assim seja!

Pedido por Liberdade Religiosa

Constantemente, indivíduos e/ou grupos são perseguidos por suas crenças religiosas e suas escolhas de caminhos espirituais. Essa perseguição pode ir desde insultos verbais até ataques físicos e discriminações. Cartas e telefonemas ameaçadores (sempre anônimos, é claro) podem fazer com que você se sinta amedrontado e inseguro. No entanto, é provavelmente mais difícil lidar com os problemas que surgem de dentro de seu círculo familiar e de amizades.

O primeiro passo é livrar-se de vibrações negativas que lhe tenham sido enviadas; além disso, construa uma barreira de proteção para si mesmo, sua família e seus animais de estimação, mas que se mova com você durante todo o dia, onde quer que esteja. Ao mesmo tempo, não seja tolo. Tome medidas para se proteger fisicamente. Notifique as autoridades competentes e insista para que mantenham a lei. A liberdade de credo é um direito constitucional.

Em segundo lugar, peça aos Deuses para que a liberdade religiosa seja reconhecida e aceita em todo o mundo. Essa diversidade de caminhos religiosos é necessária, pois as necessidades dos humanos diferem de pessoa para pessoa. Acenda incenso de jasmim e uma vela azul e diga:

> Os problemas surgem, nem todos por minha responsabilidade,
> Os inimigos se unem em busca de minha queda.
> Ó Grandes, protejam-me. Deem-me coragem.
> Construam uma barreira poderosa.
> Ensinem-me autodisciplina. Ajudem-me a limpar minha vida.
> Livrem-me de forças negativas, de problemas e de disputas.

Sente-se em silêncio e visualize-se vestido com uma impenetrável armadura azul. Dessa armadura irradia uma luminescência rósea que toca os corações e as mentes daqueles que são preconceituosos, fazendo com que percebam que você tem o direito de escolher seu caminho espiritual. (Da mesma forma, não saia por aí impondo suas preferências religiosas aos outros.) Continue expandindo a luminescência rósea para mais e mais além, até que envolva todo o mundo. Diga:

> Cada pessoa é diferente. Suas necessidades são únicas.
> Cada trilha espiritual serve aos propósitos de uma alma.
> Cada um caminha só em busca de seu Deus.
> Comungar com o Um é o objetivo fundamental.
> Envie liberdade espiritual para todos.
> Ó Grandes, respondam ao meu chamado.

Chamando Chuva

O Deus nórdico Thor, conhecido como o Deus do Trovão, era considerado um campeão dos Deuses e inimigo dos Gigantes e Ogros. Era muito popular entre o povo como seu protetor e amigo; representações de seu martelo mágico, Mjölnir, são usadas até hoje. Ele conduzia uma carruagem puxada por dois bodes gigantes. Sua esposa, Sif, com seu cabelo dourado, era uma Deusa dos grãos e das colheitas. Apesar de sua fama de ser um tanto impulsivo nos seus julgamentos, Thor era sempre amigo e companheiro de batalha, além de confiável. Era sempre representado com seus cabelos e barbas ruivos esvoaçantes e em trajes de batalha.

Thor regia a força, o trovão, a lei e a ordem, a defesa, o clima, a água, carvalhos, bodes, relâmpagos, tempestades, colheitas, viagens mercantes, coragem, confiança, vingança, proteção e batalha. Segundo a lenda, ele atacava as nuvens para que liberassem a chuva necessária para as plantações.

✦ ✦ ✦

Se possuir um pingente do martelo de Thor, utilize-o neste ritual. Tenha uma espada ou lança à mão; caso não possua nenhuma destas, utilize sua adaga ritual. Se executar este ritual dentro de casa, abra um bom espaço. Se preferir, faça-o fora. No entanto, não saia de casa carregando um objeto metálico durante uma tempestade. Metais atraem os raios! Leve consigo um balde ou jarra de água.

Determine o centro de sua área de trabalho. Volte-se para o Leste com sua espada em uma das mãos e a jarra de água na outra. Aponte em direção ao céu com sua espada. É necessário liberar muita emoção neste ritual.

O Martelo de Thor

Thor do Poderoso Martelo,
envie os ventos úmidos sobre estas terras.

(Derrame um pouco de água)

Libere suas águas suavemente.

Volte-se para o Sul e aponte a espada.

Thor da Carruagem de batalha, detenha o fogo celestial.

(Derrame um pouco de água)

Afaste o relâmpago da Terra seca.

Volte-se para o Oeste e aponte a espada.

Thor, cuja barba é vermelha como o poente,
Desperte os Elementais da água.

(Derrame um pouco de água)

Conduza-os de sua carruagem puxada por bodes.

Por fim, volte-se para o Norte e aponte sua espada.

Poderoso Thor amigo de todos os humanos,
Atinja as nuvens de tempestade com seu malho.

(Derrame um pouco de água)

Que seu trovão ribombante abra as nuvens plenas de água.

Permaneça em pé novamente no centro de sua área de trabalho. Deixe a espada de lado e comece a girar lentamente no sentido horário. Simultaneamente, atire ao ar punhados da água que restou na jarra. Derrame as últimas gotas no solo. Afaste a jarra e pule ou dance ao redor da área, cantando "Thor e a chuva retornam novamente!". Imagine-se dançando na chuva. Quando sentir-se prazerosamente cansado, agradeça a Thor e aos Elementais da água por terem lhe atendido.

Proteção contra Terremotos

Costumava-se pedir ao Deus grego Poseidon, conhecido como "o Causador de Terremotos", proteção contra os mesmos. O poder dessa deidade sobre os tremores de terra era conhecido pelas mais antigas culturas mediterrâneas e prosseguiu tanto quanto foi cultuado. Posteriormente, Poseidon passou a ser chamado de o Senhor Supremo dos Mares Internos e Externos, o Deus de tudo aquilo que nada na água. Apesar de sua esposa ser a nereida Anfitrite, Poseidon teve uma esposa mortal por algum tempo. Seu nome era Cleito, com quem teve dez filhos que governavam a Atlântida.

Cavalos e touros eram sagrados para Poseidon. Ele utilizava seu tridente para agitar os mares, criando tempestades, e para atingir as nuvens que liberavam chuvas e enchentes. Poseidon era considerado tanto agitado como independente. Regia as tempestades, todas as formas de vida marinhas, a intuição, as emoções humanas, os marinheiros, as naus, os furacões, a chuva, o clima e a vingança.

❖ ❖ ❖

Prepare um Cálice ou copo de água. Coloque uma pequena estátua de um cavalo ou um touro ao lado dele. Acenda uma vela azul ou azul-esverdeada. Acrescente uma pitada de sal à água e mexa levemente três vezes, no sentido horário. Em pé, estique seus braços para a frente, como os gregos faziam para contatar Poseidon. Diga:

> Aquele que treme a Terra! Os mares e a terra tremem perante você. Fazedor de terremotos! Os oceanos profundos se abrem perante você.
>
> Caçador dos Mares! Detém sua mão. Portador do Tridente! Não destile sua ira sobre a Terra. Deixe a Mãe Terra descansar, Poseidon. Poupe os humanos que vivem sobre ela.
>
> Não balance ou destrua a Terra. Eu reconheço sua existência e honro seus poderes. Poupe-nos, ó Treme-Terra!

Leve a água para fora e derrame-a cuidadosamente sobre o solo.

Casamento do Deus e da Deusa

O casamento sagrado do Deus e da Deusa era celebrado por quase todas as culturas do mundo de uma forma ou de outra. Essa união era honrada em diversos períodos, do Equinócio de Primavera à Celebração da Lua de Feno dos egípcios, para Ísis e Osíris. Era um símbolo da união necessária entre as forças positivas e negativas que mantêm o Universo e tudo o mais em equilíbrio.

✦ ✦ ✦

Coloque ovos coloridos vermelhos ao redor do Caldeirão para simbolizar a fonte divina de renovação da vida. Coloque uma figura da Fivela Mágica de Ísis e do cetro de Osíris lado a lado, diante do Caldeirão. Abra seu Círculo como de costume.

Acenda a vela dourada dentro do Caldeirão e diga:

A Deusa contraiu o Sagrado Matrimônio com seu consorte
Que todos os seres sejam abençoados.

Apanhe a Fivela e o cetro e, começando do Leste e movendo-se no sentido horário, redesenhe os limites do Círculo com eles. Retorne ao altar. Segure a Fivela e o cetro contra seu coração e diga:

Ísis, a geradora de Vida, repousa na cama nupcial com Osíris.
Osíris, Senhor dos Senhores, o Eterno,
Osíris da vida renovada, da morte e da reencarnação.
A união de Ísis e seu viril amante
Acelera as forças vitais que atuam no mundo.
Eu sinto seus poderes em ebulição dentro de mim,
Trabalhando, crescendo, recriando.
Para além deste Círculo três vezes selado
A força criativa do amor avança
Para abençoar todas as formas da criação?
Da mente e sobre a Terra.

Continue a segurar a Fivela e o cetro junto a seu coração. Pense profundamente sobre os reinícios que você deseja que entrem em sua própria vida. Posicione a Fivela e o cetro diante do Caldeirão. Agora é a hora de meditar e efetuar encantamentos.

Se desejar consagrar um novo talismã ou fortalecer um antigo que precise ser reenergizado, coloque-o sobre o altar e erga sua mão sobre ele, dizendo:

Poder em magia, força em encanto,
Energize este (nome do objeto). Atenda-me bem.

Maat, Deusa da Verdade e da Justiça
– Lua Crescente –

Maat era conhecida no Egito como "a Dama do Salão dos Julgamentos" e "a Virgem". Ela era a filha querida de Rá e esposa de Thoth. Suas leis governavam os três mundos: até mesmo os Deuses deviam obedecer a suas regras. No Salão da Justiça Dupla, onde as almas dos mortos eram julgadas por sua sinceridade, Maat ficava em uma das bandejas da balança, enquanto na outra ficava o coração do morto. Às vezes sua imagem era simbolizada por uma pena.

Maat usava uma pena de avestruz em sua cabeça enquanto em pé ou ajoelhada. Ela segurava um cetro e uma *Ankh*. Maat era a deidade da verdade, da justiça, da lei e do juízo final da alma, da ordem e da reencarnação.

✦ ✦ ✦

Para este ritual, os apetrechos extras de que vai precisar são óleo de sândalo ou de glicínia, uma vela branca, uma *Ankh*, incenso de purificação, um pequeno pote de água e um sistro.

Em pé perante o altar, voltado para o Leste, acenda a vela branca e coloque-a atrás do pote de água. Diga:

Este é um período de purificação,
de crescimento e de renovação espiritual.
Maat, a autoconcebida,
renova-se a cada verdade dita no mundo.
Ela julga cada alma pela sua sabedoria,
leve como uma pluma.

Leve lentamente o incenso no sentido horário, ao redor da área ritual. Recoloque-o no altar. Coloque o óleo no disco do Pentagrama. Apanhe a *Ankh* e diga:

> A Donzela vem testar os corações de todos os seguidores.
> Ó, Maat, que meu coração se purifique
> Que as balanças da Justiça equilibrem minha vida.

Segure a Ankh contra seu coração e prossiga:

> Sua pluma espiritual da Verdade,
> jaz sobre as balanças no Salão do Julgamento.
> Mostre-me o caminho da verdade, Senhora da Justiça,
> Para que eu caminhe pela trilha da sabedoria.
> Guie meus pés para as águas tranquilas da Verdade.
> Revele-me as verdes pastagens do silêncio
> Onde eu possa encontrar um novo propósito para minha vida.[2]

Ajoelhe-se diante do altar. Unte sua testa com o óleo, dizendo:

> Abra minha mente e meu olho interior
> para as maiores verdades.

Unte seu coração, dizendo:

> Limpe meu coração de todas as impurezas.

Unte as palmas de suas mãos, dizendo:

> Que minhas mãos se ergam
> na verdadeira adoração aos Deuses.

Unte o peito de seus pés e diga:

> Guie meus pés para caminhos de crescimento e sabedoria.

Segure a *Ankh* contra seu coração novamente e diga:

> Ouça-me, ó Maat.
> Ensine-me o caminho que devo seguir;
> Para que, quando comparecer diante de você,
> no Salão do Julgamento,
> As balanças da vida estejam equilibradas.

Se possuir algum encantamento espiritual, este é o momento de executá-lo. É também um bom momento para meditar por aconselhamento e crescimento espiritual. Se planejar executar artes divinatórias, prepare a bola de cristal ou vasilha com água no altar. Unte sua terceira visão com óleo de glicínia. Toque a bola ou a vasilha sete vezes com a *Ankh* e diga:

> Nas trilhas do tempo eu lanço minha mente
> Para ver os caminhos ainda por vir.
> Ó Senhora da Verdade e da Sabedoria,
> Dê-me o dom da profecia.

As respostas podem vir através de imagens, figuras ou pensamentos na mente, ou mais tarde, na forma de sonhos.

Após terminar, fique em pé diante do altar com a *Ankh* em sua mão direita e o sistro na esquerda. Diga:

> Dama do Salão do Julgamento, Senhora da Verdade,
> Leve-me à sabedoria e ao conhecimento.
> Preciso de sua orientação nesta vida,
> Para aumentar meu crescimento espiritual.
> Cuide de mim com compaixão e amor, Senhora.

As Mães Incas

– *Lua Cheia* –

Mama Quilla era uma Deusa da Lua Inca. Sua imagem era a de um imenso disco de prata com um rosto humano; tal disco estava pendurado em sua capela, cobrindo quase que completamente uma parede. Essa capela era parte do Templo do Sol. Mama Quilla, a Lua, era quase tão reverenciada quanto o Deus Sol. Ela se casou com o Sol Inti e deu à luz Mama Ogllo ("Ovo"), a donzela da Lua e seu irmão, o homem Sol. Foi desses dois que a linhagem real inca se desenvolveu. Mama Quilla estava também ligada ao calendário e às datas dos festivais. Quando ocorria um eclipse lunar, dizia-se que um puma ou uma cobra estava tentando engolir a Deusa. Ela era a protetora das mulheres e regia o calendário e as festividades religiosas.

Mama Cocha era a Mãe Mar. Cultuada especialmente ao longo da costa peruana, onde a pesca era essencial para a vida. Ela também protegia contra as marés e os acidentes marinhos. Pachamama era a Mãe Terra. Ela regia a agricultura e era invocada em todos os ritos diários.

Este cântico pode ser incluído como parte de um ritual regular ou entoado durante um encantamento. Pode ainda ser utilizado pouco antes de meditar, quando estiver buscando ajuda no fortalecimento de seu conhecimento de magia.

> Grandes Mães Incas, Senhoras das palavras e do poder,
> Ensinem-me as artes da magia e da iniciação.
> Mães Tríplices, venham a mim
> em meu período de necessidade.
> Que meus encantamentos se fortaleçam.

Sempre que fizer uma adivinhação, chame pelas Mães Incas para auxiliá-lo, entoando:

> Deem-me equilíbrio e inspiração.
> Deem-me a chave para a manifestação.
> Direcionem a força criativa para mim
> Para que possa me tornar uma pessoa mais forte.

Arianrhod, Dama da Roda de Prata
- Lua Nova -

Arianrhod de Gales era uma Deusa da lua nova. Seus símbolos, como aqueles de Cerridwen, eram o Caldeirão e a porca branca. Sua Roda de Prata, por vezes representada como um barco com roda de pás, que levava as almas para sua morada estelar, podia muito bem simbolizar a roda zodiacal e seus signos (os aros da roda).

Arianrhod era chamada de Roda Prateada, Grande Mãe Fértil, Deusa das Estrelas, Deusa dos Céus e Deusa da Reencarnação. Seu palácio era chamado de Caer Arianrhod (Aurora Borealis). Ela era a guardiã da Roda de Prata das Estrelas, um símbolo do tempo e do carma. Essa roda era também conhecida como a roda de Pás, um barco que carregava os guerreiros mortos para a terra da Lua (Emania). Seu consorte original era Nwyvre (o Céu, ou o Firmamento). Ela era também a mãe de Lleu Llaw Gyffes e Dylan, com seu irmão Gwydion. Arianrhod regia a beleza, a fertilidade, o carma e a reencarnação.

✦ ✦ ✦

Você vai precisar de uma vela verde em seu altar; um Bastão; um Pentagrama; uma vasilha de metal suficientemente grande para queimar papéis; vários pedaços de papel e um lápis. Este ritual pode ser parte de seu ritual regular, ou ser executado por si só.

Escreva seus sonhos e desejos nos papéis, cada um num papel. Deposite os papéis no Pentagrama com o Bastão sobre eles. Apanhe a adaga ritual com sua mão de poder. Volte-se para o Leste e diga:

Despertem, Deuses do Ar!
Soprem para longe o velho!
Tragam o novo em seus ventos de mudança.

Volte-se para o Sul e diga:

Despertem, Deuses do Fogo!
Queimem aquilo que me detém.
Iluminem com seus suaves raios meus novos objetivos.

Volte-se para o Oeste e diga:

Despertem, Deuses da água!
Limpem os hábitos desnecessários e danosos da minha vida.
Derramem as chuvas e a primavera sobre mim para que eu cresça.

Termine voltando-se para o Norte, dizendo:

Despertem, Deuses da Terra!
Que sua magia renovadora enterre velhos hábitos,
E abra novos caminhos diante de mim.

Apanhe o Bastão e bata levemente nos papéis por sete vezes.

Pegue um papel e encoste a ponta do Bastão nele. Visualize um raio de luz branca brilhante emanando do Bastão e penetrando o papel. Se a luz não se mantiver branca, releia o desejo e decida se é realmente bom para você. Se não for, descarte o papel, reestruture o desejo ou guarde-o para outra oportunidade. Se a luz permanecer de um branco puro, ateie fogo ao papel com a vela e solte-o cuidadosamente dentro do pote de metal. Para cada papel queimado, diga:

> Aos ventos do Paraíso e aos Deuses
> Eu envio estes pensamentos-desejos
> para que se manifestem.

Deixe que as cinzas esfriem durante a noite. Na manhã seguinte, livre-se delas. Se possível, enterre-as ou atire-as em água corrente. Jogar no vaso sanitário e dar a descarga também é válido.

Esse é um excelente momento para uma meditação. Peça para que lhe sejam mostradas vidas passadas, especialmente aquelas que tenham alguma conexão com sua vida presente. Prepare-se para uma meditação sobre vidas passadas entoando:

> Ó Antiga, que rege a reencarnação e o renascimento,
> Abra-me as portas de minhas vidas passadas.
> Corrigirei todos os erros e reaprenderei minhas habilidades,
> Para que possa trilhar meu caminho livre.
> Cintilante Arianrhod, indique o caminho certo a seguir.

Notas

1. Esta lista de nomes costuma variar.
2. Antes que alguém pense que eu estou copiando os cristãos, estas palavras e expressões foram registradas em antigas escrituras egípcias muito antes de os cristãos decidirem adotá-las como suas.

LUA DO MILHO

— Agosto —

Também, conhecida como: Lua da Cevada, Lua das Disputas, Weodmonath (Mês da Vegetação), Lua da Colheita, Lua quando as Cerejas Ficam Pretas

Mês do Festival Hindu de Ganesha; conhecido como Ganesha Chaturthi, ou Chauti.

1º de agosto: Festival do Pão Novo nas regiões celtas. Entre os astecas, o festival de Xiuhtecuhtli, Deus do calendário e do fogo espiritual.

1-3 de agosto: Festival das Dríades na Macedônia, em honra aos espíritos femininos da água e dos bosques,

6 de agosto: Festival de Thoth no Egito, Início do Mês dos Espíritos na China e em Singapura.

7 de agosto: no Egito, a Quebra do Nilo, dedicado a Hathor.

12 de agosto: Bênção egípcia dos barcos,

13 e 15 de agosto: Diana dos Bosques e Hécate, a Mãe Escura da Lua nos primórdios de Roma e da Grécia; lua cheia.

17 de agosto: Festa da lua cheia para Diana, em Roma.

23 de agosto: Nemesea, o festival de Nêmesis (Deusa do Destino) na Grécia. Em Roma, a Volcanália, festival para o Deus Vulcano para proteção contra incêndios acidentais. Em Roma, a Vertumnália, em honra a Vertúmnus, Deus das mudanças sazonais.

25 de agosto: em Roma, Opseconsiva, festival da colheita em honra à Deusa Ops.

26 de agosto: Dia de Festa de Ilmatar ou Luonnotar, uma Deusa finlandesa.

29 de agosto: Nascimento de Hathor e Dia do Ano Novo egípcio.

30 de agosto: Festival romano de Ação de Graças, conhecido como Charisteria.

31 de agosto: Festival hindu de Anant Chaturdasi, purificação das mulheres, em honra à Deusa Ananta.

✦ ✦ ✦

Agosto, originalmente chamado de Sextilis pelos romanos, foi posteriormente chamado de Augustus em honra a Augustus César. As safras colhidas eram celebradas em muitas regiões nesse período. No dia 1º de agosto ocorria o festival celta de Lunasa ou Lughnasadh, que consistia na celebração da colheita e dos novos grãos para o pão. Em inglês arcaico, passou a se chamar Lammas, ou *LoafMass* (Massa do Pão). Os romanos também possuíam um festival de colheita durante esse mês, o da Consuália, quando ocorriam sacrifícios a Consus, o Deus dos depósitos subterrâneos onde eram estocados os grãos.

Eles também celebravam a Opseconsiva, um festival da colheita para a Deusa Ops. Vinho e pão fresco eram depositados em seus altares. No fim do mês era celebrado um festival de ação de graças conhecido como Charisteria.

Por três vezes durante o mês de agosto os romanos homenageavam o Deus Vulcano: em 17 de agosto, na Portunália; no dia 27 na Volturnália e novamente no dia 23 na Volcanália. Esse último festival ocorria fora dos limites da cidade e visava livrar a população de incêndios acidentais, uma ameaça real em cidades tão compactas e propensas a incêndios. Vulcano não era a única divindade homenageada durante esses festivais. A Deusa Juturna (divindade das fontes) e Stata Máter (que extinguia incêndios) eram invocadas como contrapontos aos fogos de Vulcano, vulcões ou outros.

Os gregos mais antigos tinham um dia sagrado para Hécate, a Mãe Escura, no dia 13 de agosto, e dez dias depois outro para Nêmesis, Deusa que equilibrava as balanças da justiça com vingança justificada e punições. Em Roma, as mulheres que tinham suas preces atendidas por Diana e Hécate marchavam à luz de tochas aos templos dessas Deusas. Lá celebravam cerimônias especiais, apenas para mulheres, e agradeciam.

A Bênção dos Barcos egípcia é bem semelhante em sua natureza ao festival romano dos Ludi Piscatari de junho, durante a Lua dos Prados. Acreditava-se que cada barco possuía sua própria personalidade e assim uma necessidade de proteção e bênção. O mesmo se aplica hoje em dia aos carros, barcos, motos, bicicletas, enfim, a qualquer meio de transporte que utilizamos.

Na Índia atual, o povo hindu ainda honra o Deus com cabeça de elefante, Ganesha, a deidade que remove obstáculos e traz a boa fortuna. Flores e pratos de arroz são depositados em frente a suas estátuas. Entretanto, diz-se que olhar para a Lua durante este festival pode trazer má sorte.

Yapaquix (Mês da Semeadura), também conhecido como Chacra Ayapui ou Capac Siquis, era a celebração dos incas.

Os povos do Tibete possuíam apenas um grande festival neste mês, o festival Sikhim do nascimento de Padmasambhava.

Correspondências

Espíritos da Natureza: Dríades.

Ervas: camomila, erva-de-são-joão, louro, angélica, erva-doce, arruda, laranja.

Cores: amarelo, ouro.

Flores: girassol, madressilva.

Essências: olíbano, heliotropo.

Pedras: crisoberilo, cornalina, jaspe, ágata de fogo.

Árvores: avelã, cedro, amieiro.

Animais: leão, fênix, esfinge, dragão.

Aves: garça, falcão, águia.

Deidades: Ganesha, Thoth, Hathor, Diana, Hécate, Nêmesis.

Fluxo de Poder: energia em colheita; encontros, apreciação. Vitalidade, saúde, amizade.

Velhos Ditados e Sabedoria

- Um velho ritual lunar inglês para a colheita consistia em pegar uma chave, um anel, uma flor, um raminho de salgueiro, uma pequena fatia de bolo, um naco de pão, 10 de paus, ás de espadas e ás de ouros. Enrole tudo num lenço e coloque sob seu travesseiro. Diga ao ir para a cama:

Luna, amiga de todas as mulheres,
Dedique a mim sua bondade.
Permita-me saber esta noite, por meio de visões,
símbolos de meu destino vindouro.

Se sonhar com tempestades, isso prenuncia problemas; se a tempestade acaba, um destino tranquilo sucede a luta. Se sonhar com um anel ou com o ás de espadas, casamento; pão, um bom emprego; bolo, prosperidade; flores, alegria; salgueiro, traição no amor; espadas, morte; paus, viver no exterior; ouros, dinheiro; chaves, grande poder; pássaros, muitos filhos; e gansos, mais de um casamento.

- Os ingleses possuíam um ditado: se um membro da família morria durante a lua crescente, três outras mortes se seguiriam.

- A região de Fenland, na Inglaterra, é um estranho lugar que conserva suas superstições por mais tempo que em outros. Eles dizem que se os jantares públicos não ocorrerem durante a lua cheia, tragédias podem ocorrer. Uma vez que as estradas da região de Fenland são elevadas acima da terra pantanosa e ladeadas, de ambos os lados, por valas profundas, fica claro que isso é mais bom senso do que superstição.

- Muitas culturas sentiam que era extremamente de mau agouro apontar para a Lua e que mesuras dirigidas à Lua trariam um presente antes da mudança da Lua seguinte.
- Originalmente, os termos *moons-truck* ou *moon-touched* (lunáticos, no mundo da lua) significavam alguém escolhido pela Deusa. Tais pessoas eram consideradas abençoadas.
- Alguém chamado de *moon-calf* (bezerro da Lua, bezerro apaixonado, idiota, distraído), significa que aquela pessoa não é muito esperta, dispersa. Há algum tempo designava alguém tão apaixonado pela Deusa que quase se esquecia do mundo que o rodeava.
- Era comum dizer que se uma pessoa nascia durante a lua cheia, teria uma vida feliz.

Receitas

Bebida de Sândalo

O povo da Índia usa vários óleos essenciais e ervas em suas bebidas. A receita original pede ½ colher de chá de açafrão (um item muito caro).

- 1 xícara de iogurte desnatado
- 1 xícara de mel
- 1.400 ml de água
- 4 gotas de sândalo, ou 4 colheres (chá) de água de sândalo
- 5 cravos
- 5 grãos verdes de cardamomo
- 950 ml de água tônica
- Sumo de 1 limão

Ferva a água, os cravos e o cardamomo por 5 a 6 minutos. Acrescente o mel e o sândalo; ferva até o xarope engrossar. Retire do fogo, adicione o sumo de limão e deixe esfriar.

Bata o iogurte e o xarope frio no liquidificador, até que o líquido fique espumoso. Despeje numa vasilha e misture à água tônica. Sirva gelado.

Sementes de Abóbora Torradas

Come-se sementes de abóbora no México como se come pipoca em outros países. Talvez deseje fazer mais de uma fornada, pois acaba muito rápido. Pode ainda experimentar outros temperos além do alho. Rende cerca de 1 ½ xícara.

- 1 ½ xícara de água
- 1 colher (chá) de pimenta suave em pó
- 1 colher (chá) de sal
- 225 g de sementes de abóbora cruas e descascadas
- Vários dentes de alho, bem picados

Ferva a água e despeje sobre as sementes. Deixe de molho por uma noite em temperatura ambiente. Escoe a água e espalhe uniformemente numa forma grande. Espalhe a pimenta em pó, o sal e o alho. Asse a 150 °C por 25 a 35 minutos ou até que as sementes estejam estufadas e secas. À medida que torram, elas vão estalar e pular. Mexa de vez em quando enquanto esfriam.

Outros temperos que são uma boa alternativa para o alho e a pimenta são o cominho, a pimenta forte, *teriyaki* e molho de soja (*shoyu*). As sementes torradas também ficam excelentes com apenas um pouco de sal.

Salada Picante

Nem todos gostam de rábano, mas nesta receita ele se harmoniza com os outros temperos. É excelente com sanduíches e carnes.

- 1 colher de chá de rábano, ou a gosto
- 1 pote de 225 g de queijo cottage de baixa caloria
- 1 pote pequeno de patê de cebola

Misture bem todos os ingredientes. Deixe esfriar para misturar os sabores.

Travesseiro Cherokee dos Sonhos

A mistura que se segue é inserida em um pequeno travesseiro a ser colocado sob seu travesseiro normal ou próximo à sua cabeça enquanto dorme. Diz-se que traz sonhos bons e proféticos. Todas as flores são secas, salvo onde indicado.

- 25 g de lascas de cedro
- 25 g de raiz de lírio-florentino moída
- 25 g de violetas
- 55 g de erva deer's tongue
- 55 g de erva unha-de-cavalo
- 55 g de flores de lavanda
- 55 g de sálvia
- 55 g de samambaia

Pot-pourri das Noites Árabes

- 1 canela em pau lascada
- 1 gota de óleo de jasmim
- 1 gota de óleo de lilás
- 25 g de flores de café (opcional)
- 25 g de lascas de sândalo
- 55 g de lascas de cedro
- 55 g de pétalas de rosas

Água de Colônia de Rosas

- 1 gota de óleo de bergamota
- 1 gota de óleo de gerânio rosa
- 1 gota de óleo de rosas
- 25 g de glicerina
- 500 ml de água destilada
- 500 ml de álcool

Mitos

Ganesha

O Deus com cabeça de elefante, Ganesha, permanece como uma das mais populares deidades hindus. A lenda diz que ele foi criado pela Deusa Parvati ao misturar o suor de seu belo corpo com poeira. À época de sua criação, Ganesha possuía uma face e as formas de qualquer outro dos Deuses. Quando Parvati terminou, ela indicou Ganesha como guardião dos portões de sua morada. Ganesha assumiu seu dever com seriedade e, quando Parvati disse que não desejava ver ninguém, ele tentou afastar o Deus Shiva. Shiva não estava disposto a ser impedido de entrar e degolou Ganesha.

Parvati ficou bastante irritada e disse a Shiva que nada desejava com ele por causa de suas atitudes contra seu vassalo especial. Shiva cedeu e disse que Ganesha poderia ter a cabeça do primeiro animal que por ali passasse. Tal animal foi um elefante.

O povo hindu ama Ganesha. Há estátuas dele por toda parte: um homenzinho baixote e barrigudo com pele amarela, quatro braços e uma cabeça de elefante com apenas um marfim. Em suas mãos ele leva um disco, uma concha, uma clava e um lírio. Ele cavalga um rato.

Ganesha

Hécate da Lua Nova

Hécate era a mais antiga forma grega da Deusa tríplice, que controlava o paraíso, o Submundo e a Terra. Conhecida pelas Amazonas como a Deusa da lua nova, ela é uma das três faces da Lua e regente do Submundo. No início, Hécate não era uma Deusa ruim. Após a queda do matriarcado, os gregos a cultuavam como uma das rainhas do Submundo e governante da encruzilhada de três caminhos. Como Hécate Trivia, Hécate das Três Vias, suas imagens com três cabeças eram vistas em tais encruzilhadas, onde era cultuada na lua cheia, trazendo magia positiva, e na lua nova para magia negra.

A lenda não é clara quanto às origens de Hécate. Alguns dizem que ela era a filha dos Titãs Tártaros e da Noite; outras versões dizem que seus pais são Pérses e Astéria; outras ainda falam que de Zeus e Hera. Lendas de Hécate eram contadas por todo o Mediterrâneo. Ela estava associada ao Caldeirão, aos cães e as chaves.

Seus festivais eram celebrados à noite, à luz de tochas. A cada ano, na ilha de Aegina no Golfo Sarônico, um misterioso ritual acontecia em sua honra. Como Senhora da Caçada Selvagem e da feitiçaria, Hécate era a princípio uma divindade das mulheres, tanto para cultuar como para pedir auxílio e também para temer, caso alguém não estivesse com sua vida espiritual em ordem.

Ilmatar da Finlândia

A maioria das lendas úgrico-finlandesas estão contidas no *Kalevala*. No início, diz esse livro, Ilmatar, a filha virgem de Air, desceu dos céus ao mar. Ilmatar é também conhecida como Luonnotar, Filha da Natureza. Enquanto ela se divertia na água, o vento do leste a engravidou. A Deusa flutuou nas águas por sete séculos, impossibilitada de dar à luz, porque não havia terra firme.

Ela orava constantemente ao Deus Ukko, o maior dos Deuses, para que a ajudasse. Ukko se compadeceu dela e enviou um marreco para que fizesse um ninho em seu joelho. Quando os filhotes do marreco saíram de seus ovos, Ilmatar apanhou as conchas e, utilizando sua magia, criou a Terra, o céu, o Sol, a Lua e as nuvens. Apesar de agora contar com terra firme, Ilmatar seguiu carregando a criança em seu ventre por mais trinta verões. Seu filho Vainamoinen teve que lutar por mais trinta e um anos para alcançar a terra e iniciar sua vida.

As Dríades

Essas criaturas sobrenaturais eram parte da grande família das ninfas, tão conhecidas na Grécia e nas áreas circunvizinhas, mas acredita-se que elas habitam todo o mundo. As Dríades são, na verdade, as ninfas das florestas e das árvores. Seus parentes próximos, as Napaeae, Auloníades, Hylaeorae e Alsaeides, viviam nos bosques, ravinas, arvoredos e vales, enquanto as Oreades pertenciam às montanhas e grutas. As Hammadríades protegiam e cuidavam de árvores individuais específicas. Parentes próximos das Dríades eram as Náiades dos bosques, as Crenae e Pegae dos regatos, e as Limnades das águas paradas.

Por vezes essas ninfas viviam dentro das águas, por vezes em grutas. Dizia-se que elas tinham o dom da profecia e dos oráculos, curavam os enfermos, cuidavam das flores e protegiam os campos e os animais. A relação e os poderes de todas as ninfas eram tão similares, que suas tarefas e áreas de influência eram constantemente confundidas. Dríades das florestas e árvores por vezes cuidavam de lagos e riachos próximos. Ninfas das águas protegiam os bosques circunvizinhos.

Os gregos e romanos tomavam cuidado para não contrariar tais criaturas. Grutas, riachos, bosques e toda a área florestada eram tratados com respeito, pois nunca se sabia se a ninfa daquela área se ofenderia. As ninfas eram as companheiras de Fauno e de Pã, os quais eram capazes de instigar o pânico e o horror sobrenaturais em qualquer agressor.

Rituais

Festa do Pão Novo

A Festa do Pão Novo original era uma celebração da colheita de grãos, uma ação de graças pelo alimento recebido para os meses de inverno. Se possuir uma horta, essa é uma celebração apropriada. Caso não aprecie o cultivo, ou não tenha espaço para isso, é ainda possível celebrar esse antigo ritual de várias maneiras.

Você pode assar pães ou bisnagas. O simples ato de misturar e amassar e dar forma aumenta sua percepção da contribuição da Mãe Terra à sua vida.

Se possuir uma horta, prepare uma refeição com os legumes colhidos. Posicione no centro uma bandeja com legumes fatiados e um patê de ervas.

Outro modo de celebrar a Festa do Pão Novo é oferecer seus serviços a grupos que fornecem "sopão" aos sem-teto e a idosos. Se não dispuser de tempo para isso, ao menos faça uma doação em alimentos ou em dinheiro para tais grupos.

Quando comer seu pão, caseiro ou não, nessa refeição especial, acrescente um pouco de sal na primeira mordida. Esse é um antigo costume ainda em prática em muitas partes do mundo. Inicie sua refeição com algumas palavras de agradecimento à Mãe Terra, que cuida do crescimento dos grãos e dos legumes.

Celebração às Dríades

As Dríades são os espíritos da Natureza, ou ninfas das florestas e das árvores. Há diversas espécies de Dríades, cada qual com suas áreas especiais de conhecimento e magia. Algumas atuam apenas em bosques, vales e árvores. Outras podem ser encontradas próximas à água. Outras mais pertencem às montanhas e grutas. Normalmente seus poderes de proteção se estendem às áreas ao redor de seu domínio principal, ou seja, as Dríades da água cuidarão dos bosques ao derredor, enquanto as dos bosques podem fazer o mesmo com relação aos veios d'água das proximidades.

Os gregos e os romanos diziam que as Dríades podiam conceder o dom da profecia e dos oráculos, curar os enfermos, cuidar das flores e animais silvestres da área e proteger os campos e os rebanhos.

Dríades eram conhecidas em todas as regiões celtas. Os celtas acreditavam que fossem espíritos que habitavam as árvores, em especial os carvalhos. Os druidas as contatavam para obter inspiração. Bolotas de carvalho eram conhecidas como "Ovos de Serpente" pelos druidas e utilizadas em muitos de seus encantamentos.

Os povos antigos que sabiam da existência das Dríades tomavam cuidado para não as contrariar. Grutas, veios d'água, bosques e florestas em geral eram tratados com respeito, pois eles não desejavam ofender as Dríades que ali habitassem. Ninfas e Dríades eram as companheiras de Fauno e Pã; todas essas deidades das florestas eram capazes de instalar pânico e medo em todos os humanos e animais. A palavra "pânico" vem da habilidade de Pã em incitar o pânico.

Além dos modos óbvios de estabelecer um bom relacionamento com as Dríades, cuidando dos bosques e de suas criaturas, é possível conhecer os seres que vivem nas árvores e moitas de sua propriedade ao estimulá-los com barquinhos de luz das fadas e pequenos sininhos.

❖ ❖ ❖

Para confeccionar barquinhos de luz das fadas, utilize metades de cascas de nozes. Se não conseguir obter as nozes, utilize pequenos pedaços de madeira. Quebre uma vela de aniversário (das fininhas) ao meio. Pingue a cera quente na casca até poder fixar a pequena vela. Prepare uma grande bacia com água e leve para fora de casa, num local onde possa se sentar confortavelmente e observar. Acenda cada vela e coloque os barcos das fadas a flutuar na bacia. Toque as sinetas para atrair ainda mais as Dríades; elas já estarão curiosas. Entoe:

> Aproximem-se, Pequenas, juntem-se a mim em minha diversão
> E seremos amigos tanto à noite como de dia.
> Estranhos recantos buscaremos;
> Explorando a Terra e o céu em fantasia.
> Mostrem-me o poder dos elementos,
> Ingredientes da antiga sabedoria
> Para fazer encantos, poções e magia.
> E serei amigo sincero de vocês.

Sente-se em silêncio e tente ouvir estranhos ruídos provenientes das folhas das árvores. Logo sentirá a presença das Dríades. Elas gostam de brincar em seu cabelo. Se tiver alguma planta adoecida, dentro ou fora de casa, peça sua ajuda para curá-la e cuidar dela. Uma vez que os barquinhos estão na água, é possível permitir que as velas se apaguem por si.

Proteção Contra o Fogo

O Deus romano Vulcano, por vezes chamado de Volcanus, era conhecido como um artesão rude e prático. Outro de seus títulos era o Ferreiro Divino. Dizia-se que suas forjas estavam sob o Monte Etna ou o Vesúvio, ou ambos. Por ser um ferreiro, Vulcano atendia pedidos de proteção contra o fogo, algo que um ferreiro deveria saber controlar.

Representado como um homem barbado trajando uma curta túnica e um chapéu, Vulcano era o consorte de Maia, mãe dos riachos e Deusa da Terra. Próximo de si ele mantinha um malho, uma tenaz e uma bigorna. Vulcano era a divindade do relâmpago, do fogo, das batalhas, ferreiros, trovão, vulcões, artesãos, joalheiros e mecânicos. Era também um mago dos metais e gemas. Se possuir algum problema pessoal com fogo, não importa o quão pequeno possa ser, pode ser necessário ter que conversar com Vulcano. Isso também se aplica se existir um incendiário à solta em sua comunidade. Inclua aqui qualquer criança da vizinhança que goste de brincar com fósforos.

Vulcano

✦ ✦ ✦

Para começar, limpe psiquicamente sua casa andando no sentido horário em cada cômodo, espargindo um pouco de sal consagrado em cada canto. Para consagrar o sal, segure-o com uma mão e coloque a outra por sobre ele. Peça aos Deuses que tornem sua casa espiritualmente limpa.

Acenda uma vela vermelha e ao lado dela coloque um martelo. Você provavelmente possui um pequeno martelo em casa, nem que seja um martelinho culinário; também serve. Voltado para o Sul, a direção dos Elementais do Fogo, bata o pé três vezes contra o chão e aponte suas mãos para baixo, na direção da Terra. Era dessa forma que os gregos contatavam os Deuses do Submundo. Diga:

>Vulcano, Deus da forja e da chama,
>Ouça-me chamar o seu nome.
>Afaste o fogo e a destruição.
>Mantenha-me livre dessa dilaceração.

Apanhe o martelo e golpeie levemente a mesa três vezes. Se achar conveniente, ponha um bloco de madeira ou uma tábua de cortar sobre a mesa para evitar danos. Diga:

>Elementos do Sul,
>Pequenas criaturas da chama e do fogo,
>Cuidem bem desta casa, eu lhes peço.
>Amizade é o que desejo.

Apanhe o martelo e bata no ar três vezes, em direção ao Leste. Diga:

>Desapareçam todos aqueles
>que causam problemas com o fogo.
>Se humano for, que a polícia o apanhe.
>Se entidade sobrenatural, Vulcano cuidará de vocês!

Repita isto voltando-se para o Sul, o Oeste e o Norte. Bata na mesa três vezes com o martelo. Diga:

>Vulcano do martelo flamejante,
>Que haja paz e harmonia entre nós.
>Eu honro seu fogo provedor de vida,
>Mas não quero seu aspecto destrutivo em minha casa.
>Honra ao Deus Vulcano! (Bata o martelo três vezes.)

Deixe que a vela queime completamente em um lugar seguro.

Trabalhando com as Nêmesis

Nêmesis, chamada também de Adrasteia (a inevitável), era representada com uma grinalda na cabeça, uma maçã em sua mão esquerda e um jarro na direita. Era a Deusa do destino e da fúria divina contra os mortais que desrespeitavam leis morais ou tabus. Nêmesis era uma força rápida e implacável, representando a aceitação daquilo que deveria ser. Por vezes, ela pode interceder junto à deidade do Destino, Átropos, para permitir uma vida mais longa.

Geralmente, temos alguém em nossa vida que representa um verdadeiro desafio para nós. Podemos chamar essas pessoas de "nossa Nêmesis", o que não é correto. O problema, no entanto, pode cair nas mãos de Nêmesis para que seja sanado. Ela pode solucionar ou remover problemas interpessoais, desde que não sejamos nós mesmos as suas causas. Se estivermos contribuindo para o desequilíbrio, ela se afastará e fará com que nós o solucionemos. Portanto, antes de chamar por Nêmesis, certifique-se de que você realmente aceita sua parcela de responsabilidade.

Use uma vela preta para Nêmesis, untando-a da base ao pavio com óleo de patchouli ou de laranja. Isso ajudará a criar um equilíbrio ou a trazer sua vida de volta ao equilíbrio. Coloque uma maçã fatiada num pires perto da vela. Acenda a vela e sente-se frente a ela. Explique tudo sobre seu problema interpessoal à Deusa, com suas próprias palavras. Diga a seguir:

> A mão de Nêmesis equilibra a balança da justiça.
> Ela desembaraça os fios tramados pelo Destino.
> Livre-me do peso deste problema, Grande Nêmesis.
> Guie-me para a solução.
> Se a harmonia é impossível, faz com que nos separamos.
> Desembaraça o fio da minha vida, Nêmesis.
> É o que lhe peço com um coração sincero.

Permaneça sentado em silêncio e ouça sua mente. Meditar agora pode acalmá-lo e trazer possíveis soluções. Pode até ser que receba mensagens para tomar decisões e levá-las a cabo. Ouça, mas contemple tudo com lógica. Algumas soluções podem ser excessivamente drásticas e dolorosas para que sejam implementadas. Nesse caso, peça uma solução alternativa para o problema.

Ganesha, o Removedor de Obstáculos

Uma das mais populares divindades hindus, Ganesha, é alvo de apreço e amor. Conhecido como o Senhor dos Obstáculos, Ganesha é retratado como um pequeno homem barrigudo de pele amarela, com quatro braços e uma cabeça de elefante com apenas um marfim. Ele cavalga um rato. Seus títulos são "Cara de Elefante" e "Deus dos Escribas e Mercadores".

Por ser sábio, responsável e conhecedor das escrituras, Ganesha é invocado antes de cada empreitada para garantir sucesso. Ele pode remover o mais intransponível dos obstáculos.

Durante o festival de Ganesha, em agosto, chamado de *Chauti*, flores e pratos de arroz são depositados perante suas estátuas. Diz-se que se Ganesha for cultuado nesse período, seus desejos serão realizados.

Ganesha rege a sabedoria, a boa sorte, literatura, livros, escrita, sucesso mundial, prosperidade, paz, inícios, empreitadas bem-sucedidas, viagens, construção, suplantar obstáculos e controlar forças perigosas.

Essa deidade representa a combinação da força com a astúcia.

✦ ✦ ✦

Para este ritual será necessário: uma vela amarela e uma vermelha; flores (frescas ou um belo buquê artificial); uma estátua de um elefante e/ou uma estátua ou gravura de Ganesha; uma oferenda de sândalo em pó. Se desejar ser realmente autêntico, tenha à mão uma pequena quantidade de arroz cozido para servir como oferenda ao Deus. Providencie também um pequeno pedaço de papel e um lápis.

Mostre as flores e o arroz à figura ou estátua de Ganesha. Queime um pouco do pó de sândalo em seu incensário. Curve-se diante da estátua com suas mãos unidas, as pontas dos dedos tocando sua testa.

> Regozijem, pois esta é a época de Ganesha!
> Senhor dos Obstáculos, vem a galope para seu festival.
> Com sua ajuda, posso obter sucesso completo.
> Eu o saúdo, Ganesha.
> Todos os obstáculos da minha vida são removidos.
> Eu regozijo com sua presença, Ganesha.
> Boa sorte e novos recomeços se derramam sobre mim.
> Eu te louvo, Ganesha.
> Eu regozijo! Pois a boa sorte e as mudanças se aproximam!

Acenda as velas amarela e vermelha. Alcance Ganesha com seu coração e diga a ele que obstáculos estão obstruindo sua trilha para o sucesso. Ouça cuidadosamente e com fé, pois Ganesha pode apontar um novo caminho a ser seguido que eventualmente será mais proveitoso do que aquele em que insistia em seguir. Ele pode lhe mostrar que você é quem estava criando os obstáculos por qualquer motivo.

Escreva aquilo que deseja atingir e ponha o papel sob a estátua de Ganesha ou do elefante. Diga:

> Deus risonho da criatividade,
> Divindade amorosa e cuidadosa,
> Com prosperidade, paz e sucesso,
> Abençoe minha vida, é o que peço.
> Vire a roda da vida,
> Para que a mudança positiva possa ser sentida.

Curve-se perante Ganesha mais uma vez, com as pontas dos dedos de suas mãos unidas tocando sua testa. Apague as velas. Repita o ritual por mais dois dias; no último dia, deixe que as velas queimem por completo. Deixe a estátua e o papel onde estão por três dias. Seus desejos só precisam ser escritos uma vez.

Ilmatar, a Criadora

– Lua Crescente –

A Deusa ugria-finlandesa Ilmatar era a filha virgem de Air. Ela possuía imensos poderes criativos e era conhecida como a Mãe da água, Filha da Natureza e Mãe dos Céus. As lendas dizem que Ilmatar criou o mundo e gerou o primeiro grande herói, Vainamoinen. Esse filho era um grande feiticeiro e mago. Ele inventou a cítara e era um músico tão soberbo que suas melodias domavam os animais selvagens.

Para criatividade e crescimento espiritual: decore seu espaço sagrado com ovos e flores vermelhas. Acenda incenso de canela e uma vela verde-clara. Diga:

Professora de magia e sabedoria,
Ilumine-me.

Guardiã da sabedoria,
Abra-me as portas para os significados rituais.
Paz e satisfação, é o que lhe peço.

Sente-se meditando em silêncio. Sinta-se navegando num barco em um lago tranquilo. Ao seu lado está a Deusa Ilmatar. Ouça com atenção o que ela diz. Fale com ela o quanto desejar. Ao retornar, diga:

Cura, sabedoria, poderes mentais,
Tudo vem de sua criatividade.
Eloquência e autocontrole
É o que lhe peço.
Preciso de orientação e inspiração.
Pois meus motivos são sinceros.
Desejo aprender e expandir minha mente.
Por estes dons eu lhe agradeço.

Para conceber uma criança: decore novamente seu espaço sagrado com pequenas flores e ovos vermelhos. Acenda um incenso de rosa e uma vela cor-de-rosa (rosa é a cor do amor e dos nascimentos, não necessariamente de uma garotinha). Diga:

Mãe das Mães, ouça meu pedido.
Meus braços estão vazios, e meu coração, cheio de amor.
Que meu corpo frutifique com uma pequena criança,
Uma alma que precisa de mim e me ame em contrapartida.
Abençoe essa criança com saúde e perfeição.
Encha meus braços, Mãe das Mães.

Sente-se meditando, em silêncio. Visualize-se sendo erguida ao colo de Ilmatar por seus braços amorosos. Repouse sua cabeça em seu peito. Ouça seu coração carinhoso batendo em solidariedade. Abrace Ilmatar e conte a ela sobre seu profundo desejo por uma criança. Ouça suas palavras de sabedoria e conforto. Dedique o tempo que julgar necessário para se preencher com seu amor e conforto. Ao retornar, diga:

Ilmatar Mãe amorosa e cuidadosa,
Meu coração bate a um tempo com o seu.
Todas as crianças vêm de seu coração.
Eu lhe peço sinceramente para que me confie uma criança.
Essa criança será amada e cuidada,
Pois este é realmente meu desejo.

A Deusa da Oportunidade
– Lua Cheia –

A Deusa romana Ops era a deidade das colheitas, prosperidade e fertilidade. Era também honrada durante a Saturnália (Lua Fria), quando as pessoas trocavam presentes em seu nome no festival, chamado Opália. Bonecas eram também trocadas, representando os recebedores de modo próspero e rico. Para invocá-la, costumava-se sentar no chão e tocar a terra com uma das mãos.

Efetue esse encantamento durante a lua cheia. Acenda incenso de canela ou de cedro. Confeccione um boneco de pano vestido de verde, não precisa ser detalhado, basta que tenha uma aparência humana, deixando uma pequena abertura para inserir o estofamento. Escreva seu nome nele. Forre com camomila, verbena e/ou cebola albarrã, todas secas. Acrescente as ervas várias gotas de óleo de menta e madressilva. Costure, fechando a abertura.

Enquanto suspende o boneco sobre a fumaça do incenso, diga:

Deusa da Oportunidade,
Traga-me as boas coisas da vida.
Estarei alerta a tudo que enviar.
Deusa, ajude-me como amiga.

Repita três, cinco, sete ou nove vezes. O boneco pode ser deixado em seu altar, ser carregado com você, pendurado em seu espelho no quarto ou em seu carro. Se achar necessário, pode renová-lo a cada lua cheia seguindo este ritual.

Rainha dos Sete Submundos
– Lua Nova –

A Deusa Ereshkigal era uma deidade da Mesopotâmia, da Babilônia e da Assíria. Era chamada de "a Rainha do Submundo" e reinava sobre os sete infernos dos Submundos médio-orientais. Como o aspecto da Anciã da Deusa e irmã de Ishtar (Inanna), Ereshkigal regia a magia negra, a vingança, a retribuição, as luas minguante e nova, a morte, a destruição e a regeneração.

Por vezes temos ciência das forças negativas que entram em nossa vida, mas não conseguimos determinar de onde elas vêm. Um ritual para derrubar o mal é necessário em tal situação.

Este ritual surte melhor efeito durante a lua nova. Prepare duas velas pretas ou roxas (bem escuras) em seu altar. Providencie também um espelho de uma só face, um Bastão, cartas de tarô (ou outro instrumento divinatório) e uma foice em Lua (seu Athame ou Espada também servem), além de uma pequena quantidade de cardo consagrado, alecrim e louro, para queimar em um pequeno pote metálico. Se usar carvão para incenso, essas ervas podem ser lentamente atiradas sobre o carvão aceso no momento oportuno do ritual.

✦ ✦ ✦

Acenda um incenso de banimento. Abra o Círculo como de costume. Chame pelos quatro ventos ou quatro elementos para que protejam o Círculo. Ao terminar, fique em pé perante o altar, voltado para o Leste. Erga seus braços em saudação e diga:

> Entre os mundos eu construí este altar sagrado.
> Fora do tempo, este ritual leva ao antigo caminho,
> Onde posso encontrar os Deuses poderosos,
> E conjurara a grande magia. Estejam aqui, eu invoco!

Apanhe o Bastão com sua mão de poder. Erga seus braços esticados sobre o altar e diga:

> O ciclo da Lua se completou mais uma vez.
> A Lua oculta sua luz aos não iniciados.
> Aqueles que seguem o Antigo Caminho sabem
> que seu poder não se foi, nem diminuiu.
> A sabedoria da Mãe obscura está lá
> para todos que realmente a buscam.

Bata no altar três vezes com o Bastão:

> Ouça-me, ó Portadora da Sabedoria.
> Minha voz voa através da noite até você.
> Mostre-me os novos caminhos que devo trilhar
> Para mudar minha vida e renová-la.

Amasse levemente as ervas com seus dedos, erguendo em seguida o pote sobre o altar.

> Trago uma oferenda, bela e preciosa.
> A fragrância se elevará no ar
> Para alcançar seus domínios. Abençoe-me,
> Ó Dama da Lua Obscura.

Acrescente uma pequena quantidade de ervas ao incensário. Continue adicionando pequenas quantidades de ervas durante o restante do ritual. Apanhe a foice com sua mão de poder e o espelho com a outra, afastando o lado reflexivo de você. Volte-se para o Leste; erga o espelho e a foice.

> Eu ordeno que todas as forças malignas e desequilibradas provenientes do Leste retornem a quem as originou.

Volte-se para o Sul:

> Eu ordeno que todas as forças malignas e desequilibradas provenientes do Sul retornem a quem as originou.

Volte-se para o Oeste:

> Eu ordeno que todas as forças malignas e desequilibradas provenientes do Oeste retornem a quem as originou.

Termine voltando-se para o Norte:

> Eu ordeno que todas as forças malignas e desequilibradas provenientes do Norte retornem a quem as originou.

Retorne ao altar e deixe de lado o espelho. Erga a foice dizendo:

> Pelos símbolos da Deusa da Lua, eu peço proteção.
> Eu acredito que através de sua sabedoria e de sua habilidade
> Eu estarei livre de todas as influências negativas.
> Em nome da Senhora da Lua,
> eu peço por novas ideias e recomeços
> E sabedoria e aconselhamento para neles atuar.

Esta é a hora de, em silêncio ou em voz alta, pedir orientação à Deusa da lua nova. Explique a ela o que está ocorrendo em sua vida e para onde gostaria de ir.

Apanhe o Bastão enquanto fica de pé diante do altar e diga:

> Dentro de seus recantos obscuros
> Da Terra e do céu,
> Você muda sua forma e seu rosto,
> Refletidos na Lua acima.
> Cada rosto e cada forma oferecem orientação.
> Sei que isso é verdade.
> Grande Deusa da Lua Obscura,
> Eu a saúdo.

Sente-se, meditando para receber inspiração e esclarecimento. Pratique a seguir adivinhação e encantamentos para controlar ou remover problemas e influências. Se realizar qualquer encantamento, antes de iniciar, diga:

> Senhora Escura da lua minguante,
> Dama dos infernos subterrâneos,
> Dê-me a força para suplantar
> Todos os que se opõem a meus encantos mágicos.
> Dê-me sabedoria e percepção.
> Eu lhe agradeço, Senhora da Noite.

Quando tudo estiver finalizado, erga seu Bastão sobre o altar e diga:

> Pelo fogo espiritual dos Deuses,
> Pela magia do céu, da Terra e do mal;
> Toda a energia deste Círculo se concentra
> Neste encantamento. Assim será.

Feche o Círculo como de costume.

LUA DA COLHEITA

— Setembro —

Também conhecida como: Lua do Vinho, Lua da Cantoria, Lua do Esturjão, Haligmonath (Mês Sagrado), Witumanoth (Mês da Madeira), Lua Quando o Gamo Bate a Pata no Solo

A lua crescente marca o festival de Gauri na Índia. Quando mais próxima do Equinócio de Outono, a lua crescente marcava a Citua, ou Festa da Lua, entre os incas. A lua cheia marcava o Festival do Porco, o qual honrava a grega Deméter e a nórdica Freya.

8 de setembro: no Tibete, o Festival das Águas, honrando regatos e duendes das águas.

10 de setembro: T'wan Yuan Chieh, ou Festival Feminino da Reunião, um festival lunar em honra a Ch'ang-O, na China.

13 – 14 de setembro: Cerimônia de Acender o Fogo no Egito, em honra a Néftis e aos espíritos dos mortos.

18 de setembro: O Chung-Chiu, ou festival chinês da Lua da Colheita, honrando a Deusa lunar Ch'ang-O; aniversário da Lua. Normalmente na lua cheia.

19 de setembro: em Alexandria, no Egito, um jejum de um dia em homenagem a Thoth, Deus da sabedoria e da magia.

21 de setembro: no Egito, Festa da Vida Divina, uma celebração em homenagem à tripla Deusa como Donzela, Mãe e Anciã.

22 de setembro: Equinócio de Outono. Morte de Tiamat na Suméria.

23 de setembro: Festival de Nêmesis, Deusa do Destino, na Grécia.

23 de setembro – 1º de outubro: Festival Sagrado Grego de Nove Dias da Grande Eleusiana.

27 de setembro: Choosuk, ou Festival da Lua, na Coreia do Sul e em Taiwan, o qual honra os espíritos dos mortos. Nascimento de Athena na Grécia.

30 de setembro: Festival de Têmis como governante de Delfos.

✦ ✦ ✦

Septem era o sétimo mês no mais antigo dos calendários romanos. Quando outros meses foram acrescentados ao calendário sazonal, por algum motivo seu nome não foi alterado.

O Equinócio de Outono era e ainda é celebrado por muitas culturas ao redor do mundo. Este mês é o último para colheitas confiáveis no Hemisfério Norte. A vida começa a se desacelerar, preparando-se para os meses inativos que se seguirão. Os fluxos de energia do Equinócio de Outono através do Solstício de Inverno e até o Equinócio de Primavera são mais suaves, mais profundos e mais velados. As deidades da lua nova, que representam o Outromundo, a morte, a reencarnação e os profundos mistérios espirituais, estão agora no controle.

A cerimônia egípcia de Acender o Fogo era um festival geral de luz para todos os Deuses e Deusas. Lanternas de todos os tipos eram colocadas diante das estátuas das divindades. Eram também posicionadas diante das estátuas de ancestrais.

Thoth, uma deidade egípcia, era o Senhor das Palavras Sagradas e inventor das Quatro Leis da Magia. Retratado como tendo uma cabeça de íbis, Thoth era um Deus lunar. Como Mago Supremo, ele possuía controle sobre as energias e os atributos da Lua.

No velho Império Inca, a Citua ocorria durante a lua crescente mais próxima do Equinócio de Outono. Todos executavam um ritual de limpeza e, em seguida, espalhavam em suas faces um creme à base de milho moído. Seguiam-se vários dias de festividades e de danças. Era o festival lunar em honra a Mama Quilla, a Deusa da Lua.

Gauri, a Bela, não é uma Deusa muito conhecida na Índia. Era considerada como um aspecto da Deusa Durga. Gauri era honrada com doces feitos de mel, que eram comidos pelas pessoas para levar doçura à alma.

A mais famosa celebração sagrada deste período do ano era o festival grego chamado de "a Grande Eleusiana". Honrava Deméter, Kore-Perséfone e a criança sagrada Iaca. Ao contrário da Eleusiana Menor, celebrada na primavera, esta celebração tinha a participação apenas dos iniciados, que estavam sob rígido voto de silêncio sobre o que ocorria.

A Deusa grega Têmis era uma Titã, filha de Urano e Gea. Mãe de Atlas e Prometeu, com Zeus ela era também mãe das Horas e das Moiras (Fúrias). Uma vez que era a Deusa da ordem social e da consciência coletiva, os Olimpianos a tinham no mais alto conceito. Portando um par de balanças, Têmis protegia os inocentes e punia os culpados. Ela regia Delfos com sua mãe Gea, mas renunciou em favor de Phoebe, que passou o poder a Apollo.

O festival anual de Yue-ping acontecia na China, da lua crescente até a lua cheia. As pessoas faziam bolos redondos e decoravam com figuras de mulheres ou lebres e árvores. Estes eram chamados de Yue-ping, ou "bolos da Lua". Tais bolos eram presenteados a parentes e amigos.

Os chineses diziam que a Mãe Lua possuía vinte e oito "casas" (*Hsiu*) e passava cada noite em uma casa diferente. Em cada "casa" ela mantinha um herói guerreiro como consorte, que lhe fazia companhia e atendia seus desejos.

Correspondências

Espíritos da Natureza: grupos de fadas.
Ervas: copal, erva-doce, centeio, trigo, valeriana.
Cores: marrom, amarelo-esverdeado, amarelo.
Flores: narciso, lírio.
Essências: estoraque, lentisco, gardênia, bergamota.
Pedras: peridoto, olivina, crisólita, citrino.

Árvores: avelã, louro, lariço.

Animais: cobra, chacal.

Aves: íbis, andorinha.

Deidades: Deméter, Ceres, Ísis, Néftis, Freya, Ch'ang-O, Thoth.

Fluxo de Poder: descanso após a labuta; equilíbrio entre Luz e Trevas. Organizar. Limpar e ordenar problemas físicos, mentais, emocionais e espirituais.

Velhos Ditados e Sabedoria

- Um verso:

  Quando a Lua estiver cheia, podes colher cogumelos em segurança. Mas quando a Lua estiver minguante, espera antes de pensar em puxares novamente.

- Marinheiros acreditavam que se a Lua, no primeiro ou no último quarto, estivesse numa posição quase horizontal com as pontas voltadas para cima, o clima seria bom. Algumas pessoas do campo dizem que o mesmo tipo de Lua significa bom clima por 28 dias.

- Algumas pessoas do campo diziam que o clima estava mais propenso a mudar nos quatro quartos da Lua do que em qualquer outro período.

- Se houver um halo ao redor da Lua ou se for possível ver o contorno entre as pontas da lua crescente ou da minguante, isto é prenúncio de chuva.

- Alguns fazendeiros acreditam que a plantação de mudas e a semeadura devem ser feitas na lua crescente, a não ser vagens que cresçam no sentido anti-horário, que devem ser plantadas durante a lua minguante.

- Uma antiga lenda conta que na Lua estão todas as coisas que se perderam na Terra: tempo desperdiçado, riqueza mal-empregada, votos quebrados, preces não atendidas, lágrimas infrutíferas, desejos não satisfeitos, etc.

Receitas

Molho de Amendoim Dourado

(Tailândia)

- ½ colher (chá) de pimentas vermelhas secas e picadas
- ½ xícara de cebola picada
- 1 colher (sopa) de margarina
- 1 colher (sopa) de suco de limão
- 1 xícara de manteiga de amendoim
- 2 colheres (chá) de curry em pó
- 3 xícaras de água

Doure a cebola na margarina até ficar macia. Acrescente a água e a manteiga de amendoim, mexendo até ficar fino. Adicione os demais ingredientes e sirva quente. Use como molho para frango cozido ou para carne bovina ou de porco. Sirva com arroz com ervas.

Trifle Irlandês

- 1 bolo inglês
- 1 pacote de gelatina de morango (170 g)
- 1 xícara de creme batido
- 1 xícara de suco de frutas ou xerez
- 2 xícaras de castanhas, amêndoas ou nozes
- 2 xícaras de morangos fatiados

Coloque uma camada de pedaços de bolo numa forma. Derrame parte do xerez ou do suco sobre o bolo. Acrescente metade dos morangos e das castanhas. Faça uma segunda camada com esses ingredientes. Prepare a gelatina usando apenas dois copos de água e derrame sobre as camadas. Após endurecer um pouco, cubra com o creme batido. Refrigere de um dia para o outro.

Beterrabas Fáceis em Conserva

Apesar de muitas pessoas apreciarem beterrabas em conserva, as disponíveis prontas no mercado não são saborosas. Eis aqui uma boa receita para pessoas ocupadas.

- ½ xícara de açúcar
- ½ xícara de vinagre de maçã
- 1 lata com beterrabas pequenas

Escoe a água da beterraba em uma panela. Acrescente açúcar e vinagre. Aqueça até que o açúcar se dissolva. Fatie as beterrabas e coloque-as numa vasilha esterilizada com tampa. Derrame o líquido quente sobre elas, tampe e refrigere. Se apreciar ovos em conserva, cozinhe bem alguns ovos e acrescente ao líquido.

Feijões Assados Deliciosos

Já dei esta receita a tantas pessoas nos últimos anos que até perdi a conta. É um prato que exige tempo para ser preparado, mas é sem dúvida a melhor receita de feijões assados que já vi.

- ½ xícara de açúcar mascavo
- ½ xícara de bacon cru picado
- ½ xícara de melaço
- ½ xícara de molho *chili* ou catchup
- 1 cebola média, picada
- 1 colher (sopa) de sal
- 2 ½ xícaras de feijões brancos

Lave e escolha os feijões brancos. Deixe-os de molho de um dia para o outro ou cozinhe-os por 5 minutos em uma boa quantidade de água, deixando de molho a seguir por uma hora. Acrescente o restante dos ingredientes numa caçarola e misture-os aos feijões brancos. Acrescente água quente suficiente para cobrir a mistura. Certifique-se de que há água suficiente para cobrir completamente os feijões brancos durante o cozimento. Cubra e asse a 120 ºC por ao menos 6 horas. É excelente quente ou frio.

Suprema Ambrosia

- 1 caixa de creme fermentado
- 1 lata pequena de abacaxi picado coado
- 1 lata pequena de tangerinas coadas
- 1 xícara de coco em flocos
- 1 xícara de marshmallows pequenos

Misture todos os ingredientes e resfrie. Excelente como sobremesa ou acompanhamento para uma refeição.

Ramo Japonês da Amizade

Esse é um presente original para aniversários, casamentos ou para uma nova casa. Escolha um pequeno ramo de árvore com cerca de 30 cm de comprimento e com vários raminhos. Decore com pequenas florzinhas cor-de-rosa para representar alegria e felicidade. Outros ornamentos podem ser adicionados de acordo com o que deseja para o recebedor: podem ser presos diretamente ao ramo ou colocados em pequenas bolsinhas de tela penduradas nos raminhos. Esses presentes podem servir como relíquias a serem penduradas posteriormente, como pequenos bibelôs decorativos para a casa, ou como itens de magia a serem utilizados em rituais. São símbolos japoneses: peixe ou outro símbolo de alimentos para uma colheita farta ou para fartura de alimento; uma imagem de Buda ou do Deus/Deusa para afastar o mal; dados para boa sorte; dinheiro para riqueza; bonequinhas para crianças. Os japoneses também prendem símbolos que estejam relacionados aos talentos profissionais da pessoa.

Ramo japonês da Amizade

Bolsa de Camurça

São úteis em várias situações, mas especialmente indicadas para o transporte de itens mágicos. Material necessário:

- 1 pedaço de camurça estreito para ser dobrado e servir de alça; se preferir pode usar um macramê ou um cinto.
- 1 pedaço de camurça mais fina, medindo 25 cm, para decorar.
- 2 pedaços de camurça macia, flexível e escura, com 46 cm x 41 cm; se desejar uma aba que cubra a abertura, acrescente 112 cm a apenas um dos pedaços.
- 4 círculos de velcro para usar na aba.
- Cola forte própria para uso em camurça.
- Linha e agulhas adequadas.
- Papel-carbono, lápis e tesouras afiadas.

Com as faces certas voltadas uma para a outra e com bordas de 0,5 cm, cole as duas peças de camurça em três lados, deixando a parte superior aberta. Se estiver fazendo o modelo com aba, certifique-se de que a aba fique na parte superior. Quando a cola estiver completamente seca, costure os três lados com linha resistente. Costure novamente dentro dos limites da borda para reforçá-las.

Vire 2,5 cm da borda superior do avesso e cole. Se estiver fazendo o modelo com aba, esta parte não é necessária.

Agora vire a bolsa do avesso, dessa vez com o lado certo para fora e prenda a alça. Se for usar macramê, será necessário pôr ilhoses metálicos no alto das partes laterais da bolsa. Uma alça de camurça ou um cinto pode ser preso através de costura ou de rebites.

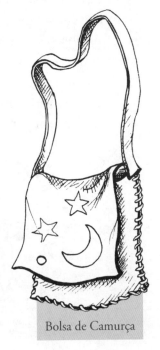

Bolsa de Camurça

Desenhe seu motivo de decoração, lua, estrelas, iniciais, na camurça mais fina. Corte cuidadosamente esses desenhos e alinhe--os em um ou nos dois lados da bolsa. Cole-os na posição correta.

Para prender os fechos da aba, decida quanto da frente da bolsa deseja que a aba cubra. Deixe-a suficientemente solta no topo para que você possa encher a bolsa. Prenda o velcro de cada lado da aba no lado interno. Lembre-se que cada pedaço de velcro tem seu oposto, portanto, deixe-os presos um ao outro! Prenda os outros dois pedaços de velcro na aba. Em seguida, prenda os opostos dos velcros na parte externa frontal da bolsa para que combinem.

Colônia Antiga da Índia

- ¼ de colher (chá) de canela
- 1 colher (chá) de extrato de cumaru
- 1 gota de óleo de limão
- 1 gota de óleo de oleandro
- 125 ml de álcool
- 30 g de glicerina
- 30 g de pó de sândalo
- 500 ml de água destilada

Mitos

Ch'ang-O, Deusa Lunar Chinesa

No princípio, Ch'ang-O (por vezes chamada de Heng-O) era a esposa de Yi, o Excelso Arqueiro. Seu marido era conhecido por ter derrotado os dez sóis das eras primitivas, quando estes decidiram surgir ao mesmo tempo para torrar a Terra. Como recompensa pelo seu feito, os Deuses deram a Yi uma bebida que lhe concederia a imortalidade. Em vez de beber a poção, Yi escondeu a garrafa e partiu para passar a maior parte do seu tempo em outros lugares. Ch'ang-O começou a ficar impaciente devido à sua solidão e às ordens severas de Yi. Ela era poderosa por si só, mas nunca podia exercitar seus poderes. Então, ela apanhou a garrafa da imortalidade e bebeu o seu conteúdo.

Lebre na Lua

Por fim, Yi retornou de uma de suas longas viagens e encontrou a garrafa vazia. Ele imediatamente deduziu o que ocorrera. Para que ela não se tornasse imortal e capaz de usar seus poderes, Yi decidiu matá-la. Ele apanhou sua espada, mas Ch'ang-O fugiu. Ela conseguiu escapar para a Lua, onde pediu proteção à Lebre que lá vive. Yi a seguiu até lá, decidido a matá-la. A Lebre lutou e derrotou Yi, demovendo-o, a seguir, de seu desejo de vingança. Ch'ang-O não confiou na promessa de Yi de não a atacar quando voltassem para casa e assim decidiu continuar a viver com a Lebre na Lua.

A Morte de Tiamat

No épico mesopotâmico da criação, tudo se inicia do caos aquático. Apsu, a água doce que origina rios e riachos, e Tiamat, o mar ou as águas salgadas, combinaram seus poderes para criar o Universo e os Deuses. Apsu não gostou do que seus filhos estavam fazendo e decidiu conspirar contra eles. As crianças-Deuses descobriram seu plano de assassiná-las e enviaram o Deus Ea para matar seu pai. Tiamat não apoiava os planos de Apsu de destruir seus filhos, mas diante da morte de seu esposo, ela passou a lutar contra eles.

A Deusa encontrou outro companheiro, Kingu, com quem gerou milhares de monstros para ajudá-la. As crianças-Deuses temiam lutar contra Tiamat, até que Marduk, filho de Ea, decidiu lutar contra ela. O restante dos Deuses rebentos prometeram a Marduk que, em caso de vitória, ele seria coroado o rei dos Deuses.

Marduk teceu uma rede e apanhou Kingu e todos os monstros. Ele os acorrentou e os atirou ao Submundo e então partiu para matar Tiamat. Com metade do corpo dela ele fez o Céu e com a outra metade a Terra. Os humanos foram criados a partir do sangue de Kingu. Marduk criou em seguida uma habitação para os Deuses no Céu, fixou as estrelas nos céus e regulou a duração do ano.

Marduk destrói Tiamat

De um modo ou de outro, os mares e a Lua sempre estiveram interligados. Tiamat pode muito bem ser a representação da Deusa tríplice lunar, cujo culto foi sobrepujado e substituído pelos seguidores do Sol. Isso explicaria os créditos dados a Marduk por ter regulado a duração do ano. Originalmente, os mesopotâmicos, como tantas outras culturas, utilizavam o calendário lunar.

Thoth, o Deus-Sol Egípcio

O Deus egípcio Thoth era conhecido como o Senhor dos Livros do Conhecimento, o Ancião e o Senhor das Palavras Sagradas entre outros títulos. Ele criou a si próprio, o que significa que veio ao mundo sem pais. Os egípcios consideravam essa deidade como o criador dos hieróglifos e dos números. Seus poderes eram superiores até mesmo aos de Osíris ou de Ra, o que o torna o primeiro e o maior entre os magos.

Thoth possuía uma cabeça de íbis e usava um disco lunar e uma crescente (ambos símbolos lunares) em sua cabeça; portava a pena e a palheta de um escriba.

Seu maior templo e centro em Hermópolis Magna, no Alto Egito, era um dos maiores centros culturais do mundo. Seus Sacerdotes ensinavam que Thoth criava com o simples som de sua voz. Numa cripta sob o templo principal eram mantidos seus livros sagrados de magia, abertos apenas para seus discípulos. Os gregos e, posteriormente, outras raças, traduziram esses livros através dos trabalhos de Hermes Trismegisto e de *O Caibalion*. Outro importante templo de Thoth ficava no Baixo Egito, em Hermópolis Parva. Ele possuía duas esposas, Seshat e Nehmauit.

Thoth auxiliou Anúbis, Ísis e Néftis a embalsamar Osíris, após este ter sido assassinado por Set. Posteriormente, quando Ísis e seu filho Hórus se escondiam nos pântanos de Buto, Thoth mais uma vez veio em seu auxílio e curou Hórus de terríveis doenças. Durante a grande batalha entre Hórus e Seth, Thoth atuou como uma espécie de árbitro, curando ambos de seus terríveis ferimentos. Quando o conselho dos Deuses finalmente declarou Hórus como o governante de direito do Egito, Thoth tornou-se seu grão-vizir, governando posteriormente em seu lugar, quando Hórus abdicou do poder terreno.

Thoth

Rituais

Festa da Vida Divina

A festa egípcia da Vida Divina era uma celebração anual da Lua e das águas vitais que acreditavam virem dela. Os egípcios acreditavam que os porcos eram criaturas impuras, mas sacrificavam um à Lua neste período. Uma vez que os porcos são associados à Anciã da lua nova, questiona-se se isto também era parte da crença dos egípcios.

Tanto Ísis quanto Osíris estavam associados à Lua. Ísis significa, literalmente, "umidade" e diz-se que Osíris subiu à Lua em sua ressurreição. Em outro festival egípcio, uma procissão marchava até a praia ou margem do rio. Os Sacerdotes portavam uma caixa sagrada na qual havia um pequeno barco de ouro. Dentro desse barco, colocava-se água fresca, enquanto todos gritavam "Osíris foi encontrado". À água eram adicionadas especiarias e dava-se à mistura a forma de uma crescente.

Entretanto, a vida divina é mais comumente associada à Deusa Tríplice. Essa tríade de Deusas era conhecida por muitas culturas ao redor do mundo sob muitos nomes. Para os gregos, a tríade era Perséfone, Deméter e Hécate. Para os romanos, Prosérpina, Ceres e Hécate. Para os celtas irlandeses, a Deusa Tríplice era Morrighan (ela própria tríplice), mas também Anu ou Danu, Badb e Macha. Em Gales, o trio consistia de Blodeuwedd, Arianrhod e Cerridwen.

✦ ✦ ✦

Se utilizar esta celebração como parte de outro ritual, abra seu Círculo como de costume. Material necessário: velas amarela e verde e um Caldeirão. Após abrir o Círculo e chamar os guardiões direcionais, diga:

> A colheita se completa.
> Agora toda a vida repousa
> antes da chegada do inverno.
> Luz e trevas se equilibram.
> Este é o período de agradecer à Deusa Tríplice.

Acenda as velas amarela e verde com as velas do altar. Cuidadosamente, leve as velas verde e amarela ao redor da área ritual, iniciando e terminando no Leste, no sentido horário. Em cada direção dos elementos, pare e diga:

Eu trago a colheita deste ano.
Abençoe esta safra, ó Senhoras da Vida Divina.

Apoie as velas sobre suportes no altar. Bata no Caldeirão três vezes com seu Bastão e diga:

Da vida surge a morte.
Da morte novamente surge a vida.
O Universo e tudo nele contido observam este ciclo,
Eternamente terminando, eternamente renovando.
Assim é com todos os humanos,
Tanto no físico como no mental.
Removam todas as sementes
dos pensamentos negativos que eu tenha plantado.
Que eu colha apenas as sementes
dos pensamentos que me tragam alegria e abundância.
Ensinem-me a buscar coisas melhores.
Por isso eu honro e louvo
A Deusa Tríplice da Vida Divina.

Agora é um momento indicado para orientação e aprendizado por meio de técnicas divinatórias. Meditação, visando receber instruções, também é válido. Feche o Círculo.

Festival da Lua da Colheita

– *Equinócio de Outono* –

O Festival chinês da Colheita honrava a Deusa lunar Ch'ang-O. A Lua sempre esteve associada aos poderes psíquicos e à adivinhação. Os magos chineses usavam bastões de salgueiro, bonecos de cera, adivinhação através da água, geomancia, bastonetes de milefólio e espelhos mágicos. Tais espelhos eram decorados em suas bordas com unicórnios, animais que representam os quatro lados do Universo e outros seres míticos. O *I Ching* (*Livro das Mutações*) é ainda hoje utilizado.

✦ ✦ ✦

Este ritual funciona melhor durante a lua cheia. É a consagração e a bênção dos instrumentos divinatórios. Pode ser incluído como parte de seu ritual normal. Acenda incenso de lótus ou de cravo. Tenha à mão uma pequena quantidade de louro, pinho e artemísia picados num pires e algum incensário ou pote onde queimar essas ervas.

Posicione seu Caldeirão sobre o Pentagrama no centro do altar e, de ambos os lados dele, acenda uma vela branca ou prateada. Coloque as cartas de tarô, as runas ou outro instrumento divinatório dentro ou sobre o Caldeirão junto a um pequeno ímã e uma peça de prata.

Com seu Bastão, circule por três vezes o Caldeirão enquanto entoa:

Venha, Hécate, sábia e antiga!

Venha, Ch'ang-O, brilhante e audaz!

Venha, Grande Pã, da verde floresta!

Venha, Ártemis, rainha dos bosques!

Abençoem este (nome do objeto divinatório)
com a antevisão do futuro.

Clamo por sua ajuda nesta noite.

Remova os instrumentos divinatórios do Caldeirão e deixe-os no altar. Toque-os três vezes com o Bastão. Passe-os vagarosamente pela fumaça do incenso.

Queime pequenas quantidades de ervas enquanto lê as cartas ou lança o I Ching, ou qual técnica divinatória que preferir utilizar. Todos os instrumentos divinatórios devem ser guardados enrolados em seus próprios panos ou sacos especiais quando não estiverem em uso.

A Themis Oracular

Themis é uma antiquíssima Deusa da justiça, conhecida pelos romanos como Justicia. Juramentos eram prestados em seu nome ao se trajar seu sagrado manto púrpura. Ao prestar juramento deste modo, a pessoa dizia que, caso omitissem a verdade, a Deusa poderia matá-la.

Filha de Urano e Gea, mãe de Atlas e Prometeu, de Zeus ela gerou as Horas e as Moiras. Era a conselheira de Zeus e respeitada por todos os Olimpianos. Carregando uma balança, ela representava outra forma da Mãe Terra, personificando a lei e a ordem. Themis protegia os inocentes e punia os culpados. Assim como a estátua da justiça de hoje, Themis foi vendada, enquanto em eras antigas ela podia ver o passado, o presente e o futuro.

Themis

Essa era a Deusa da consciência coletiva e da ordem social, da lei espiritual divina, paz, ajuste de divergências, justiça, encontros sociais, juramentos, sabedoria, profecia, ordem, nascimentos, cortes e juízes. Foi também a inventora das artes e da magia.

❖ ❖ ❖

Execute este ritual na lua crescente ou cheia. Acenda incenso de jasmim ou de lótus. Deite suas cartas ou o que tenha planejado utilizar em seu altar. Encha um Cálice com suco vermelho escuro ou vinho e deixe-o próximo ao seu local de trabalho. Acenda duas velas roxas, uma de cada lado do Cálice. Erga suas mãos sobre seus instrumentos divinatórios e diga:

Deusa da Lua e da Magia,
Deusa dos Mistérios,
Mostre-me a resposta que venho buscando,
Revele-me todos os destinos.

Beba três goles da bebida. Embaralhe suas cartas e deite-as da maneira que lhe aprouver. Após terminar o processo divinatório, levante-se, erga os braços e diga:

Honra àqueles que me ajudaram.
Agradeço livre e sinceramente.
Sua orientação será para sempre apreciada e aceita.
Assim seja.

As velas não precisam queimar até o fim, podendo ser reutilizadas para outros rituais divinatórios.

Anuket, a Doadora da Vida
– Lua Crescente –

O nome dessa divindade era grafado como Anuket, Anqet ou Anukis. Conhecida como "aquela que Aperta", ela era a Deusa das Cataratas do Nilo. Seu símbolo era a concha do cauri, um antiquíssimo símbolo da Grande Deusa. Assim como muitas outras Deusas egípcias, acreditava-se que Anuket havia-se originado de si própria. Como a segunda esposa do Deus Khnemu (uma divindade lunar), ela possuía uma morada especial na ilha de Seheil. Era também cultuada em Elefantina, assim como Khnemu.

Por vezes era representada como uma mulher vestindo uma grande coroa emplumada, outras vezes possuindo quatro braços. Esses quatro braços representavam a união dos princípios masculino e feminino.

Anuket pode ser chamada para abençoar e dar as boas-vindas a um novo bebê ou filhote de animal. Ela era chamada de "a Doadora da Vida", tanto de humanos como de animais. As primeiras formas da lua crescente são um excelente período para bênção e recepção familiar a uma nova criança ou animal. Apesar de este ritual ter sido escrito para uma criança, é possível utilizá-lo praticamente do mesmo modo para animaizinhos.

✦ ✦ ✦

Prepare um altar em miniatura numa mesa. Use uma toalha branca ou rendada. Coloque duas velas brancas ou prateadas sobre a mesa. Numa bela vasilha, derrame um pouco de água fresca e adicione algumas pétalas de rosa; coloque essa vasilha no centro do altar, entre as velas. Deixe seu sistro à direita da vasilha e a *Ankh* à esquerda. Acenda incenso de rosas. Pode deixar um vaso com flores coloridas ao lado. Coloque também um Cálice com leite ou suco ao lado da vasilha de água. Se preferir, um Cálice pode conter leite para a criança (ou animal) e o outro, suco ou vinho para os participantes.

Apanhe a criança em seus braços e segure-a de frente para o altar. Diga:

> Eu apresento este(a) filho(a) de (nomes dos pais) aos Antigos Deuses.
> Anuket, Deusa da vida, eu lhe peço, abençoe-o(a).

Toque levemente a testa da criança com a *Ankh*.

> Abra seus olhos para a eterna verdade da Existência.
> Oriente-o(a) pela trilha espiritual que deverá seguir.

Passe a criança a um dos pais. Erga a vasilha de água com pétalas de rosa, dizendo:

> Estas são as águas sagradas de Anuket.
> Que Anuket sempre guie e proteja esta criança.

Recoloque a vasilha no altar. Molhe a ponta de seu indicador e toque a testa da criança, depois a boca e o coração.

> Seja bem-vindo(a), pequeno(a). Você é amado(a).
> A Deusa o(a) ama. Nós o(a) amamos.
> Bem-vindo(a) a este mundo.

Faça com que um dos pais leve a criança ao seu lado, enquanto o outro carrega a *Ankh*, caminhando no sentido horário ao redor da sala, iniciando no Leste e parando em cada direção. Apanhe o sistro com sua mão de poder e balance-o três vezes diante de cada direção. A pessoa que estiver segurando a *Ankh* deverá erguê-la em apresentação em cada direção.

Dirija-se ao Leste e diga:

Forças do Ar, Deidades do Leste,
Concedam a esta criança sabedoria e o verdadeiro conhecimento.

Volte-se para o Sul. Diga:

Forças do Fogo, Deidades do Sul,
Concedam a esta criança crescimento espiritual,
de acordo com o Antigo Caminho.

Volte-se para o Oeste. Diga:

Forças da água, Deidades do Oeste,
Concedam a esta criança tranquilidade, espiritual e emocional.

Termine agora, voltando-se para o Norte. Diga:

Forças da Terra, Deidades do Norte,
Concedam a esta criança prosperidade e bem-estar.

Retorne ao altar e, de pé, diante dele, deposite o sistro e a *Ankh*. Apanhe o Cálice de leite. Diga:

Anuket, doadora de vida, cuide dessa criança.
Mantenha-a em suas mãos suaves,
Protegendo-a e orientando-a por todos os dias de sua vida.

Dê um pouco do leite para que a criança beba. Se for pequena demais para beber, molhe a ponta de seu dedo indicador no leite e coloque na boca da criança.

Vocês, (nomes dos pais), prometem perante Anuket,
que amarão e cuidarão desta nova vida
que ela colocou aos seus cuidados?

Pais respondem:

Sim.

Apanhe o Cálice de suco ou vinho. Diga:

Regozijem, pois Anuket abençoa a todos.
Bebam deste Cálice e selem seu pedido à Deusa.

Primeiro os pais, depois todos os demais presentes, tomam um gole do vinho ou suco.

Deméter, A Mãe Protetora
- Lua Cheia -

A Deusa Deméter era uma Mãe Terra, a Deusa do Milho, a Mãe Pranteante. As pessoas a honravam ao usar guirlandas de flores enquanto marchavam pelas ruas, geralmente descalças. Frutas e grãos da estação eram transformados em banquetes. Acreditava-se que pisar na terra descalço aumentava a comunicação entre os humanos e a Deusa.

Para os gregos, Deméter era a criadora do tempo e a responsável por sua medição em todas as formas. Seus Sacerdotes eram conhecidos como "Filhos da Lua". Essa Deusa era representada como uma matrona com belos cabelos, trajando um robe azul e portando um feixe de trigo. Era coroada com espigas de milho ou com fitas e segurava um cetro. Os gregos diziam que Deméter lhes deu as primeiras sementes de trigo, ensinou-os a cultivar o solo e como produzir pão com os grãos. Ela instituiu os Mistérios Eleusianos.

Deméter era a protetora das mulheres e uma divindade do casamento, maternidade, amor materno e fidelidade. Ela regia as colheitas, o milho, o arado, iniciações, renovação, renascimento, vegetação, frutificação, agricultura, civilização, lei, filosofia da magia, expansão, alta magia e o solo.

A Deusa Potnia de Creta era muito similar às Deusas gregas Deméter, Hera e Rhea. Potnia era chamada de *Magna Mater*, "a Senhora" e "Senhora do Labirinto". Ela era a principal Deusa minoica. Seus símbolos eram o machado duplo, o pilar e a cobra. É muito provável que Potnia possuísse um santuário dentro do próprio labirinto minoico, assim como templos principais em Kyclonia, Phaistos, Mallia e Zakro. Ela possuía um jovem filho/consorte chamado Velchanos, que "morria" a cada ano no outono e "renascia" a cada primavera, do mesmo modo que Perséfone.

Deméter, Perséfone
e um jovem

Neste ritual, use incenso de sândalo, olíbano, cássia ou pinho. Será necessário um Bastão decorado com fitas coloridas, uma cesta de vime para depositar o Bastão, um sino e uma maçã.

Abra o Círculo como de costume, visualizando-o circundado por um círculo de fogo. Chame os quatro ventos para montarem guarda.

Fique de pé diante do altar, voltado para o Leste. Erga seus braços em saudação e diga:

> Entre os mundos eu ergui este altar.
> Fora do tempo, este rito conduz ao antigo caminho,
> Onde poderei encontrar Deméter do grande Olimpo,
> E conjurar alta magia. Apareça, eu ordeno.

Coloque o Bastão decorado na cesta de vime e leve-a para o Leste. Diga:

> Perséfone retorna ao Submundo.
> Não pranteia, Mãe Terra,
> Pois a Criança Divina do Amor está aqui.

Vire a cesta para o Sul. Diga:

Perséfone retorna ao Submundo.
Apesar de a luz enfraquecer; Ela retornará à Terra.

Vire a cesta para o Oeste. Diga:

Perséfone retorna ao Submundo.
O frio do inverno se aproxima,
Mas apenas por um breve período.

Termine voltando a cesta para o Norte e diga:

Perséfone retorna ao Submundo.
A Terra permanecerá em repouso
Até que a luz de seu Filho Divino
Torne a se fortalecer e brilhe sobre nós.

Posicione a cesta no chão diante do altar. Toque o sino três vezes. Apanhe a adaga ritual com sua mão de poder e a maçã com a outra. Diga:

Revele-me seus segredos ocultos
Para que eu possa compreender seus Mistérios Sagrados.

Corte a maçã na horizontal para revelar o Pentagrama em seu interior. Contemple esse símbolo sagrado por alguns instantes. A seguir, diga:

Na vida está a morte, na morte está a vida.
Tudo deve obedecer à sagrada dança do Caldeirão,
Era após era, para morrer e renascer.
Ajude-me a lembrar que cada início tem um fim
E que cada fim traz um novo início.

Morda um pedaço da maçã. Deixe o restante para posteriormente compartilhar com os passarinhos. Diga:

Sagrada Mãe Deméter, conforte-me e proteja-me
em meus períodos de dificuldades.
Instrua-me nos Mistérios.
Você e sua filha Perséfone possuem o poder
para conduzir-me a um novo entendimento.

A Grande Mãe Dragão
– *Lua Nova* –

A Deusa Tiamat do Oriente Médio era a Deusa do abismo primitivo. Seus seguidores a chamavam de "a Dragão Fêmea", por vezes maligna, por vezes boa. Era representada como parte animal, parte ave, parte serpente. Marduk tomou para si suas sagradas Tábuas do Destino. Ela regia a destruição, a vingança, a disciplina cármica, a água salgada, a guerra, o mal, o desespero, a magia negra, a morte, a regeneração e os rituais.

Conhecer a Mãe Obscura é uma necessidade se desejamos crescer espiritualmente. Temos que nos livrar do temor programado que nos foi incutido e perceber que ela é mais do que apenas a morte do corpo. A Mãe Obscura nos auxilia com o carma, a autodisciplina e o desespero. Tiamat pode nos auxiliar no desespero ao mostrar o que ocasionou os problemas que nos afligem (normalmente trazidos de encarnações passadas) e o que o futuro pode nos reservar se nos desviarmos, ainda que levemente, de nosso caminho.

Para contatar Tiamat, a Mãe Obscura, acenda três velas pretas untadas do pavio à base com óleo de glicínia. Posicione as velas num padrão triangular, com duas na base e uma no topo. Acenda incenso de sândalo. Se possuir uma estátua de dragão, especialmente se for preta, coloque-a ao lado das velas. Vista-se de preto ou com túnicas bem escuras. Segure um pedaço de cristal em suas mãos enquanto se senta diante das velas acesas. Diga:

> Dragão dos abismos escuros,
> Mãe da magia negra, da regeneração,
> Auxilie-me a aprender a disciplina,
> Para que meu caminho cármico seja suave.
> Erga sua mão contra os inimigos perigosos.
> Conduza-me ao conhecimento dos verdadeiros rituais.

Leve o cristal à sua terceira visão, no centro de sua testa. Feche seus olhos e observe o agitado fluxo de imagens. Pode ser que veja cenas de vidas passadas que o estejam influenciando no presente. Não tente ver nada, deixe as imagens fluírem. Ao terminar, de pé, diante das velas, erga seus braços mostrando o cristal em uma das mãos. Diga:

> O Sol é escuro em seus domínios,
> E mesmo assim ele brilha, numa luminescência refletida,
> Para me dar a compreensão, fortalecer minha fé,
> E confortar-me na noite mais escura.
> Não há fim para a vida e o crescimento
> A não ser que a alma e a mente morram.
> Para a verdade, o conhecimento e a abertura.
> Diante de mim mãos gentis se abrem
> Em compaixão e carinho.
> Ó Grande Mãe Obscura, abençoe minha alma.

Apague as velas. Durma com o cristal sob seu travesseiro por sete dias. Preste muita atenção aos seus sonhos e às coisas que lhe são ditas no dia a dia durante esse período.

LUA DE SANGUE

— Outubro —

Também conhecida como: Lua da Colheita, Lua do Derramamento, Winterfelleth (Aproximação do Inverno), Windennanoth (Mês da Vindima), Mês da Folha Caída, Mês dos Dez Frios, Lua da Mudança de Estação

Lua cheia: Festival de Ciuateotl, a Deusa mulher serpente; astecas e toltecas. Lua cheia: o Disirblot, ou Disablot, de Freya, marcava o início do inverno para os nórdicos.

7 de outubro: é o Ano Novo da Suméria, em honra a Deusas como Ishtar e Astarte.

11 – 13 de outubro: a Thesmophoria, festival exclusivamente feminino em honra a Deméter e a Kore na Grécia.

12 de outubro: Fortuna Redux, uma celebração às Jornadas Felizes, em Roma.

14 de outubro: Durga Puja, ou Dasain, no Nepal, Bangladesh e Índia, em honra à vitória da Grande Mãe Durga sobre o mal.

15 de outubro: em Roma, purificação da cidade.

16 de outubro: Lakshmi Puja, ou Diwalii, o Festival das Luzes, na Índia; Lakshmi.

18 de outubro: a Grande Feira dos Cornos na Inglaterra, homenageando o Deus Cornífero.

21 de outubro: Dia de Orsel ou Ursala, Deusa lunar eslava.

22 de outubro: Dia dos Salgueiros, festival mesopotâmico de Belili ou Astarte.

25 de outubro: na China, Festival de Han Lu, Deusa da Lua e das Colheitas.

26 de outubro: Festival da lua cheia de Hathor, no Egito.

✦ ✦ ✦

Octem era o oitavo mês do antigo calendário romano. Esse mês lunar leva seu nome devido não a sacrifícios de sangue, mas ao velho costume de sacrificar e de salgar a carne do gado antes de os meses do inverno tornarem impossível a alimentação dos animais. Apenas os animais mais especiais eram mantidos vivos durante o inverno.

Atualmente, ainda continuamos subconscientemente a nos preparar para o inverno que se aproxima nesse período. Checamos os aquecedores e os pneus dos carros, recolhemos as mangueiras do jardim e planejamos a vedação de qualquer orifício em janelas e portas da casa. Alguns de nós executam uma ambiciosa faxina de outono.

O festival grego da Thesmophoria era celebrado anualmente em honra a Deméter e era exclusivo para mulheres. Eram três dias celebrando o retorno de Kore ao Submundo. Nesse festival, os iniciados compartilhavam uma beberagem sagrada, feita de cevada, e bolos. Uma característica da Thesmophoria era uma punição aos criminosos contra as leis sagradas e contra as mulheres. Sacerdotisas liam uma lista com os nomes dos criminosos diante das portas dos templos das Deusas, especialmente Deméter e Ártemis. Acreditava-se que aqueles desta forma amaldiçoados morreriam antes do término do ano.

O primeiro dia da Thesmophoria era o *kathoclos*, um ritual em que Sacerdotisas castas levavam leitões sacrificados para o fundo do abismo, onde ficava o altar sagrado de Deméter. Os leitões eram lá deixados e os seus restos do ano anterior eram recolhidos. O segundo dia era a Nesteia, durante o qual os restos dos leitões recolhidos eram expostos no altar. As cortes eram fechadas em homenagem a Deméter, a criadora das leis. No terceiro dia, os leitões recolhidos eram espalhados na terra arada, simbolizando o aspecto da fertilidade de Deméter.

Os gregos honravam também ao Deus Hefesto com um festival anual chamado de *Chalkeia*.

No Tibete, o Lent Budista ocorria durante o Festival da Descida ao Paraíso, o qual celebrava o fim da estação das chuvas.

A Durga Puja na Índia homenageava a Deusa Durga durante quatro dias, iniciando na lua crescente. É um período de reuniões familiares, resolução de problemas e de homenagens aos pais. No norte da Índia, esse festival é conhecido como *Dasahara*. Durga é considerada uma figura matriarcal e é muito popular entre as pessoas. É representada com muitos braços e em cores vibrantes.

A Lakshmi Puja, ou *Diwalii*, é uma festividade de luzes em honra à Deusa Lakshmi. Ocorre imediatamente após a Durga Puja. Durante o Festival das Luzes, lanternas são espalhadas por todos os lugares, preparam-se pratos especiais e as mulheres hindus dançam para seus esposos. Lakshmi, esposa de Vishnu, é considerada a Deusa da riqueza e da prosperidade.

No Oceano Pacífico, os antigos havaianos celebravam um longo festival de quatro meses, chamado de *Makahiki*, que se iniciava na primeira lua cheia do mês. O Deus Lono possuía uma celebração especial de cinco dias durante esse período, repleto de jogos, concursos, bula, surfe, banquetes e coleta de impostos.

Os incas celebravam o *Coya Raymi*.

Correspondências

Espíritos da Natureza: fadas das nevascas e das plantas.
Ervas: poejo, tomilho, erva-gateira, uva ursi, angélica, bardana.
Cores: azul-esverdeado escuro.
Flores: calêndula, cravo-de-defunto, cosmos.
Essências: morango, flor de macieira, cereja.
Pedras: opala, turmalina, berilo, turquesa.

Árvores: cipreste, acácia, teixo.
Animais: alce, chacal, elefante, bode, escorpião.
Aves: corvo, garça, tordo americano.
Deidades: Ishtar, Astarte, Deméter, Kore, Lakshmi, Deus Cornífero, Belili, Hathor.
Fluxo de Poder: deixar acontecer; purificação interior. Carma e reencarnação. Justiça e equilíbrio. Harmonia interior.

Velhos Ditados e Sabedoria

- Um verso:

    Ó Dama da Lua, seus chifres apontam para o Leste:
    Brilhe, cresça.

    Ó Dama da Lua, seus chifres apontam para o Oeste:
    Diminua, descanse.

    Lua crescente, Lua sincera, autêntica e confiável,
    Diga-me quem é meu verdadeiro amor.

    Lua crescente, Lua sincera, autêntica e brilhante,
    Se eu tiver um verdadeiro amor que com ele eu sonhe esta noite.

    Lua crescente, Lua sincera, diga-me Se (nome) é meu verdadeiro amor e se ele(a) se casará comigo.

    Se casar comigo com pressa, que eu veja seu belo rosto.
    Se realmente comigo se casar, que eu veja seu lado bom.

    Mas se comigo não se casar, que eu veja suas costas ao partir.
    A Lua e o clima podem mudar juntos;

    Mas a mudança da Lua não influi no clima.
    Se não tivermos nenhuma Lua, e isso seria estranho,
    Ainda assim teríamos um clima sujeito às mudanças.

- A palavra em gaélico para sorte vem de "aquilo que caracteriza a lua cheia". Os druidas acreditavam que quando o círculo da Lua estivesse completo, quem soubesse pedir aos Deuses receberia boa sorte.

Receitas

Manteiga com Ervas

Às vezes, durante os meses de outono e de inverno, é necessário algo mais para temperar um prato. Essa manteiga, ou margarina, é deliciosa com pão francês, com bisnagas, batatas assadas ou com carne.

- 1 colher (sopa) de cebolinha fresca picada
- 1 colher (sopa) de folhas de estragão secas e amassadas
- 1 colher (sopa) de manjericão seco e picado
- 2 colheres (sopa) de salsa fresca picada
- 450 g de margarina ou manteiga

Deixe a margarina em temperatura ambiente, numa tigela grande, até amolecer. Misture as ervas com uma batedeira elétrica. Embale num recipiente hermético. Refrigere de um dia para o outro para o sabor ficar curtido.

Ponche de Ervas

Essa é uma boa bebida não alcoólica para ser servida em encontros Pagãos ou para qualquer reunião. Agrada até mesmo às crianças.

- 1 punhado de erva-cidreira
- 1 punhado de menta
- 1 xícara de suco de abacaxi ou de outra fruta
- 2 punhados de barragem
- 2,7 e de gengibirra, xarope feito de 1 xícara de açúcar, fervido com ½ xícara de água
- Sumo de 6 limões e de 2 laranjas
- 900 ml de chá forte

Despeje 1,3 litro de água fervente sobre a erva cidreira e deixe em infusão por 20 minutos. Coe o líquido sobre a barragem e a menta. Acrescente os sucos de frutas, o chá e o xarope. Refrigere por pelo menos 8 horas. Coe sobre uma vasilha para ponche. Acrescente gelo, um pouco mais de menta e gengibirra.

Biscoitos Dinamarqueses Marrons

- ¼ de colher (chá) de cravos
- ½ colher (chá) de gengibre
- ½ xícara de melaço
- 1 colher (chá) de bicarbonato de sódio
- 1 colher (chá) de canela picada
- 1 colher (sopa) de casca de laranja
- 1 xícara de açúcar
- 1 xícara de manteiga
- 4 xícaras de farinha
- Amêndoas sem casca para decorar

Bata a manteiga e o açúcar. Acrescente os demais ingredientes. Amasse. Forme dois rolos e deixe esfriar. Fatie os biscoitos bem finos e decore com meia amêndoa. Asse a 135 ºC por 8 a 10 minutos. Podem ser congelados para armazenar.

Artesanato

Travesseiros Aromatizados

Faça pequenas bolsas de cordinha e encha-as com flores secas de lavanda. Um sachê ou travesseiro com aroma cítrico para guarda-roupas masculinos pode ser feito com os seguintes ingredientes:

- 10 gotas de óleo de bergamota
- 10 gotas de óleo de verbena limão
- 120 g de verbena limão
- 60 g de cascas de limão e de laranja raladas e moídas

Coloque os ingredientes nos saquinhos. Pendure em armários para evitar traças. Culpeper escreveu que a lavanda é também indicada para dores de cabeça causadas por resfriados, para cãibras ou para respiração acelerada.

Pot-pourri da Dama Medieval

- 1 colher (sopa) de flores de lavanda
- 3 colheres (sopa) de damiana
- 60 g de pó de raiz de lírio-florentino
- 60 g de sementes secas de estrepeiro
- 225 ml de pétalas de rosas brancas
- 450 ml de botões de rosa vermelhas

Pot-pourri Xanadu

- 1 colher (chá) de baunilha
- 1 colher (sopa) de casca de limão
- 60 g de mirra em pó
- 240 g de botões de rosa da China
- 450 ml de botões de glicínia

Colônia de Rosa Europeia

- 1 gota de óleo de limão ou bergamota
- 2 gotas de óleo de rosas
- 60 g de glicerina
- 110 ml de álcool
- 450 ml de água destilada

Colônia Floresta Chinesa

- 1 gota de óleo de bergamota
- 1 gota de óleo de cedro
- 1 gota de óleo de pinho
- 1 gota de óleo de rosas
- 2 colheres (sopa) de pó de sândalo
- 450 ml de água destilada

Mitos

Grande Mãe Durga

Durga, a Grande Mãe, era parte de uma tríade da qual ainda faziam parte as Deusas Uma e Parvati. Ela cavalga um leão e usa as armas dos Deuses para defendê-los dos demônios. Durga é a personificação do espírito de luta de uma mãe protegendo sua prole. As lendas a descrevem como uma espécie de São Jorge feminino, defendendo com serena dignidade os Deuses e suas crianças contra todos os inimigos. Serena realmente era, mas seu semblante calmo pode passar a ideia de ameaça.

Apesar de o mito dizer que ela nasceu das chamas vindas das bocas de Brahma, Vishnu e Shiva, Indra reconhecia nela a origem de seu poder. Sua força, ferocidade e habilidade tornaram-se aparentes quando o demônio búfalo aquático Mahisha expulsou os Deuses de seu reino celestial. Os Deuses armaram Durga com suas próprias armas mágicas, uma para cada uma de suas oito mãos. O demônio a viu se aproximando e tentou capturá-la. Durga, entretanto, estava imune a sua magia e a sua força. A Deusa lutou com o demônio enquanto ele mudava seguidamente de forma. Por fim, ela o matou com uma lança.

A função atual de Durga-Devi é restaurar a ordem no mundo e a paz nos corações em tempos de crise.

Lakshmi

Sri Lakshmi é representada segurando uma flor de lótus, ou sentada sobre ela segurando um cofre e derrubando moedas de suas mãos. Ela era a consorte de Vishnu. Segundo a lenda, essa Deusa nasceu enquanto os Deuses agitavam os mares de leite e foi considerada uma das quatorze coisas preciosas que surgiram durante o processo. Ela estava completamente desenvolvida e bela quando saiu do oceano. Todos os Deuses a desejaram como esposa, mas ela elegeu Vishnu.

Quando Vishnu atravessava suas reencarnações, Lakshmi reencarnava com ele. Quando Vishnu se tornou Rama, ela tornou-se Sita. Quando ele virou Krishna, Lakshmi passou a ser Radha, a menina-vaca.

Apesar de dizerem que ela possui quatro braços, é normalmente representada com apenas dois. Como Deusa da sorte, Lakshmi é também descrita como sendo volúvel, pois a sorte muda sem prévio aviso.

O Grande Deus Cornífero da Grã-Bretanha

Essa deidade silvestre possui inúmeros nomes e é conhecida muito além da Grã-Bretanha. Em Gales ele é Atho, o Deus Cornífero; na Floresta de Windsor ele é Herne, o Caçador; às vezes é também chamado de Cernunnos. Todos são aspectos de uma única divindade e de seus poderes. Seja qual for o seu nome e a forma que assuma, ele possui uma característica comum: chifres em sua cabeça.

Acredita-se que Herne, o Caçador, ainda assombre as florestas nas cercanias do Castelo de Windsor. Diz-se que, em 1964, ele foi visto nos bosques cavalgando seu cavalo que respira fogo.

Ainda hoje, em algumas partes da Grã-Bretanha, celebra-se a grande Feira dos Chifres no final do ano. Os homens desfilam pelas ruas portando chifres atados às cabeças. Tudo isso são reminiscências do poder do Deus dos bosques sobre a fertilidade dos animais da floresta. Ele é "aquele que Abre os Portões da Vida e da Morte", "o Grande Pai", "Senhor de Toda a Natureza". Os druidas o chamavam de Hu Gadern, o Deus Cornífero da Fertilidade.

Rituais

Boas Viagens

Sempre que partirmos de viagem, algumas precauções mágicas devem ser tomadas. Na noite que antecede a viagem, faça um pequeno saquinho com pó de cálamo, olíbano, alecrim e verbena. Um envelope de papel pode ser utilizado em substituição ao saquinho, se necessário. Enfie esse talismã de proteção em seu bolso ou bolsa para levar durante a viagem. Se sua bagagem seguir em separado, faça pequenos pacotinhos para pôr dentro de cada mala.

Assim que chegar ao veículo que o transportará, feche seus olhos e mentalize uma brilhante espada em sua mão. Circunde mentalmente o veículo por três vezes com a espada. Uma parede de chamas azuis surgirá após a terceira volta. Deixe mentalmente a espada na frente do veículo. Isso pode ser repetido na jornada de volta.

O ritual pode ser repetido a qualquer ponto da viagem quando sentir que proteção extra se faz necessária ou que o círculo de fogo necessita ser reforçado. Essa técnica pode também ser utilizada se for ficar em quartos de hotéis.

Purificação da Casa

Ocasionalmente, não importa o que façamos, recebemos entidades indesejáveis em nossos lares. Geralmente é difícil nos livrarmos delas. Se atravessar um período no qual esteja estranhamente desajeitado, ou em que sua família passa por várias doenças, ou ainda se as finanças e os planos vão mal sem razão aparente ou se apenas se sentir deprimido, é hora de executar uma limpeza e purificação espiritual completa da casa. Planeje sua rota através da casa para que termine numa porta externa. Apesar de poder executar o ritual sozinho, é muito mais fácil se tiver alguém para ajudá-lo. Se for executar sozinho, leve todos os apetrechos numa bandeja de sala para sala.

❖ ❖ ❖

Tenha um bom incenso de expulsão, ou olíbano e mirra em pó, num prato com uma colher. Acenda o carvão em seu incensário e despeje um pouco de incenso. Prepare um Cálice de água com um pouco de sal e providencie um sino.

Começando na extremidade da casa oposta à porta externa, circule em todos os cômodos no sentido horário com o incenso. Certifique-se de que a fumaça penetra em todos os armários.

Acrescente mais incenso conforme necessário. Dê mais uma volta tocando o sino. Finalmente, apanhe o Cálice com água e, com seu indicador, toque cada lado de cada janela e porta do cômodo. Faça o mesmo com todos os espelhos.

Dirija-se ao próximo cômodo e repita o ritual. Vá a todos os cômodos da casa, inclusive ao porão, terminando na porta externa. Antes de marcar os lados da porta com água, abra-a e direcione a fumaça do incenso para a porta. Diga com firmeza:

Desapareçam, vis entidades intrusas
Vocês não são bem-vindas aqui

Feche a porta e marque cada lado dela com a água. Deixe os instrumentos de lado e erga seus braços. Diga:

Bem-vindas a todas as entidades de Luz e de ajuda.
Encham esta casa com sua presença e suas bênçãos.
Afastem todas as entidades das Trevas,
E devolvam o equilíbrio de nossa vida.

Quando abrir a porta para expulsar as entidades negativas, pode ser que sinta um vazio ao seu redor. Ao convidar as entidades positivas a entrar, a casa passará a ser confortável e calorosa. Não se deve banir nenhuma entidade sem chamar outra para o lugar, ou elas retornarão e ainda trarão outras. Um vazio deve sempre ser preenchido.

Comunicação com o Deus Cornífero

O Deus celta Cernunnos era conhecido em várias formas por toda a Europa. Era chamado de "o Deus Cornífero", "Deus da Natureza", "Deus do Submundo e do Plano Astral", "Grande Pai" e "o Chifrudo". Os druidas o chamavam de Hu Gadern, o Deus Cornífero da fertilidade. Era representado sentado numa posição semilótus com chifres ou galhadas na cabeça, com cabelos longos e enrolados e barba. Estava nu e usava um torc; por vezes, ele porta uma lança e um escudo. Seus símbolos são o alce, o bode, o touro e a serpente chifruda. Cernunnos regia a virilidade, a fertilidade, os animais, o amor físico, a Natureza, os bosques, a reencarnação, as encruzilhadas, a riqueza, o comércio e os guerreiros.

✦ ✦ ✦

Todos precisamos aprender a lidar com o Deus Cornífero e seus poderes de reencarnação, riqueza e apreciação da Natureza. Ainda que subconscientemente, nós já lidamos com seus poderes de fertilidade e sexo físico.

Serão necessárias pequenas imagens de animais (fotos também servem), incenso de pinho, uma máscara (do tipo Zorro ou similar) e um tambor ou tamborete. Acenda o incenso. Estenda um cobertor no chão e arrume as imagens. Deixe a máscara à mão. Sente-se confortavelmente no cobertor; se não puder sentar dessa forma, use uma banqueta ou uma cadeira. Coloque a máscara. Apanhe o tambor e bata num ritmo lento e constante, até que se sinta relaxado. Feche seus olhos e sinta-se mergulhando nos domínios do Deus Cornífero.

Olhe através da máscara para as imagens dos animais. Tudo terá uma qualidade levemente surrealista. Apanhe uma imagem por vez e analise-a. Pense no animal, em suas características e qualidades. Permita que essa imagem se torne real em sua mente. Observe o que ele faz, pois o animal deverá, em certo momento, começar a fazer coisas incomuns. Pode até falar com você, de mente para mente.

Após estudar todos os animais, feche os olhos novamente e chame pelo Deus Cornífero. Pode ser que se veja mentalmente numa trilha na floresta. Siga-a até chegar a uma clareira gramada. Lá, ao lado de uma enorme árvore, está sentado o Deus Cornífero, aguardando-o. Sente-se ao seu lado e conte-lhe a informação que deseja para melhorar a sua vida. Após o

O Deus Cornífero

Deus Cornífero terminar de dizer o que tinha a dizer, ele toca sua testa e você se encontrará retornando suavemente a este tempo e a este local.

Você pode se sentir desorientado por alguns minutos, portanto sente-se em silêncio e permita que seu corpo e sua mente se ajustem. Apanhe o tambor e bata novamente num ritmo lento e constante, até que se sinta novamente centralizado em seu corpo. Agradeça ao Deus Cornífero por seu auxílio e retire a máscara.

Buscando Emprego

Procurar um emprego pode ser frustrante, mas há um modo para obter ajuda astral. Obviamente, você precisa primeiro saber o que deseja fazer e geralmente onde, pelo menos em termos gerais. Por exemplo, se deseja um emprego em outro estado ou cidade, é melhor ter isso bem claro em sua mente quando executar o encantamento. Este ritual surte melhor efeito na noite de lua crescente, mas numa situação difícil pode ser executado a qualquer tempo.

✦ ✦ ✦

Serão necessárias uma vela astral para representar você mesmo, uma vela verde para prosperidade, uma preta para remover obstáculos e uma marrom para o emprego propriamente dito. Cada vela deve ser colocada num suporte à prova de fogo. São necessários também óleo de patchouli e de canela para as velas.

Acenda um bom incenso de prosperidade. Unte a vela preta da base ao pavio com óleo de patchouli; coloque-a num suporte. Limpe o óleo de patchouli de suas mãos; ele não deve estar nas outras velas. Unte as velas verde, marrom e astral do pavio à base com o óleo de canela (ou de prosperidade) e coloque-as em suportes.

Coloque a vela preta no centro de seu local de trabalho, a marrom à esquerda e a verde à direita. Deixe a vela astral acima da vela preta. As velas devem estar sobre uma superfície segura, pois deverão queimar por completo.

Acenda a vela astral e diga:
Eu peço mudanças; é meu direito.
Abra o caminho, limpe minha visão.

Acenda a vela preta e diga:
O azar foge. Os obstáculos caem.
Os invejosos desaparecem.
Ouçam meu chamado.

Acenda a vela verde e diga:
Boa sorte e prosperidade são minhas.
Ajudem-me, ó Grandes.
Venham a mim.

Acenda a vela marrom e diga:
Vejo oportunidades, trabalho e recompensas.
E o que desejo deverá acontecer.

Deixe as velas queimando completamente e livre-se da cera depois. Todas as noites, durante uma semana, ou até que a vela se acabe, acenda uma segunda vela marrom por nove minutos enquanto medita e obtém equilíbrio, preparando-se para o bem, e certamente o emprego que virá.

Durante esse período, procure ativamente por um emprego. Ouça suas premonições e siga qualquer dica.

Festival das Luzes
- Lua Crescente -

Na Índia, a Deusa Lakshmi é muito amada pelo povo, mas não possui seu próprio culto em separado. Ela deu de beber a Indra o *soma* (ou sangue do conhecimento) de seu próprio corpo para que ele produzisse a ilusão do parto e se tornasse rei dos devas. Ela nasceu durante o agitar do oceano de leite. Uma deidade da felicidade, da boa saúde, do sucesso, do amor, da boa sorte, da beleza, da prosperidade e de toda a riqueza do mundo.

O Festival de Lakshmi se chama *Diwalii* e homenageia esta Deusa como a esposa de Vishnu. As esposas hindus dançam particularmente para seus maridos durante esse festival; lanternas são acesas por toda a parte e pratos especiais são elaborados. Esse é o Ano Novo hindu, um período de boa sorte e prosperidade.

✦ ✦ ✦

Vishnu contempla a criação, acompanhado de Brahma e Lakshmi

Acenda quantas velas for possível ao redor do Círculo. Toque música indiana para criar um clima. Se possuir uma imagem de Lakshmi, coloque-a em seu altar. Acenda incenso de lótus.

Junte suas mãos em oração e curve-se, tocando a testa com a ponta de seus dedos e diga:

OM (longo mantra).
Deusa Eterna, Tríplice Mãe,
Deus dançarino de poder e de força,
Abençoe-me com sua presença.
Preencha-me com sabedoria, magia e luz.

Ouça a música por alguns minutos para entrar no ritmo. Diga:

Contemple os pés dançantes de Lakshmi,
enquanto ela dança para seu consorte.

Lakshmi, Deusa da sorte, amor e prosperidade,
Eu a saúdo com alegria e esperança.

Dance, Lakshmi, Dance!
Seus pés ágeis trazem sorte à minha vida.

Suas mãos manifestam a prosperidade para mim.
Honra à Deusa! Amor à Deusa!

Tomando cuidado com as velas acesas, dance prazerosamente pela área ritual. Habilidade profissional não é importante. Quando a energia estiver suficientemente elevada (é possível senti-la na sala), volte para o altar e junte suas mãos. Curve-se e diga:

Com alegria e esperança, meu coração recebe Lakshmi.
Entre, Lakshmi, senhora da boa sorte e da prosperidade.

Lance um beijo à Deusa e dance lentamente ao redor da sala mais uma vez, desta vez apagando cada vela à medida que passa por elas.

Deusa dançante das luzes,
A sorte banha seu filho.
Levante o véu das noites depressivas,
E abençoe-me, suave Deusa.
Tesouros do fundo da Terra,
Pedras preciosas e belos metais,
Riqueza infindável, prosperidade,
Para que eu satisfaça os desejos
De minha mente e corpo.
Grande Lakshmi,
Ilumine meu futuro,
Suavize meu destino.

O Disirblot

- Lua Cheia -

O Disirblot, um festival nórdico a Disir e à Deusa Freya, era celebrado, especialmente na Suécia, na lua cheia, durante o início do inverno nórdico (no meio de outubro). A Deusa, sob o nome de Freya Vanadis, era celebrada com cerveja, porco, maçãs e cevada. Os festivais ou rituais nórdicos eram chamados *blots*; normalmente, toda a comunidade participava. O Disirblot era uma celebração anual das Deusas e ancestrais femininos.

Freya era chamada de "a Grande Dis", o que a colocava como a líder das Disir, ou Deusas das ancestrais femininas. As Disir eram tradicionalmente descritas como nove mulheres vestidas de preto ou branco e portando espadas. Nove é um número lunar e é considerado pelos nórdicos como um dos mais misteriosos e sagrados números. As Disir traziam sorte, mas eram também implacáveis quanto ao cumprimento da justiça. Chamadas de Idises, na Alemanha, estavam intimamente associadas às Valquírias e às Nornes. Envolvidas com adivinhação e especialmente com o cumprimento da justiça cármica.

Algumas referências dizem que as Disir eram humanas, enquanto outras fontes as relacionam como uma espécie de ser sobrenatural. É muito provável que o termo definisse tanto Deusas como Sacerdotisas humanas. As Disir protegiam e orientavam os clãs, definiam o destino (ou *wyrd*) e eram intermediárias dos Deuses e das pessoas. Elas auxiliavam as Volvas (Sacerdotisas) na adivinhação e na arte mágica de *seidr*. As Disir possuíam o poder de conjurar ou dispensar, utilizando o poder das runas. Os Pagãos patriarcais e, posteriormente, os cristãos, desaprovaram as Disir e seus seguidores. Ambos os grupos perseguiram e assassinaram as Sacerdotisas.

Freya

Seidr quer dizer "encantamento". Transes, para contatar seres do Outromundo e os mortos eram parte principal de um *seidr*. A Volva sabia como contatar os *alfar* ou elfos, para ajudar ou atrapalhar. Esses transes eram utilizados para viagens astrais para obtenção de informações. Enquanto a Volva entrava em transe, outras Sacerdotisas entoavam canções especiais, chamadas *galdr*. Era na verdade o uso de cantos e a repetição de poesia que criavam um estado alterado de consciência, necessário para entrar em transe.

Todos os talentos listados nos registros são semelhantes aos utilizados pelos praticantes do xamanismo. Mesmo com a condenação pelo patriarcado do uso de *seidr*, a lenda diz que o Deus Odin o praticou após ser instruído por Freya.

♦ ♦ ♦

Pedir auxílio à Freya e às Disir pode ser eficaz quando sentir a necessidade de mais poder pessoal. Talvez não se sinta confiante quanto a uma reunião futura ou quanto a lidar com uma pessoa particularmente desagradável. Talvez alguém tenha deliberada e repetidamente desgastado você e suas habilidades até que sua autoconfiança tenha ficado muito baixa. Use este ritual para se reenergizar. Surte melhor efeito se efetuado na lua cheia.

Você vai precisar de um cajado, de uma espada ou adaga, de uma máscara e de uma túnica com capuz. Caso não possua um capuz, cubra sua cabeça com um xale ou até mesmo com uma toalha. Não deixe de efetuar o ritual apenas por não possuir algum dos itens. Improvise! Acenda incenso de jasmim ou lótus.

Coloque para tocar música instrumental que lhe transmita a ideia de poder. Pessoalmente, eu gosto de Wagner, "a Cavalgada das Valquírias", pois faz com que eu me sinta em harmonia com Freya e suas Disir cavalgando à noite. Escolha a música que lhe agradar.

Coloque a máscara e vista a túnica com o capuz. Apanhe o cajado com uma das mãos e a espada ou adaga com a outra. De pé, no centro de sua área de trabalho, bata firmemente o cajado no chão por nove vezes. Chame:

Freya! Líder das Disir!
Venha em meu auxílio
Meu poder pessoal está diminuindo,
E desejo fortalecê-lo novamente

Erga sua espada e diga:

Ninguém tem o direito de me diminuir!
Ninguém tem o direito de usurpar meu poder!
Sou seu(sua) filho(a), Freya!
Atenda a meu apelo!

Volte-se para o Leste e erga sua espada anunciando:

Atentos, vocês do Leste.
Vocês não mais terão poder sobre mim.
Minha força aumenta,
enquanto seu controle diminui!

Vire-se para o Sul e erga a espada:

Atentos, vocês do Sul.
Estou livre de suas críticas
e de suas palavras destrutivas.
Minha força aumenta,
enquanto seu controle diminui!

De frente para o Oeste, erga a espada:

Atentos, vocês do Oeste.
Qualquer mal que me lancem,
retornará imediatamente a vocês.
Minha força aumenta,
enquanto seu controle diminui!

Finalmente, volte-se para o Norte e erga sua espada:

Atentos, vocês do Norte.
Estou protegido(a) por Freya
e pelas poderosas Disir.
Minha força aumenta,
enquanto seu controle diminui!

Bata no chão nove vezes com o cajado. Diga nove vezes:

Freya me protege!

Meus inimigos fracassam!

Permaneça de pé e em silêncio enquanto visualiza sua aura se enchendo de brilhante luz branca. Veja essa luz se espalhando até preencher a sala e seguindo ainda mais adiante. Sinta essa luz penetrando também em seu corpo e em sua mente, fortalecendo-os.

Se possuir um talismã ou joia especial que goste de usar, peça a Freya que o abençoe e o encha com seu poder. Utilize-o quando tiver que encarar a pessoa que lhe esteja causando problemas.

Sempre que tiver que se encontrar ou falar com pessoas que o agridem, lembre-se de que você estará protegido por Freya. Projete sua aura protetora sobre eles e observe-os ficando confusos, passando a evitá-lo ou simplesmente tornando-se mais amigáveis.

A Formidável Mãe

– Lua Nova –

A Deusa hindu Durga era constantemente chamada de "a Inacessível". Era parte da tríade de Deusas, assim como Uma e Parvati. Em seu aspecto de Durga Pratyangira, ela era uma bela mulher amarela, com dez braços que carregavam um tridente, uma espada, um tambor e uma vasilha com sangue. Ela cavalgava um leão e utilizava as armas dos Deuses para defendê-los dos demônios. Seus festivais sagrados aconteciam em Bengali no outono. O verso inicial do hino da Índia a enaltece.

Durga é a personificação do espírito de luta de uma mãe que protege sua prole. Como força vital básica, essa Deusa é uma espécie de São Jorge feminino, defendendo com serena tranquilidade os Deuses e seus filhos humanos contra seus inimigos.

Deusa que rege o conforto, a ajuda, o poder, os cuidados, a proteção, a defesa, a morte, a destruição, a futilidade e a ruína.

Às vezes sua vida parece estar atolada. Você se deprime, porque não consegue ver em que direção seguir em termos de conquistas.

Um relacionamento ou amizade pode ter se tornado desagradável. Sua família e seus filhos podem estar levando-o ao desespero. Planos e metas objetivas podem ter se tornado impraticáveis. Toda a sua vida parece estar atravessando um período de conturbação. É necessário fazer uma pausa longe da realidade física e fazer uma visita a Durga, a Mãe Divina.

❖ ❖ ❖

Escolha um período e um local seguro onde não venha a ser perturbado. Acenda incenso de sândalo. Se possuir uma estátua de Durga, coloque-a onde possa fixar seu olhar nela. Sente-se numa cadeira confortável e relaxe. Diga:

> Veja! A Mãe Divina vem para proteger seus filhos.
> Sua fúria é justa e forte contra os que me oprimem.
> O tridente e a espada estão erguidos em minha defesa.
> A ruína se abaterá sobre aqueles que perseguirem
> as pessoas que clamam pela Deusa.

Relaxe todo o seu corpo. Visualize-se de pé diante de um templo hindu. Há sete degraus até a porta aberta. Suba os degraus e entre no templo obscuro. Do outro lado da sala, oposto à porta, há uma enorme estátua de Durga, com seus muitos braços erguidos ao redor de seu corpo ricamente vestido.

À medida que caminha pelo piso de pedra, a estátua cria vida e desce para encontrá-lo. O poder que emana de Durga o envolve. A Deusa dança pelo chão e o apanha em seus braços. Ela beija sua fronte e o coloca nos degraus de seu altar. Com seu tridente e sua espada brilhando à luz fraca, Durga canta suas canções mágicas de defesa e proteção. Suas palavras se tornam imagens visíveis, flutuando para fora do templo a fim de solucionar os erros cometidos contra você, que não vê para onde eles vão, nem pode direcioná-los. Apenas confia na sabedoria de Durga.

A Deusa dança até você e o coloca em seu colo enquanto senta no altar. Você se sente como uma pequena criança nos braços dessa grande Mãe Divina. Durga fala com você sobre seus problemas, dizendo o que deve ser feito para corrigir pessoalmente o desequilíbrio e a confusão. Se a culpa é sua, Durga não hesita em dizer.

Depois ela fala de seu futuro, dando-lhe visões das coisas por vir: talvez um novo relacionamento, um novo emprego, melhores metas, ou uma nova sabedoria espiritual. Caso haja mudanças drásticas ou transformações necessárias, Durga o avisa e indica modos pelos quais os processos de transição podem ser abrandados. A responsabilidade da escolha é sua.

Ao terminar, Durga coloca você no chão e salta alegremente ao altar, onde faz a sua dança mágica. Você se sente deslizando rapidamente para longe dela e reentrando em seu corpo físico. Quando estiver novamente seguro em seu corpo, entoe:

> Conforte-me, Mãe.
> Revele-me seu plano por trás do ciclo de minha vida.
> Elimine minha angústia e meu desespero.
> Ajude-me a melhor entender seus grandes poderes.
> Dê-me fé em sua bondade e grandeza.

Agradeça a Durga por seu auxílio e sabedoria. Tome nota do que ela lhe disse para que possa se lembrar e se preparar quando os eventos começarem a surgir.

LUA AZUL

27 de Outubro e 1º de Novembro

*Também chamada de: Lua dos Mortos,
Lua da Caçada, Lua Ancestral, Lua dos Caçadores*

Festival inca dos mortos, Ayamarca, nesse período.

28 de outubro – 2 de novembro: Ísia, festival egípcio de seis dias de Ísis; celebra a busca e a recuperação de Osíris.

29 de outubro: Festa dos Mortos dos iroqueses, em honra aos mortos.

30 de outubro: Angelitos no México, lembrança das almas das crianças mortas.

31 de outubro: Festival celta dos Mortos. Festa de Sekhmet e Bast no Egito. Festival outonal de Dasehra na Índia, celebrando a batalha de Rama e Kali contra o demônio Ravana.

1º de novembro: Reino da Anciã Cailleach, ou Festival dos Mortos, nas regiões celtas. Dia das Banshees na Irlanda. Rito de Hel nos países da Escandinávia. Festa dos Mortos no México. O quinto dia da Ísia, o encontro de Osíris, no Egito.

✦ ✦ ✦

Uma vez que esse mês não sobreviveu no calendário solar que utilizamos agora, não há nome correspondente. Todas as culturas que utilizavam um calendário lunar, no entanto, possuíam uma Lua Azul, ou o décimo terceiro mês. Para alguns, esse período durava apenas alguns dias; para outros, durava vinte e nove dias. Algumas culturas davam a esse mês um nome; outras o consideravam um período assustador ou tão sagrado que não poderia ser nomeado.

Por conveniência, escolhi fazer desse mês-Lua um período artificialmente curto. Seu impacto espiritual e sua influência no inconsciente coletivo dos humanos são, no entanto, de grande importância. O Halloween atualmente celebrado é sem dúvida um resquício do antiquíssimo festival dos mortos. Os humanos, por todo o mundo, sentem uma profunda necessidade subconsciente de homenagear os mortos e as deidades do Submundo e realizam isso através da utilização de símbolos de hábitos, de decorações e de certos alimentos.

Nesse período do ano, por vezes conhecido como "Entre Mundos", é oportuno encararmos o inevitável ciclo da vida, tanto na Natureza como em nós mesmos. É um período de profundas reflexões sobre onde estamos e para onde vamos, não necessariamente do ponto de vista físico, mas, sim, do espiritual.

Primeiro de novembro é o dia para recordar os mortos em muitos países e culturas ao redor do globo. No México, a Festa dos Mortos pode ser tudo, menos um período sombrio. Doces e biscoitos são produzidos com a forma de esqueletos e caveiras. As pessoas se vestem com trajes claros e desfilam pelas ruas. É uma atmosfera alegre, mesmo quando fazem seus piqueniques em cemitérios.

Em muitos países cristãos, como a Inglaterra, é chamado de "Dia de Todas as Almas". O "doces ou travessuras" do Halloween, originou-se no costume inglês de ir de porta em porta nesse dia pedindo bolos para as almas, o que em si só é um resquício de um costume ainda mais velho de alimentar os mortos.

A Deusa escandinava Hel era conhecida pelos clãs germânicos como Holde ou Bertha. Dizia-se que ela cavalgava com Odin em sua Caçada Selvagem pelos céus, mas é também associada a lagos e regatos. Quando nevava, os germânicos diziam que Holde estava virando sua cama de penas. Ela é também a Deusa maternal do lar, do tear e especialmente do cultivo de linho.

Os hindus celebravam a Dasehra, a qual comemorava a batalha de Rama e Kali contra o demônio Ravana. Nesse período eles também homenageavam Samana, o Nivelador, ou o Senhor da Morte.

Correspondências

Espíritos da Natureza: Banshees e outros seres que portam mensagens entre os mundos.

Ervas: gengibre, lúpulo, absinto, hissopo, patchouli, artemísia, noz-moscada, anis-estrelado.

Cores: preto, branco, roxo.

Flores: lírio-branco, dália, crisântemo.

Essências: alecrim, cálamo, lilás, pinho, glicínia.

Pedras: ônix, obsidiana, lágrima-apache.

Árvores: pinheiro, cipreste, teixo, sabugueiro.

Animais: morcego, lobo, cão, porca, cobra.

Aves: coruja, corvo, falcão

Deidades: Cibele, Circe, Hei, Néftis, Cerridwen, Deus Cornífero, Cailleach, Freya, Holda.

Fluxo de Poder: liberação, lembrança; comunhão com os mortos. Profecia. Livrar-se de velhas e negativas memórias e emoções.

Velhos Ditados e Sabedoria

- Um verso:

  Uma mudança no sábado,
  um início no domingo,
  Nunca prenuncia uma boa Lua.

- *Once in a Blue Moon* (Uma vez na Lua Azul) não quer dizer nunca, mas, sim, uma ocasião rara. Os egípcios associavam seu décimo terceiro mês à cor azul, que era uma cor de boa sorte.

- Diz-se que os olhos dos gatos abrem mais durante a lua cheia do que em outros períodos.

- O termo "lunático" era utilizado desde os tempos romanos para descrever alguém mentalmente desequilibrado. Muitas culturas acreditavam que dormir sob o Luar, fora de casa ou quando este penetrava pela janela poderia causar problemas mentais e/ou cegueira.

- Uma velha crença da Lua no Tennessee diz para olhar por sobre seu ombro direito durante a lua cheia, dar três passos para trás e dizer:

  Se possuir um amante, que eu sonhe com ele(a) esta noite.
  Se for me casar em um lugar distante, que eu ouça o canto de um pássaro.
  Se for me casar em lugar próximo, que eu ouça o mugir de uma vaca.
  Se eu nunca for me casar, que eu ouça a batida de um martelo.

- Sacerdotisas de Tessália lançavam maldições utilizando "orvalho da Lua". Mesmo em tempos medievais, as pessoas acreditavam que tais maldições eram incuráveis.

- Os gauleses faziam bolos rituais em formato de crescente em homenagem à Lua. Hoje, na França, são chamados de *croissants*, conhecidos como "dentes da Lua".

Receitas

Chocolate Quente Mexicano

O chocolate se originou no antigo México, um privilégio da realeza, dos abastados e de pessoas de alto nível nesta época, e ficou conhecido como "o alimento dos Deuses". O nome "chocolate" provavelmente originou-se das palavras índias *xoto* (amargo) e *atl* (água). O Chocolate Quente Mexicano é escuro e carregado em temperos, completamente diferente da versão mais fraca que costumamos beber.

- 1 colher (chá) de canela em pó
- 1 litro de leite
- 250 g de chocolate meio amargo, picado
- Um pouco de extrato de amêndoa açúcar a gosto
- Um punhado de cravos

Aqueça levemente o chocolate com o leite, os cravos, a canela, o extrato de amêndoa e o açúcar. Mexa constantemente até que o chocolate derreta. Bata até formar uma espuma. Sirva imediatamente.

Pó de cacau pode substituir o chocolate. Para substituir a baunilha, extrato de amêndoa. Serve quatro porções.

Manteiga de Tomilho

Ótima com fatias de pão, servidas com sopa ou com cozidos. Também é indicada como acompanhamento para carnes ou peixes. Rende uma xícara.

- ¼ de colher (chá) de tomilho
- 1 xícara de manteiga ou margarina amolecida

Misture bem. Qualquer outra de suas ervas favoritas pode substituir o tomilho.

Scones (Bolinhos Assados) de Killarney

(Irlanda)

- ½ colher (chá) de sal
- ½ xícara de leite
- ½ xícara de passas ou groselhas manteiga derretida; açúcar
- 1 colher (sopa) de açúcar
- 1 ovo bem batido
- 2 xícaras de farinha
- 4 colheres (chá) de fermento
- 4 colheres (sopa) de banha para massas

Peneire todos os ingredientes secos e dissolva a banha. Acrescente o leite ao ovo e em seguida a mistura da farinha. Acrescente as passas. Bata levemente e role a massa a uma espessura de 1,5 cm. Corte em pequenas fatias e coloque numa bandeja antiaderente. Banhe com manteiga derretida e polvilhe com açúcar. Asse a 180 °C por 15 minutos. Rende 15 scones.

Pão de Abóbora
(África)

- ⅔ xícara de água
- 1 colher (chá) de canela
- 1 colher (chá) de noz-moscada
- 1 xícara de óleo
- 1 xícara de passas
- 2 colheres (chá) de bicarbonato de sódio
- 2 xícaras de abóbora amassada
- 2 xícaras de açúcar
- 3 ½ xícaras de farinha
- 4 ovos

Misture todos os ingredientes numa tigela grande. Unte duas formas grandes, ou três pequenas para pão, e encha com a mistura. Asse a 150 °C por uma hora. Deixe as formas esfriar num suporte. Embale para manter o frescor; pode ser congelado.

Conserva de Maçã e Rosa

- ¼ de xícara de nozes inglesas moídas
- ½ litro de framboesas vermelhas
- ½ litro de pétalas de rosas perfumadas em pó
- 1 colher (chá) de canela
- 1 pacote de pectina de frutas
- 2 colheres (sopa) de sumo de limão
- 3 ½ xícaras de açúcar
- 3 ½ litro de maçãs para torta picadas

Siga as instruções de preparo de geleia no pacote de pectina de frutas. Pode substituir as pétalas de rosas em pó por pétalas frescas. Use apenas flores livres de pesticidas. Rende cerca de nove xícaras.

Artesanato

Pot-pourri do Amor Real Indiano

- ½ litro de flores de heliotropo
- 1 semente de cumaru
- 60 g de goma de mirra em pó
- 120 g de flores de oleandro
- 240 g de folhas de patchouli
- 240 g de rosa dos jardins

Anéis dos Desejos de Halloween

Vários dias antes do Halloween, faça três anéis de palha ou feno trançado. Pendure-os nos arbustos fora de sua janela e faça um desejo a cada anel enquanto o pendura. Após isso, não torne a olhar para os anéis até a noite do Halloween, ou seus desejos não se realizarão.

Anel dos Desejos de Halloween

Sachê Inglês

- 1 gota de óleo de lavanda
- 30 g de raiz de lírio-florentino em pó
- 60 g de talco
- 120 g de amido de milho

Pot-pourri Quente Japonês

- 60 g de flores de oleandro
- 60 g de goma de benjoim granulada
- 120 g de botões de crisântemo
- 120 g de botões de peônia
- 120 g de flores de camélia

Colônia de Jasmim

- ¼ de colher (chá) de canela
- 1 colher (chá) de baunilha
- 1 gota de óleo de bergamota
- 2 gotas de óleo de jasmim
- 60 g de glicerina
- 125 ml de álcool
- 500 ml de água destilada

Colônia do Extremo Oriente

- 1 gota de óleo de bergamota
- 1 gota de óleo de glicínia
- 1 gota de óleo de rosas
- 1 gota de óleo sintético de almíscar
- 60 g de glicerina
- 125 ml de álcool
- 500 ml de água destilada

Mitos

Kali Ma Negra

Uma das mais dramáticas imagens de Kali Ma, mostra-a agachada sobre o corpo inerte de Shiva, devorando seu pênis com sua vagina, enquanto come seus intestinos. Essa imagem não deve ser entendida literalmente, ou visualmente, num plano físico.

No sentido espiritual, Kali recolhia a semente em sua vagina para ser recriada em seu ventre eterno. Ela também devorava e destruía toda a vida para que fosse refeita.

O colar de Kali, feito de crânios, estava gravado com as letras do sânscrito, consideradas como os mantras sagrados com os quais ela criava, combinando os elementos. Seus seguidores foram os primeiros a utilizar a noção da "Palavra Criadora" ou *Logos*.

Kali

Kali Ma possuía pele negra e um horrível rosto com presas, manchado de sangue. Em sua fronte havia uma terceira visão. Ela possuía quatro braços com garras nas extremidades. Seu corpo nu era adornado com brincos de pequenas crianças, com seu colar de crânios, um colar de serpentes, outro com as cabeças de seus filhos e um cinto feito com mãos de demônios.

Apesar de o preto ser a cor primária de Kali Ma, ela também é associada às gunas (linhas) sagradas, que são vermelhas, pretas e brancas. Ela possuía três grupos de Sacerdotisas que a serviam: as Yoginis ou Shaktis, as Matri e as Dakinis.

Certa vez um demônio chamado Raktavira estava vandalizando o interior e ameaçando os Deuses. Brahma havia-lhe concedido uma dádiva: cada gota de seu sangue produziria milhares como ele. Tardiamente, os Deuses se desesperaram com seu poder e chamaram a Deusa Kali para que os defendesse. Kali iniciou um combate individual com o demônio Raktavira e perfurou-o com sua lança. Ela então o ergueu e bebeu todo o sangue que dele jorrava.

Quando enfurecida, Kali assumia um desejo cego por destruição e nada podia detê-la. Em mais de uma ocasião seu consorte Shiva teve que se atirar entre os demônios por ela executados e deixá-la pisoteá-lo, enquanto dançava sua dança da vitória. Esse era o único modo de trazê-la de volta à consciência e evitar que o mundo desabasse.

A Hel Nórdica

Nos mitos nórdico-germânicos, Hel era a rainha dos mortos e governante do Reino do Submundo, Niflheim. Ela recebeu seus domínios do próprio Odin. Niflheim era um mundo tanto de gelo e frio intenso como de fogo vulcânico.

Hel era a filha de Loki e da Gigante Angurboda. Ela era terrível de ser vista, com metade de seu corpo saudável e a outra metade putrefata e doente. Apesar de que, segundo os mitos, Hel alinhou-se contra os Deuses e humanos em Ragnarok e recebeu todos os mortos, exceção feita àqueles que tombaram em combate. Parte de seus domínios era um local de repouso para os bons mortos, e mesmo para Deuses como Balder, enquanto a outra parte era um local de punição para aqueles que foram maus.

Barbara Walker[1] escreveu que a expressão *Hella cunni* (os parentes de Hel) foi posteriormente deturpada na palavra "arlequim". Registros nos contam que, no período medieval, as *Hellequins*, ou "Damas da Noite", iam de casa em casa entre as pessoas comuns e recebiam alimento e bebida em troca de desejos de boa sorte. Seja qual for a ideia que a Igreja cristã tinha de Hel, o povo a considerava mais benevolente do que má.

Outro dos nomes de Hel era Nehellania, ou Lua Inferior, uma ligação direta com Nef-Hel, Nifl ou Niflheim, os nomes de seu reino do Submundo. Entre as tribos norte-germânicas, Hel era conhecida como Holda ou Bertha e dizia-se que cavalgava com Odin durante a Caçada Selvagem. Tal Caçada Selvagem pode ter ligações com as Valquírias lideradas por Freya em seu aspecto obscuro. O nome da Valquíria Brynhild significa "Hel em chamas".

Skadi do Norte Escuro

Skadi era a Deusa do escuro e cruel Norte, do gelo e da neve. Seu nome provavelmente origina-se da raiz gótica *skadus*, significando "sombra". A Escandinávia se chamava antigamente Scadin-auja, ou "terra dos *Skadi*". Os *skalds* escandinavos, os quais eram poetas xamãs, diziam que seus poderes e inspirações, bem como seu nome, vinham da Mãe Escura Skadi. Acreditava-se que o que quer que profetizassem realmente aconteceria, pois possuíam uma ligação direta com o Caldeirão de todo o tempo no centro do reino dessa Deusa.

Os mitos nórdicos descrevem Skadi como a bela filha do Gigante Thjazi. Após seu pai ter sido assassinado por Thor, Skadi foi aos portões de Asgard e desafiou os Deuses. Numa tentativa de dissipar sua raiva, Loki apanhou uma cabra e desceu para saudá-la. Uma vez que ele havia causado o problema originalmente, os Deuses julgaram apropriada a decisão. Loki amarrou uma ponta de uma corda à cabra e a outra extremidade aos seus genitais.

A cabra puxou para um lado enquanto Loki puxou para o outro, até que seus genitais fossem arrancados. Loki caiu sangrando no colo de Skadi, banhando-a com seu sangue. A Deusa julgou isso o suficiente para compensar a morte de seu pai. Entretanto, Loki, através de sua magia, restaurou os órgãos castrados e saiu em busca de outras deidades femininas.

A Cailleach

A Cailleach era uma Deusa Anciã, especialmente na Escócia. Uma derivação de seu nome, Caledônia, foi dada àquele país. Seu nome, assim como seu título de Mãe Negra, é semelhante demais ao nome Kalika, outro título de Kali, para ser apenas coincidência. Robert Graves[2] diz

A Deusa Anciã

que Cailleach era outro nome da irlandesa Scathach e da nórdica Skadi. As lendas medievais a transformaram na Rainha Negra de um paraíso ocidental.

Rituais

Festa dos Mortos

Homenagear os mortos é um costume de todas as culturas. Muitas culturas celebram seus rituais para os mortos neste período do ano. É um período excelente para relembrar seus próprios entes queridos que se foram e seus ancestrais que nunca chegou a conhecer. Se possui familiares mortos com os quais nunca se deu bem, é perfeitamente aceitável que você peça a eles que NÃO sejam admitidos em sua casa e em seu ritual. Um amigo meu não tomou essa providência: acabou tendo seu cruel pai falecido retirando livros das estantes e atirando longe, criando um tumulto constante e outras coisas estranhas. Foi necessário um forte ritual de banimento para nos livrarmos do espírito. Para que ninguém pense que foi apenas a imaginação do meu amigo, os atos estranhos aconteceram diante dos olhos de vários descrentes.

✦ ✦ ✦

Este ritual deve ser executado dentro de um Círculo aberto e consagrado para sua própria proteção. Além de seus instrumentos de praxe, você vai precisar de um Caldeirão, uma vela preta, um prato com pão e sal e uma maçã. Abra seu Círculo como de costume.

Com seu Bastão na sua mão de poder, bata no Caldeirão por cinco vezes e diga:

Deusa Obscura, Senhora da Morte, eu peço suas bênçãos.
Ergam o véu para que possa saudar meus ancestrais,
Amigos e família que partiram para seus domínios.
Permita que apenas os que me querem bem,
penetrem neste Círculo.

Toque o prato com pão e sal com o Bastão. Diga:

O banquete está preparado. Dou as boas-vindas a todos os ancestrais que me queiram bem. O véu é esta noite erguido, para que uma vez mais possamos nos divertir, juntos e em amizade.

O pão da vida, o sal da Terra, foram preparados como um banquete. Enquanto comemos, que nos recordemos da presença eterna dos Deuses, e que possamos também nos lembrar de que o que chamamos de morte, nada mais é do que uma efêmera existência no ciclo do nascimento e renascimento.

Apanhe um pedaço do pão, mergulhe no sal e coma. Qualquer sobra deve ser, após o ritual, deixada no lado de fora da casa ou enterrada.

Acenda a vela preta dentro do Caldeirão.

Este é um momento de lembrança de todos aqueles que partiram para os domínios da Mãe Obscura.

Pense em silêncio em seus familiares, amigos e animais que partiram desta Terra. Diga a seguir:

O fino véu foi erguido.
Meus ancestrais me visitam para a Festa dos Mortos.
Agradeço pela sua presença e palavras de conforto.

Apanhe a maçã. Diga:

Bela Donzela, você que desperta a semente da vida,
Vida que aguarda, oculta no Caldeirão sagrado.
Mãe fértil, seus poderes maduros cuidam da semente
Fecundando-a e ajudando-a a se desenvolver.
Mãe Obscura, seu Caldeirão Mágico
é a fonte da morte e do renascimento,
Uma experiência que, continuamente,
todos nós experimentamos.
Que eu não tema, pois conheço sua delicadeza.
Eis aqui o símbolo secreto da vida na morte, e da morte na vida,
O oculto e místico símbolo da Deusa Tríplice.

Corte a maçã transversalmente para revelar o Pentagrama oculto no meio dela. Incline sua cabeça na direção do altar e diga:
> Meus mais profundos agradecimentos às Senhoras tríplices.
> Que eu sempre caminhe em paz ao seu lado.

Coma parte da maçã. Coloque o restante para fora de casa, como oferta para os pássaros e animais. Quebre o Círculo e diga:
> Este ritual está encerrado, o Círculo quebrado.
> O poder sai para se manifestar.
> Apesar de sua luz se extinguir
> Sou abençoado pelo poder em expansão.

Recordando Crianças Perdidas

Anualmente, há um grande número de crianças que morrem, que são sequestradas ou que fogem. Outras se perdem no crime, nas drogas, na prostituição ou nos horríveis ambientes familiares. Devemos recordar de todas, conhecendo-as pessoalmente ou não.

Para crianças que morreram, acenda uma vela branca em lembrança. Peça aos Deuses que confortem os familiares que ficaram para trás e que orientem e confortem as almas dos falecidos. Deixe que as velas se queimem por completo.

E para crianças sequestradas, acenda uma vela vermelha. Peça para que tenham força e sabedoria para suportar e escapar. Peça aos Deuses que conduzam as autoridades até elas.

Acenda uma vela azul para as crianças fugitivas ou encontradas em circunstâncias terríveis. Peça que elas tenham a sabedoria de pedir ajuda e coragem para se livrarem do que quer que aprisione seus corpos e suas mentes. Apesar de parecerem rituais bem simples, seu poder para mudar as circunstâncias é enorme.

Thoth, Deus Lunar da Sabedoria

O Deus egípcio Thoth era também conhecido como Tehuti, Thout, Djehuti e Zehuti. Era o Senhor dos Livros e do Saber, o Juiz dos Deuses, o diretor dos planetas e das estações e o escriba dos Deuses. Os gregos o identificavam com Hermes. Ele era considerado autoconcebido e autoproduzido.

Thoth era chamado de o "Senhor das Palavras Sagradas", pois inventou os hieróglifos e os números. Como o Ancião, ele foi o primeiro e o maior dos magos, o Mago Supremo. Foi mais poderoso que Osíris e Ra. Patrono dos Sacerdotes e Deus de toda a magia. Thoth foi o criador das Quatro Leis da Magia.

Essa deidade possuía a cabeça de um íbis e usava um disco lunar e uma crescente na cabeça; segurava a pena e a palheta de um escriba. Possuía duas esposas, Seshat e Nehmauit. A íbis lhe era sagrada e era associada à Lua. Em seu centro sagrado em Hermópolis Magna, no Alto Egito, seus Sacerdotes ensinavam que Thoth criava com o simples poder de sua voz. Numa cripta sob seu templo principal eram mantidos seus livros de magia, os quais eram abertos apenas a seus discípulos iniciados, sendo traduzidos pelos gregos e por povos posteriores nos trabalhos de Hermes Trismegisto e de *O Caibalion*. No Baixo Egito, seu centro ficava em Hermópolis Parva.

Thoth regia a escrita, invenções, artes, adivinhações, comércio, cura, iniciação, música, sucesso, sabedoria, Medicina, Astronomia, Geometria, pesquisas, desenhos, ciências, medição do tempo, cálculos e inventários, arquivos, julgamento, rituais, a lei,

Thoth

astrologia, o alfabeto, fala, gramática, arbitrariedade, equilíbrio, poderes mentais, a Lua, Botânica, Teologia, hinos e orações, leitura, paz, aprendizado, livros, verdade, os registros Akáshicos, o destino.

✦ ✦ ✦

Para este ritual, serão necessários seus instrumentos rituais, além de um sistro ou chocalho, um caduceu (ou bastão entrelaçado com dois pedaços de corda azul) e um pedaço de doce. Doces são componentes dos antigos rituais de Thoth.

Apanhe o caduceu com sua mão de poder e, começando pelo Leste, desenhe uma barreira de proteção ao redor da área ritual. Mova-se no sentido horário e termine no Leste. Fique de pé diante do altar, voltado para o Leste, ainda com o caduceu na mão e diga:

> Em Thoth está o equilíbrio
> e todas as forças e conhecimentos.
> Eu me cerco de equilíbrio.
> Que dentro deste Círculo de equilíbrio
> Thoth e todos os Deuses me ajudem
> A mergulhar na infinita sabedoria e poder.

Balance o sistro três vezes e diga:

> Salve Thoth, o autoconcebido,
> Mais velho e mais sábio entre os Deuses.
> Mago Supremo, criador das Quatro Leis da Magia,
> Atenda meu chamado.
> Instrua-me em todas as coisas.
> Salve, Thoth!

Toque o caduceu no centro de sua testa. Diga:

> A Lua prateada envia energias místicas.
> Seus raios luminosos abençoam as ervas curativas.
> Sonhos flutuam à sua luz brilhante.
> Visões e intuição cavalgam em seus raios mágicos.
> Abençoe-me, Thoth da Lua.

Aponte o caduceu para o Leste. Balance o sistro três vezes e diga:

Eu chamo por Thoth e pelos Deuses do Ar
Para me enviarem eloquência e novas ideias.

Aponte o caduceu para o Sul. Balance o sistro três vezes e diga:

Eu chamo por Thoth e pelos Deuses do Fogo
Para me enviarem força de vontade,
determinação e novos objetivos.

Aponte o caduceu para o Oeste. Balance o sistro três vezes e diga:

Eu chamo por Thoth e pelos Deuses da Água
Para me enviarem conhecimento psíquico
e maior habilidade na magia.

Aponte o caduceu para o Norte. Balance o sistro três vezes e diga:

Eu chamo por Thoth e pelos Deuses da Terra
Para me enviarem habilidades práticas.

Erga o caduceu em saudação acima do altar. Balance o sistro sete vezes. Diga:

O fogo sagrado está aceso.
As chamas brilham.
O incenso está aceso sobre o fogo.
O incenso brilha.
A fragrância sobe aos Deuses.
Seu despertar é em paz, ó Thoth.
Afaste os seguidores do mal.
Doce é a verdade que traz, ó Juiz dos Deuses.
Doce é a verdade que busco através de você.

Pegue um pedaço de doce e coma-o. Pense nos objetivos que busca, nas habilidades de que necessita e deseja.

Senhor dos Livros Sagrados, da Cura, do Aprendizado,
Seu auxílio é necessário a este seu (sua) filho(a).
Eu busco a sabedoria e o sucesso.
Eu busco a cura e os poderes psíquicos.

Ensine-me os antigos conhecimentos.
Abra-me o registro de minhas vidas passadas
em seus Livros Sagrados, Os Registros Akáshicos.
Conceda-me o poder e a sabedoria para usá-los sabiamente.

Agora é a hora da meditação e dos encantamentos. Após terminar, canalize a energia para a terra apoiando as palmas de suas mãos no chão. Feche o Círculo como de costume.

A Verdade é revelada; a magia se expande.
Boa sorte e saúde fluem de suas mãos.
Riqueza e honra são meu direito.
Derrame suas bênçãos. Banhe-me com luz.

Fadas Escuras

Há uma quantidade de Pequenos que podem ser considerados Fadas Escuras. São as entidades que estão conectadas basicamente com a Terra. Por vezes são chamadas de "Escuras" simplesmente porque gostam de habitar lugares escuros, como vãos de escadas e porões, e não porque sejam más.

Os *Coblynau* de Gales são espíritos das minas que "batem" indicando onde ricos filões podem ser encontrados. Os *Knockers* (Batedores) da Cornualha (também conhecidos como Buccas) são semelhantes aos *Coblynau* de Gales. Os gnomos são Elementais da Terra, que vivem nos subterrâneos e guardam os tesouros da Terra; são também fantásticos artesãos com metal, especialmente com espadas.

Goblins ou *Hobgoblins* originalmente não eram as criaturas malignas e más retratadas atualmente; eram um tipo de brownie pequeno e grotesco, mas amigável. Os *Bwca* ou *Bwbachod* de Gales são outro tipo de *brownie*. O próprio Brownie (chamado de *Bodach* na Escócia, *Fenodoree* na Ilha de Man e *Pixies* ou *Pisgies* no oeste da Inglaterra) se veste de marrom e assume responsabilidade pela casa onde mora; a não ser quando agredido, é uma amável criaturazinha.

Elfos e Fadas Escuras da Corte de Unseelie podem desconfiar dos humanos. Eles têm bons motivos para tanto. Normalmente se abrigam em áreas escuras, sob escadas ou no sótão ou porão. O máximo que fazem aos humanos é fazê-los sentir um grande desconforto em suas áreas de habitação. Por vezes são chamados de *Sluagh* ou *Hoste*.

Os anões são talvez as mais conhecidas das entidades Escuras. Não são as criaturas tolas e estúpidas retratadas por Disney, mas guardiões da Terra, de seus minerais e das pedras. São maravilhosos artesãos com metal: espadas, itens mágicos, joias, etc. Não se deve retirar coisas de seu reino sem pedir permissão antes.

Em vez de temer tais entidades, devemos ser espertos e cultivar sua amizade. Os que vivem dentro de sua casa irão protegê-la e abençoá-la se forem seus amigos. Os que moram fora ou no solo (e eles estão por toda a parte!) irão cuidar de sua propriedade, fazendo com que as plantas e as árvores cresçam mais fortes e permitindo que de vez em quando você possa obter alguma pedra ou outro tesouro que o auxiliará em seus trabalhos de magia.

Gnomos e anões gostam de verde escuro ou marrom profundo. É possível atraí-los a seu altar com velas dessas cores. Use também pirita (ouro de tolo) e aço ou ferro. Essências fortes, como canela e gengibre, atraem sua atenção.

Elfos gostam das cores prata, verde-claro e azul-claro. Apreciam gengibre, lírio-do-vale, pinho e essências florais. Pode atraí-los com prata, quartzo, cristal e lunária.

Todas essas entidades ou Fadas Escuras são atraídas por gengibre, mel e leite, assim como por cristais. Se chamá-las para participar de um ritual, mantenha-o leve e feliz. Eles apreciam música alegre e dança.

✦ ✦ ✦

Para comungar com essas criaturas e Fadas Escuras, coloque um pouco de gengibre sobre alguns cristais. Acenda velas com as cores da Terra ou com cores apropriadas. Prepare biscoitos e suco para uma festa. Diga:

> Pequenos dos sombrios lugares escuros,
> Venham até mim, Senhor e Dama,
> Vestidos com trajes mágicos e flores,
> Ensinem-me nas horas do crepúsculo,
> Enquanto as nuvens passam pela Lua,
> Cantem-me uma velha canção.
> Segredem-me a magia da terra,
> Anéis de cogumelos e cercas de madeira,
> Façam desta casa um lugar alegre,
> De coração leve e rostos sorridentes.
> Aqui vocês são bem-vindos.
> Sejamos amigos, alegremente.

É hora de cantar e dançar e regozijar. Compartilhe os biscoitos e o suco com eles. Deixe o gengibre e os cristais no altar até o dia seguinte.

Guardiã das Maçãs Douradas
- Lua Crescente -

Idunn, ou Idunna, era a Deusa Aesir da imortalidade, esposa de Bragi e guardiã das maçãs douradas para os Deuses nórdicos. Quando Loki fez com que Idunn e as maçãs fossem roubadas pelos gigantes, os Deuses imediatamente começaram a envelhecer. Essa Deusa rege a juventude, a responsabilidade, a beleza e a vida longa.

Este ritual serve para renovar sua força e energias vitais após uma crise mental, espiritual ou física. Quando tais crises ocorrem, é necessário purificar, proteger e renovar a si mesmo e a sua casa. Se a crise foi causada por outra pessoa dentro dessa casa, este ritual pode muito bem fazer com que essa pessoa se mude ou seja forçada a perceber o que vem fazendo. Executar este ritual, no entanto, não o absolve da responsabilidade de tornar as medidas necessárias para remediar a situação.

Você vai precisar de uma vela branca e de uma preta; incenso de flor de macieira ou lótus; um espelho de um lado só; incenso de olíbano e mirra.

✦ ✦ ✦

Prepare seu altar com uma vela branca acesa à direita e uma preta à esquerda. Acenda o incenso de flor de macieira se conseguir obtê-lo; caso contrário, use lótus. De pé, diante do altar, entoe:

> Amada Idunn da lua crescente,
> Oriente-me para as opções corretas
> Por todas as noites enluaradas de minha vida.
> Ó Distante, dê-me um dom.
> Doce Idunn, dê-me a vitória.
> Guardiã das Maçãs, dê-me prosperidade.

Dedique o tempo que for necessário para falar com Idunn sobre a crise que tenha atravessado ou esteja atravessando. Se teve alguma responsabilidade no problema, certifique-se de contar a ela. A Deusa não auxilia àqueles que se queixam e transferem suas responsabilidades. Cante a seguir:

> Conforte-me. Guie-me, grande Dama de poder.
> Venha a mim nesta hora silenciosa.
> Fortaleça minha fé. Equilibre minha vida.
> Livre-me da dor da confusão e das dificuldades.

Apanhe o espelho com sua mão de poder e passe-o lentamente pela fumaça do incenso. Fique de pé com o espelho na altura do seu coração. Mantenha a face reflexiva para a frente e diga:

> Nenhum outro ser, físico ou espiritual,
> tem o direito de interferir em minha vida!
> Sou merecedor do amor e dos presentes da Deusa.
> Sob suas mãos permaneço protegido
> de todo o mal e da inveja.

Leve o espelho no sentido anti-horário ao redor de todos os cômodos de sua casa com a face reflexiva para a frente. Em cada porta e janela, pare e diga:

> Nenhum mal em palavra, pensamento ou ser
> pode adentrar este lugar
> Sou um filho protegido pelos poderes da Deusa Idunn.
> E ela é uma vingativa protetora de seus filhos.
> Atenção, todos os que me desejam mal!
> Entrem aqui e criarão sua própria destruição!

Recoloque o espelho no altar. Carregue um bom incenso protetor, de olíbano ou de mirra, por todos os cômodos da casa para purificar e abençoar.

Selene, a Deusa Lunar

- Lua Cheia -

Selene, por vezes chamada de Mene, era o segundo aspecto da Lua para os gregos. Era uma filha de Hyperion e Theia, uma Titã, e irmã de Helios e Eos. Selene personificava a Lua como noiva e amante. Representada como uma bela mulher com uma coroa de ouro. Essa deidade possui grande importância para a magia e encantamentos.

Normalmente nos encontramos fora de sincronia com os ritmos da Lua e seus poderes. Isso ocorre na maioria das vezes quando nos envolvemos demasiadamente com assuntos materiais e físicos e não damos muita atenção ao desenvolvimento espiritual. Esta meditação é boa para corrigir essa situação. É também útil quando necessitamos renovar nossa iniciação espiritual e comunicação com a Deusa lunar.

❖ ❖ ❖

Prepare o altar com uma toalha prata ou branca. Acenda uma vela branca e coloque-a no centro. Se desejar, tenha um vaso com flores brancas no altar. Diante da vela, coloque um Cálice com água, suco claro ou vinho branco. Queime um pouco de goma mastique e de artemísia. Vista branco ou prata.

Coloque uma confortável cadeira próxima ao altar e sente-se nela. Se preferir, coloque para tocar música instrumental suave. Diga:

> Silenciosamente, ela cavalga pela noite,
> A Mãe de Prata, cristalina.
> Seus presentes são sutis, alterando minha trilha,
> Enquanto amavelmente me livra dos temores.
> Mãe da Lua mágica,
> Canto seu divino nome sagrado,
> E sigo para destinos reais
> que levam a reinos mais elevados que este.

Feche os olhos e relaxe o corpo. Diante de você está uma trilha prateada que leva da Terra até a Lua. Você se vê agilmente subindo por essa trilha. A Lua espiritual não se assemelha em nada à Lua física. O jardim lunar de Selene é repleto de flores alvas e árvores verdes. No centro desse jardim, diante de um lago raso cheio de lírios-d'água, está um pequeno templo redondo com lados abertos. Suas colunas são cobertas de vinhas floridas. No interior, Selene lhe aguarda, sentada.

Você se senta ao lado de Selene e olha em seus olhos profundos. Seu longo cabelo loiro-prateado desce até seus quadris. Seu vestido branco é preso à cintura por um cinto de prata. Ela sorri e o abraça.

> "Irmã(o)", ela diz, "fico feliz que tenha vindo".

Selene conversa com você sobre seus objetivos espirituais e sobre o que você conseguiu realizar nessa área até aqui. Ela pode dar sugestões sobre o que poderia lhe ajudar. Você pode contar-lhe seus problemas se eles têm relação com o espiritual, especialmente se estiver sendo ridicularizado e perseguido por suas crenças.

Após encerrar sua conversa, Selene apanha sua mão e o conduz para fora, perto do lago dos lírios. Um grupo de homens e mulheres se aproxima para ficar com vocês. Todos vestem branco. Um deles passa à Deusa um Cálice de prata. Ela o leva a seus lábios e você bebe.

Ela se inclina e apanha um lírio-d'água. Com grande solenidade, Selene põe a flor no alto de sua cabeça. Você sente a flor penetrando em seu corpo. Ela diz que essa flor o ajudará a realinhar seus centros sagrados no corpo astral. Você começa a sentir a flor operando sua magia espiritual e se dá conta de um sutil bater de coração ao seu redor. Selene diz que esse é o ritmo da Lua, uma influência que qualquer humano poderia ouvir e sentir se quisesse.

Outro servidor da Lua traz um brilhante disco de prata numa corrente. A Deusa o coloca em seu pescoço. Selene sussurra explicando que esse emblema é um símbolo de sua iniciação lunar e uma chave para seu recanto sempre que desejar voltar.

O servidor que trouxe o pingente se adianta e toma sua mão. Essa pessoa será um de seus mestres e guardiões espirituais. Selene o beija mais uma vez e volta a seu templo. O novo mestre desce com você pela trilha de Luar até a Terra. Você ouve belas melodias ao seu redor e então retorna a seu corpo físico e abre os olhos.

Olhe novamente para a vela e diga:

Magia lunar; visões, inspiração onírica.

A Lua se escurece no céu.

Viagem astral, cura, intuição.

A Lua é um filete de prata no céu.

Sonhos proféticos, sorte, adivinhação.

A Lua é uma bola de cristal no céu.

Três fases da Lua, três fases de minha vida,

Juventude, maturidade, grande sabedoria.

Que eu seja guiado por seu profundo simbolismo.

Borrife água do Cálice ao redor de seu local de trabalho e em si mesmo. Chame seu novo mestre sempre que necessitar de auxílio para esclarecimento em rituais, em magia e em sua vida espiritual.

As Cortes de Hel
– Lua Nova –

Hel, ou Hella, era a Rainha dos Mortos e governante de Niflheim. Sua morada era Sleet-Den ou Sleetcold. Ela regia a magia negra e a vingança. Outro nome para a Deusa Hel era Nehellania, ou Lua Interior, uma conexão direta com Nef-Hel, Nifl ou Niflheim, nomes para os domínios do Submundo de Hel. Entre as tribos norte-germânicas, ela era conhecida como Holde, Holda ou Bertha e cavalgava com Odin em sua Caçada Selvagem. O azevinho lhe era sagrado e seus seguidores germânicos geralmente confeccionavam bastões de magia com essa macieira. Ainda no século 10, tratados de Bruxaria diziam que mulheres Pagãs cavalgavam sob sua liderança durante selvagens ataques noturnos.

A Mãe Escura Hel é uma poderosa divindade. Normalmente ela trabalha em conjunto com seus animais especiais, os lobos. Se sentir que está sofrendo um ataque psíquico, sendo bombardeado por pensamentos negativos ou em perigo físico, chame pela Deusa Hel e seus lobos.

✦ ✦ ✦

Execute este ritual durante a Lua Nova. Abra seu Círculo como de costume, mas movendo-se no sentido anti-horário, a partir do Leste. Quando terminar, fique de pé diante do altar e com os braços erguidos, diga:

> Mãe Escura, deixe seu poder fluir através do corpo de seu(sua) filho(a). E também fora dele para repelir e destruir todos os pensamentos e gestos negativos contra mim dirigidos.

Permaneça de pé e em silêncio enquanto absorve o poder. Volte-se então para o Leste, erga sua espada (adaga) em saudação e diga:

> Salve, Tecelã da Aurora, grande lobo do Leste,
> Cujos olhos amarelos veem tudo no Elemento do Ar!
> Eu a chamo para me proteger e defender.

Volte-se para o Norte; diga:

Salve, Saltadora do Gelo, grande lobo do Norte,
Cujos olhos verdes a tudo veem no Elemento da Terra!
Eu a chamo para me proteger e defender.

Volte-se para o Oeste; diga:

Salve, Invasor Noturno, grande lobo do Oeste,
Cujos olhos azuis a tudo veem no Elemento da Água
Eu o chamo para me proteger e defender.

Volte-se para o Sul; diga:

Salve, Caçador do Sol, grande lobo do Sul,
Cujos olhos vermelhos a tudo veem no Elemento do Fogo
Eu o chamo para me proteger e defender.

Mova-se de volta no sentido anti-horário até que esteja mais uma vez diante do altar. Diga:

Grande Mãe Escura,
Eu a chamo para erguer esta proteção,
Para que todo o mal que me seja enviado
Retorne a quem enviou.

Erga sua espada para o alto e diga:

Mãe Escura, Rainha da Noite,
há aqueles que a mim se opõem.
Faça com que seus esforços sejam infrutíferos.
Que eles mergulhem nas trevas.
Que eles sigam para as cortes de Hel.
Que seus esforços sempre se percam na escuridão,
sem luz para orientá-los.
Sou seu(sua) filho(a)!
Proteja-me, Mãe Escura!

Apoie a espada no chão com a ponta para baixo. Diga:

Mãe Escura, ajude-me a atingir meus objetivos
e a viver minha vida intensamente,

caminhando por uma trilha de equilíbrio.
Remova todas as barreiras erguidas por aqueles
que desejam meu fracasso.
Elimine o mal que me é enviado!
Envie os fragmentos malignos de volta
aos corpos e as mentes daqueles que os mandaram!
O mal está morto!
Os agressores saboreiam seu justo destino!
Suas bocas estão cheias de cinzas,
seus pensamentos repletos de pesadelos,
Suas vidas de frustração!
Estou sob a espada e a mão da Deusa!
Assim seja!

Enquanto desenha um Pentagrama no solo com sua espada, diga:

Está feito!

Deite a espada de lado e diga:

Suas mãos me protegem, de lua nova a lua nova.
Sua espada me cobre, de lua nova a lua nova.
Seus lobos me guardam, de lua nova a lua nova.
Amor e honra à Mãe Escura

Esse é o momento para realizar qualquer encantamento e encerrar outros assuntos do ritual.

Apanhe, então, a espada e volte-se para o Leste. Erga-a em saudação e diga:

Adeus, Tecelã da Aurora!
Meus agradecimentos por sua proteção e defesa.
Siga em paz. Abençoada seja.

Volte-se para o Norte. Diga:

Adeus, Saltadora do Gelo!
Meus agradecimentos por sua proteção e defesa.
Siga em paz. Abençoada seja!

Volte-se para o Oeste. Diga:

Adeus, Invasora da Noite!
Meus agradecimentos por sua proteção e defesa.
Siga em paz. Abençoada seja!

Volte-se para o Sul. Diga:

Adeus, Caçadora do Sol!
Meus agradecimentos por sua proteção e defesa.
Siga em paz. Abençoada seja!

Coloque-se novamente diante do altar, com os braços erguidos e diga:

Meus agradecimentos à Deusa
e por toda a ajuda dada nesta noite.
Siga em paz. Abençoada seja!

Notas

1. *The Woman's Encyclopedia of Myths & Secrets.*
2. *The White Goddess.*

LUA DE NEVE

Novembro

Também conhecida como: Lua Escura, Lua da Névoa, Lua do Castor, Lua do Velório, Blotmonath (Mês do Sacrifício), Herbistmanoth (Mês da Colheita), Lua Louca, Lua das Tempestades, Lua Quando os Alces Trocam de Galhadas

3 de novembro: último dia da Ísia no Egito; renascimento de Osíris.

6 de novembro: Nascimento de Tiamat na Babilônia.

8 de novembro: Fuigo Matsuri, um festival Shinto em honra a Imui ou Hettsui No Kami, Deusa do Fogão no Japão.

10 de novembro: Kali Puja na Índia, para Kali, a destruidora do mal.

9 – 10 de novembro: Noite de Nicnevin na Escócia.

11 de novembro: Festa dos Einherjar (Guerreiros Vencidos), nórdica.

15 de novembro: Shichigosan (Dia Sete-Cinco-Três) para a segurança das crianças com essas idades no Japão. Na Índia, Dia das Crianças. Em Roma, Ferônia para a Deusa das florestas e da fertilidade.

16 de novembro: Noite de Hécate na Grécia; inicia no crepúsculo. Festival de Bast no Egito.

24 de novembro: Festa da Queima das Lanternas no Egito para Ísis e Osíris.

27 de novembro: Dia de Parvati-Devi, a Deusa Tríplice que se dividia em Saraswati, Lakshmi e Kali, ou as Três Mães.

30 de novembro: Dia de Hécate das Encruzilhadas na Grécia, na lua nova. Skadi entre os nórdicos. Dia de Mawu, criadora africana do Universo a partir do caos.

❖ ❖ ❖

Novem era o nono mês do antigo calendário romano. Na tradição celta, esse era o início de um novo ano. O ano celta se encerrava na véspera do Samhain e se reiniciava no dia seguinte. Eles o consideravam um mês lunar de inícios e fins.

A Ísia, ou o renascimento de Osíris, no Egito, era o período do recuo das águas das cheias do Nilo. Esse renascimento não significava reencarnação, mas um ressurgir dos mortos. Após a confirmação da morte de Osíris pelas mãos de seu irmão Seth, o povo seguiu Ísis, em prantos, até seu templo. Lá o drama prosseguiu com o combate entre Hórus e Set. Imagens de Osíris eram confeccionadas com pasta e grãos; eram regadas até que a cevada brotasse e então eram colocadas para flutuar no Nilo com velas, como parte das cerimônias de plantio. James Frazer, em *The Golden Bough*, traduz um "Lamento de Ísis" no qual a Deusa afirma que é irmã de Osíris, filha da mesma mãe, e que o Deus jamais se distanciará dela. O festival japonês em honra à Deusa do Fogão homenageava as mulheres que preparavam as refeições diárias de modo jocoso. Constantemente chamada de Kami (divindade), essa Deusa era importante, porque, através do uso do alimento colhido, ela protegia e sustentava a família. A Deusa Hécate possuía muitas celebrações ao longo do ano.

Dezesseis de novembro era conhecido como a noite de Hécate, a Triforme. Hécate era parte da mais antiga forma de Deusa lunar Tríplice, como Anciã ou lua nova; Ártemis era a lua crescente e Selene a lua cheia. A maior parte do culto a Hécate, especialmente nessa noite, era executada no período noturno, numa encruzilhada tripla. Comida lhe era oferecida. Conhecida por controlar as passagens da vida, a transformação, o nascimento e a morte. Seus animais eram a rã, a coruja, o cão e o morcego. Nicneven era uma Deusa escocesa, cujo nome significa "Divina" ou "Brilhante", um aspecto de Diana, a Caçadora. Dizia-se na Escócia que ela cavalgava pela noite com seus seguidores durante o Halloween (o Samhain celta). Durante a Idade Média, ela era conhecida como Dame Habonde, Abundia, Satia, Bensozie, Zobiana e Herodiana.

No Tibete, era celebrada a Festa das Lanternas, um festival de inverno para os dias mais curtos do Sol. Entre os incas, essa era a época do Ayamarca, ou Festival dos Mortos.

Correspondências

Espíritos da Natureza: fadas subterrâneas.

Ervas: verbena, betônia, barragem, cinquefólios, grão-do-paraíso (pimenta-da-guiné), cardo-santo.

Cores: cinza, verde-mar.

Flores: flor-de-cacto, crisântemo.

Essências: cedro, flor de cerejeira, jacinto, narciso, hortelã, limão.

Pedras: topázio, jacinto, lápis-lazúli.

Árvores: cipreste, amieiro.

Animais: unicórnio, escorpião, crocodilo, chacal.

Aves: coruja, ganso, andorinha.

Deidades: Kali, Ísis Negra, Nicnevin, Hécate, Bast, Osíris, Saraswati, Lakshmi, Skadi, Mawu.

Fluxo de Poder: arraigar-se, preparar-se. Transformação. Fortalecimento da comunicação com Deus ou Deusa que mais se aproxime de você.

Velhos Ditados e Sabedoria

- *To Cry for the Moon* (Chorar pela Lua) é uma velha expressão que significa que você tem desejo ou quer algo que não pode obter.
- A palavra *moonshine* (Luar) possui dois significados. Nos Estados Unidos, significa "bebida ilegalmente destilada", também conhecida como *white lightning* (raio branco). Um significado mais antigo seria "absurdo completo".

- A lua minguante era considerada um período pouco propício para casamentos ou partos.
- Em inglês, francês, italiano, latim, grego e português, a palavra "lua" é feminina; mas em todas as línguas teutônicas ela é masculina. Em sânscrito, a palavra que se refere à "lua" é *mas*, que é masculina.
- Para os chineses, o Velho na Lua era *Yue-lao*. Era seu dever encaminhar os casamentos dos mortais. Diziam que ele unia o futuro marido à esposa com um barbante de seda invisível, que jamais se romperia enquanto vivessem.
- Apesar de o Corão proibir expressamente o culto à Lua e ao Sol, muitos muçulmanos ainda unem suas mãos ao avistar a lua crescente e oram.

Receitas

Mandelformer

(Tortas Suecas)

Essa deliciosa e delicada sobremesa é apenas uma de várias delícias servidas em feriados. São necessárias formas frisadas específicas para tortas, para que sejam autênticas. Caso contrário, forminhas de empada podem ser utilizadas.

- 1 ovo inteiro
- 1 xícara de amêndoas torradas e sem sal moídas
- 1 xícara de manteiga ou margarina
- 2 ⅓ de xícaras de farinha branca
- 3/5 de xícara de açúcar branco
- Algumas amêndoas fatiadas

Misture a manteiga, o açúcar, o ovo e a farinha; acrescente as amêndoas moídas. Unte cuidadosamente o interior das formas com manteiga. Aperte a massa nas formas até cobrir. Asse a 150 ºC até dourar levemente. Uma vez que as formas sejam pequenas, talvez seja necessário distribuí-las numa bandeja para assar. Quando as tortas estiverem prontas, coloque as formas sobre um suporte de tela para resfriar. Após resfriar, remova-as cuidadosamente das formas. Esse confeito é tão delicado que qualquer descuido pode esfacelá-lo. Recheie com geleias ou compotas, carne moída refogada, morangos frescos fatiados ou outras frutas, ou recheios de tortas. Podem ser decoradas com creme batido e amêndoas em fatias.

Hidromel

Estou incluindo esta receita mais por sua peculiaridade do que por seu uso prático. É de um velho livro de receitas que descobri, de 1842, escrito à mão; infelizmente, o livro se perdeu numa mudança e só me restou a cópia desta receita. Nunca consegui descobrir uma tradução convenientemente moderna para seu uso.

- 1 punhado de alecrim, tomilho, louro e de roseira brava
- 2 kg de mel novo
- 2 ou 3 punhados de malte moído tostadas com levedura
- 45 ml de cravos, de noz-moscada e de macis
- 50 litros de água

Ferva o mel novo na água; coe bem. Acrescente os punhados de alecrim, tomilho, louro e roseira brava. Ferva a mistura por uma hora, pondo-a em seguida num tonel com o malte moído. Mexa até estar tépido e coe num pano passando para outro tonel. Espalhe um pouco de tostadas com levedura e despeje o líquido. Quando o hidromel estiver coberto de levedura, despeje em uma pipa. Amarre os cravos, os macis e a noz-moscada num saco e pendure na pipa. Feche a pipa por seis meses e engarrafe. Certifique-se de que todos os recipientes foram esterilizados antes do uso.

Artesanato

Bolas Aromáticas

Comece com uma laranja, lima ou limão que esteja firme e arredondada. Aqueça a fruta em temperatura ambiente antes de iniciar. Utilizando uma agulha de cerzir para perfurar a casca da fruta, insira cravos em fileiras que se toquem. Quando cobrir por completo, deixe a fruta num local seco por ao menos um mês, para que seque.

Misture quantidades iguais de raiz de lírio-florentino em pó, cravos, noz-moscada, canela, alecrim e calicanto. Role a fruta nessa mistura até que forme uma crosta; deixe-a nesse pó por mais duas semanas.

Embale a fruta decorada com cravos numa tela e amarre no topo com uma fita em arco para pendurar.

Pot-pourri da Floresta

- 1 colher (chá) de baunilha
- 1 colher (sopa) de violetas
- 1 gota de óleo de bergamota
- 2 colheres (sopa) de agulhas de pinho
- 3 colheres (sopa) de lascas de cedro
- 120 g de arruda alemã
- 120 g de folhas de gerânio
- 240 g de aspérula doce
- 60 g de folhas de abeto
- 60 g de raiz de lírio-florentino em pó

Pot-pourri Estrada para Mandalay

- ½ colher (chá) de canela
- 1 colher (chá) de baunilha
- 1 colher (chá) de casca de laranja
- 1 colher (chá) de noz-moscada
- 60 g de olíbano
- 120 g de flores de heliotropo
- 120 g de flores de ylang-ylang
- 240 g de flores de laranjeira

Sachê das Flores do Prado

- 1 colher (chá) de baunilha
- 1 gota de óleo de violeta
- 15 g de aspérula doce
- 15 g de urze
- 30 g de goma em pó de benjoim
- 60 g de talco
- 120 g de amido de milho

Pôster das Mãos Mágicas

Esse é um projeto de fácil execução para crianças ou adultos sem prática, para si mesmo ou como um presente. Curandeiros e magos podem utilizá-lo como ponto focal no início de uma meditação.

Risque no papel o contorno de suas mãos com os dedos abertos. Transfira os contornos para feltro branco e corte-o com cuidado. Faça um círculo com 8 cm de diâmetro, também de feltro branco. De um pedaço de feltro dourado, corte duas asas, uma para cada lado do círculo. Disponha essas figuras num pedaço quadrado de feltro azul e cole.

Se for habilidoso com agulha e linha, pode fazer o mesmo design com tecido em vez de feltro, costurando as peças. Pode ser utilizado como um enfeite de parede ou flâmula.

Saraswati

Os Vedas listam Saraswati como sendo originalmente uma divindade da água, a Deusa de um rio que corria a oeste do Himalaia. Posteriormente, seu poder aumentou. Ela passou a ser conhecida como a Deusa dos cânticos e dos discursos, a criadora do sânscrito e a descobridora da bebida sagrada, *soma*. Ela se tornou a força por trás de todos os fenômenos.

Ainda hoje Saraswati é chamada de "a consorte de Brahma" e de "a mãe dos Vedas" que brotavam das cabeças dele. Ela é representada como uma graciosa mulher de pele branca, usando uma lua crescente em sua fronte; cavalgando um cisne ou um pavão, ou sentada numa flor de lótus. É a Deusa de todas as artes criativas, em especial da poesia e da música, do aprendizado e da ciência.

Brahma e Saraswati

Um mito diz que originalmente Saraswati era uma das esposas de Vishnu, assim como Lakshmi e Ganga. Essas Deusas discutiam tanto que Vishnu finalmente cedeu Ganga para Shiva e Saraswati para Brahma. Outro mito narra que ela se demorou tanto em seu banho, fazendo com que Brahma a esperasse para iniciar os sacrifícios, que ele se casou com Gayatri, a filha de um sábio. Quando Saraswati chegou, ela amaldiçoou Brahma para que fosse cultuado apenas uma vez por ano. As coisas se acalmaram entre a Deusa e Gayatri quando esta prometeu ser sempre a segunda e inferior esposa.

Mawu da África

A Deusa africana Mawu, chamava-se originalmente Mawu-Lisa e por vezes era vista como gêmeos masculino e feminino, outras vezes como um ser andrógino. Era associada à noite, à Lua, à fertilidade, à delicadeza e à maternidade. Ela deu à luz todas as outras divindades. Um de seus primeiros filhos permaneceu nos céus e fundou o Panteão do Trovão, ou Sogbo. Um dos demais, Sagbata, foi enviado à Terra para se multiplicar.

Quando teve que decidir qual filho desceria à Terra, Mawu escolheu Sagbata, por ser o mais velho. Sogbo teve inveja e fez com que as chuvas cessassem para que as pessoas não tivessem água nem colheitas. Quando as pessoas começaram a se queixar, Mawu enviou Legba para descobrir o que acontecia. Legba havia feito com que Sogbo parasse as chuvas inicialmente, mas Mawu não sabia disso. O trapaceiro Legba enviou um pássaro para iniciar um imenso incêndio na Terra. Quando a nuvem de fumaça se ergueu, Legba disse a Mawu que a falta de chuva estava queimando a Terra. Mawu então ordenou a Sogbo que liberasse a chuva.

Mawu

Parvati

Parvati era a filha de Himavan (Deus do Himalaia) e irmã de Ganga, Deusa do rio Ganges. Era uma encarnação de Sati, uma das esposas de Shiva. Ela aguardou pacientemente até que Shiva a reconhecesse em sua nova forma, mas o Deus iniciou uma carreira de ascetismo e não demonstrou o menor interesse. Parvati iniciou a prática de posturas austeras, mudando a cor de sua pele negra natural para dourada. Ainda assim, Shiva não se interessou. Então Kama, o Deus do amor, lançou uma furiosa flecha no coração de Shiva. Porém Shiva controlou sua paixão e suas emoções.

Como último recurso, Parvati levou suas práticas ao extremo. Ela não comia nada, deitava-se em água gelada, torturava seu próprio corpo. Um dia um Sacerdote brâmane veio até ela e lhe perguntou por que fazia aquilo. Parvati lhe disse que queria se casar com Shiva. O brâmane chamou o Deus de velho sujo que assombrava cemitérios. Parvati concordou, mas disse que ainda assim ela o amava. Quando o Sacerdote chamou Shiva de coisas muito piores, Parvati cobriu seus ouvidos e gritou para que fosse embora. O Sacerdote revelou-se então como sendo o Deus Shiva. Ele disse a Parvati para que parasse com sua postura austera e ele a desposaria. Apesar de essa ser basicamente uma união feliz, Shiva e Parvati tinham brigas constantes. Normalmente aconteciam porque Shiva queria amaldiçoar alguém que Parvati desejava abençoar.

Rituais

Festival da Cozinha

Todos os que trabalham numa cozinha, especialmente em casa, devem ser apreciados e honrados por seu trabalho diário, geralmente sem direito a agradecimentos. Honre seu(sua) cozinheiro(a) doméstico(a), levando-o(a) para jantar fora ou preparando você mesmo uma boa refeição. Certifique-se de limpar tudo depois!

Os chineses mantinham placas em suas cozinhas para honrar o Deus ou Deusa da cozinha. Cada ano uma nova placa era colocada em substituição à antiga. Atualmente não é rara em lares Pagãos a presença de uma bruxinha de cozinha em sua vassoura, pendurada na cozinha para abençoá-la.

Honre seus auxiliares da cozinha e todos os auxiliares invisíveis que vivam lá fazendo uma boa limpeza na cozinha e nas instalações. Talvez uma nova pintura ou simplesmente cortinas ou maçanetas novas seja o suficiente para clarear as coisas. A cozinha é uma importante parte da existência de sua família. Mantenha seus seres sobrenaturais, assim como os físicos, felizes com sua residência.

Paz e Felicidade Pessoais

Pode ser muito simples fazer armadilhas para demônios em sua casa. Esse dispositivo aprisionará entidades negativas antes que possam afetar a harmonia de sua casa.

Apanhe um pedaço de papel branco. Ao escrever as palavras abaixo nele, escreva-as em espiral, da borda externa para o centro do papel.

Escreva: "Todos vocês, espíritos intrusos e desarmoniosos, são atraídos para esta armadilha. Do centro você só pode retornar para o local de onde vieram".

Deixe-o sob o capacho da sua porta frontal. Se alguém entrar trazendo tais criaturas, os "demônios" serão aprisionados na porta. Esse é um sistema muito antigo, usado pelos povos da Mesopotâmia.

Kali, Guardiã dos Livros da Reencarnação

Kali Ma é uma Deusa hindu de dupla personalidade, exibindo traços tanto de amor e delicadeza quanto de vingança e morte terrível. Era conhecida como a Mãe Negra, a Terrível, Deusa da Morte e Mãe do Carma. Como Kalika, ou Anciã, ela governa todas as espécies de morte, mas também todas as formas de vida. Ela representa as três divisões do ano hindu, as três fases da Lua, três segmentos do cosmo, três estágios da vida, três tipos de Sacerdotisas e seus templos. Os hindus reverenciavam o trevo como emblema da divindade tríplice de Kali. Eles diziam que se não podemos amar a face negra de Kali, não podemos esperar por nossa evolução.

Kali comanda as gunas, ou linhas da Criação, Preservação e Destruição e incorpora o passado, o presente e o futuro. As gunas são simbolizadas por linhas vermelhas, brancas e pretas. Ela controla o clima ao trançar ou soltar seus cabelos. Sua roda cármica devora o próprio tempo. Kali é representada como tendo pele negra e uma face horrenda manchada de sangue, com quatro braços e seios desnudos. Ela usa um colar de crânios e se cobre com cobras. Sua testa possui um terceiro olho. Suas quatro mãos carregam armas e cabeças. Ela proíbe a violência contra qualquer mulher. Esta Deusa rege as atividades sexuais, magia negra, medo, vingança, regeneração e reencarnação.

✦ ✦ ✦

Abra seu Círculo como de costume se fizer parte de um ritual normal. Um Círculo não é, no entanto, necessário. Este ritual pede para que vidas passadas que influenciem a atual sejam apontadas. Você estará também contemplando a morte física, a qual já experimentou diversas vezes, para que possa compreender que ela não é um fim absoluto.

Você vai precisar de um Caldeirão, um pano preto, uma vela preta ou azul-escura.

Coloque o Caldeirão no centro do altar. Cubra-o com o pano preto. A vela preta deve estar próxima ao Caldeirão. De pé e em silêncio, contemple o Caldeirão coberto. Veja-o como um símbolo do fim da vida física, mas também como o receptáculo de um Mistério sagrado, o início de outra vida.

Remova lentamente o pano de sobre o Caldeirão e diga:

Kali Ma é a dançarina da morte.
Seu ventre é o Caldeirão do renascimento.
Sob seus pés dançantes todos os humanos perecem.
Ela drena o sangue vital como vinho.
Nenhum humano escapa de sua Dança da Morte na Vida.

Coloque a vela preta dentro do Caldeirão e a acenda.

Mas Kali Ma é também a Grande Mãe.
De seu Caldeirão surge a nova vida na roda do carma.
Sua Dança da Morte na Vida nos leva de volta
a seu obscuro e confortável abraço
Para que repousemos e estabeleçamos
novos objetivos para outra vida.

Ao fim de nosso descanso,
Kali dança sua Dança da Vida na Morte
E renascemos novamente.
Para realmente amar a Deusa,
devemos amar seu aspecto Obscuro,
assim como o Claro.
Para obter perfeita compreensão espiritual,
devemos honrar todas as suas faces.

Contemple a beleza e os mistérios da Deusa Escura e a necessidade de sua existência para seu crescimento espiritual. Una então suas mãos e curve-se diante do Caldeirão.

Grande Kali Ma, mostre-me minhas vidas passadas
Para que eu possa com elas aprender.
Busco sua ajuda e orientação,
para que não torne a repetir
velhos vícios e erros do passado.
Mostre-me o que for necessário, Kali Ma.

Agora é o momento para meditar sobre vidas passadas. Não tente controlar para onde ir ou o que ver. Deixe fluir.

Quando terminar a meditação, diga:

Seu Caldeirão do renascimento ferve com seu poder.
Sua dança da morte é uma dança regenerativa.
Mãe Negra, eu a honro em todos os seus aspectos.
De você vem o renascimento da mente,
do coração e do corpo.

Festa de Einherjar

Essa é a Festa dos Guerreiros Tombados. Os Einherjar eram os guerreiros tombados que seguiram para o Valhalla, o paraíso nórdico para heroicos guerreiros, sejam homens ou mulheres. Em uma grossa comparação, corresponde ao nosso Dia dos Veteranos. Essa memória, no entanto, é em homenagem a todos os heróis e não apenas àqueles que tombaram em combate.

Você vai precisar de seus instrumentos rituais regulares para a abertura do Círculo. Outros itens são biscoitos com formato de animais e humanos para um sacrifício simbólico, um prato com pão e sal, uma maçã, um Caldeirão e três velas (preta, vermelha e branca). Ponha o Caldeirão no centro de seu altar com a vela branca dentro dele. Coloque a vela preta à direita do Caldeirão e a vermelha à esquerda.

❖ ❖ ❖

Abra o Círculo como de costume. Após convocar os guardiões dos quadrantes, de pé, diante do altar, acenda a vela preta. Saúde o altar com sua Espada ou Athame e diga:

> Este é o momento de honrar os guerreiros tombados. Grande Odin, Pai de Todos, você que reuniu consigo todos os valentes guerreiros mortos em batalha, eu o saúdo.

Acenda a vela vermelha à esquerda do Caldeirão. Saúde o altar com sua Espada e diga:

> Freya, Rainha das Valquírias, você que recolheu sua parcela de heróis tombados, eu a saúdo.

Acenda a vela branca. Saúde novamente o altar com sua Espada e diga:

> Salve os heróis tombados que agora habitam o Valhalla. Eu honro sua coragem, sua disposição para morrer em defesa de sua família, sua propriedade, sua comunidade, sua terra. Bem sei eu que valentes guerreiros não tombam todos em guerras. Bem eu compreendo que nem todos os heróis são homens. Heróis se sacrificam como policiais nas ruas. Eles orgulham as Valquírias ao ajudar quem corre perigo. Eles encontram o Pai de Todos enquanto bombeiros em serviço. Como pais defendendo seus filhos eles atendem aos apelos de Freya. Os guerreiros tombados do Valhalla já trilharam todos os caminhos da vida e ainda assim seus feitos foram julgados valiosos pelas Valquírias, aquelas guerreiras que enxergam a verdade no coração de cada pessoa.

Deixe a Espada diante do altar. Apanhe a adaga e a maçã:

Assim como há morte na vida, tem de haver vida na morte. O símbolo da Senhora e da vida eterna está oculto dentro do fruto sagrado de Idunn, a Donzela. Apenas aqueles que buscam e sabem podem encontrá-lo.

Corte a maçã transversalmente para revelar o Pentagrama formado pelo miolo e pelas sementes:

Vejam! A estrela da Vida! Símbolo da Deusa Tríplice que, com o Pai de Todos, traz novos recomeços do Caldeirão da morte e do renascimento.

Coma parte da maçã, deixando o restante para que seja colocado do lado de fora para os pássaros e animais:

O segredo deste fruto sagrado é proibido apenas para aqueles que caminham na escuridão. Aqueles que se afastam da grande ciência de que a vida Jamais termina não entenderão o Mistério. Como uma semente seca de outono, cada alma morta cai dentro do Caldeirão Sagrado, para aguardar e renascer em outro local e época.

Erga para o alto o prato com o pão e o sal. Diga:

Contemplem a matéria-prima da vida! O grão da Semente que deve morrer no solo para produzir mais grão. O grão, que é moído e assado para gerar o pão que sustenta o corpo. O sal, que é minerado da Terra e que pode ser sentido na lágrima e no sangue. O sal, que preserva o alimento e enriquece a vida. Que a cada vez que eu prove sal e pão eu me recorde de que toda a vida gira em ciclos de vida e morte.

Mergulhe um pouco de pão no sal e coma. Erga o prato com biscoitos para o alto, depositando-o em seguida no altar. Volte-se para o Leste. Saúde erguendo sua mão e diga:

Regentes do Ar, abençoem os guerreiros tombados. Concedam-lhes repouso em campos primaveris acariciados por brisas suaves.

Volte-se para o Sul, saúde com sua mão e diga:

Regentes do Fogo, abençoem os guerreiros tombados. Concedam-lhes dias de verão e noites frescas de comemoração.

Volte-se para o Oeste, saúde aquela direção. Diga:

Regentes da Água, abençoem os guerreiros tombados. Concedam-lhes lagos de água refrescante onde possam sonhar com o renascer.

Volte-se para o Norte, saúde-o e diga:

Regentes da Terra, abençoem os guerreiros tombados. Concedam-lhes mudanças de estações, florestas verdes e doces flores do campo para confortar sua mente e alma.

Retorne à frente do altar. Erga sua mão mais uma vez e diga:

Grande Odin, que vê a verdade além de todos os atos, leve minhas saudações e bênçãos aos heróis do Valhalla. Ensine-os o que devem aprender para prepará-los para seu retorno sob uma nova forma a este mundo. Faça-os saber que eles não foram esquecidos.

Agora erga os braços e diga:

Grande Freya, Rainha das Valquírias, você é quem conhece os segredos da vida, da morte e da reencarnação, leve minhas palavras para os heróis da Valhalla. Ensine-os a se prepararem para o seu retorno ao mundo, em outra forma. Relembre-os, se tiverem esquecido.

Feche o Círculo como de hábito. Ponha suas oferendas do restante do pão para fora, para os espíritos da Natureza. Até os biscoitos e os pedaços da maçã a galhos de árvore para os pássaros e animais. Se for adequado e aceitável ao seu ponto de vista, visite os túmulos desses amados seres.

Deusa da Floresta

A Deusa da Floresta é um aspecto de muitas Deusas. Ela é o espírito protetor que cuida dos bosques e de suas criaturas. É comumente vista na companhia do Deus Cornífero, Pã, Fauno, Puck e Cernunnos. Ao honrá-la, demonstramos nosso respeito e apreço por seu trabalho.

O modo mais óbvio de honrar a Deusa da Floresta é tratar respeitosamente seus domínios. Não atire lixo. Tome cuidado com fogo. Não maltrate estupidamente suas criaturas ou os bosques. Se precisar derrubar árvores e plantas, deixe uma oferenda de mel e leite e peça permissão antes! Eu não aprovo a caça de animais, a não ser quando extremamente necessário. Se você caçar, não esqueça de agradecer à Deusa e ao espírito do animal morto. Os nativos americanos possuem a concepção correta sobre isso. E se caçar, não desperdice o que tomou.

Se deseja vagar pelos bosques e sentir-se bem recebido pela Deusa da Floresta, leve um pequeno pacote de fertilizante consigo. Quando encontrar um local que desperte sua atenção para contemplação, sente-se ao pé de uma árvore. Ouça com atenção os sons da Natureza. Sinta a força da árvore na qual se encostar e deixe que parte de sua energia flua para dentro de você. Sinta o poder da terra fluindo através de seu corpo. Retribua enviando seu amor para todos os bosques. Não recomendo meditação ao ar livre, a não ser que esteja certo de que não há perigo.

Quando se erguer para partir, espalhe o fertilizante ao redor da árvore onde se sentou. Essa oferenda será bem recebida. Você pode até receber o inesperado presente de uma folha ou castanha caindo aos seus pés. Agradeça à árvore e à Deusa da Floresta por permitir que se renovasse nos bosques.

Noite de Hécate

A Deusa Hécate era uma deidade da noite, encruzilhadas, vida e morte. Era chamada de "a Mais Amável, Rainha do Mundo dos Espíritos", "Deusa da Bruxaria". Especialmente para os trácios, Hécate era Deusa da Lua, das horas de escuridão e do Submundo. Parteiras eram ligadas a ela.

Alguns mitos dizem que Hécate era filha dos Titãs Tártaros e Noite; outras versões dizem ser de Perseus e Astéria (Noite-Estrelada), ou de Zeus e Hera. Sabemos que seu culto não se originou na Grécia.

Um de seus animais sagrados era a rã, um símbolo da concepção. Hécate era chamada de a Deusa das transformações, pois regia várias passagens da vida e podia alterar formas e idades. Era considerada como o terceiro aspecto da Lua, a Megera ou a Anciã (Portadora da Sabedoria). Os gregos chamavam Hécate de "a Megera dos Mortos"[1]. Aliada de Zeus, ela era acompanhada por uma matilha de lobos.

Como aspecto da Deusa Amazona, a carruagem de Hécate era puxada por dragões. Seus símbolos eram a chave e o Caldeirão. As mulheres que a cultuavam normalmente tingiam as palmas de suas mãos e as solas dos pés com hena. Seus festivais aconteciam durante a noite, à luz de tochas. Anualmente, na ilha de Aegina no golfo Sarônico, acontecia um misterioso festival em sua honra.

Essa era uma Deusa caçadora que sabia de seu papel no reino dos espíritos; todas as forças secretas da Natureza estavam sob seu comando. Os gregos e trácios diziam que ela controlava o nascimento, a vida e a morte. Hécate era considerada a patrona das Sacerdotisas, Deusa das feiticeiras. Estava associada à cura, profecias, visões, magia, lua nova, magia negra, encantamentos, vingança, livrar-se do mal, riqueza, vitória, sabedoria, transformação, purificação, escolhas, renovação e regeneração.

✦ ✦ ✦

Você vai precisar de uma adaga ritual, um pequeno caldeirão, uma maçã, um pedaço de pano preto e uma pequena quantidade de sal, além dos seus instrumentos normais. Coloque a maçã dentro do Caldeirão e cubra-o com o pano preto. Abra o Círculo como de costume.

Com seu Bastão na mão de poder, toque no Caldeirão por cinco vezes e diga:

> Sábia Hécate, eu peço sua bênção.
> Erga o véu para que eu possa saudar meus ajudantes espirituais,
> Antigos amigos de outras vidas, e os que são novos.
> Que apenas aqueles que me desejam bem
> penetrem neste local sagrado.

Descubra o Caldeirão. Apanhe a maçã, erga-a em oferenda e deposite-a no altar.

Hécate, seu Caldeirão Mágico é a fonte da morte e do renascimento.
Uma experiência pela qual cada um de nós passa, repetidas vezes.
Que eu não tema, pois sei de sua delicadeza.
Eis aqui seu símbolo de vida na morte.

Corte a maçã transversalmente com a adaga. Contemple o Pentagrama revelado no miolo. Devolva as duas metades da maçã ao Caldeirão e cubra-o novamente com o pano preto.

Apenas os iniciados têm acesso aos seus Mistérios ocultos.
Apenas aqueles que realmente buscam
conseguem encontrar o caminho espiral.
Apenas aqueles que conhecem suas muitas faces secretas
Podem encontrar a Luz que leva ao Caminho Interior.

Ponha uma pitada de sal em sua língua:

Eu sou mortal, mas ainda assim imortal.
Não há fim para a vida, apenas novos recomeços.
Eu caminho ao lado da Deusa em suas muitas formas.
Nada há, portanto, a temer.
Abra minha mente, meu coração e minha alma
Aos profundos Mistérios do Caldeirão, ó Hécate.

Efetue uma meditação de busca à Deusa da lua nova. Ouça suas mensagens. Esteja atenta a novos guias e mestres que podem surgir para ajudá-lo.

Deusa das Habilidades
– Lua Crescente –

A Deusa celta Brigit era por vezes chamada de Deusa Tríplice. Na Grã-Bretanha, ela passou a ser conhecida como as "Três Mães" ou as "Três Damas Abençoadas". Seus recantos sagrados, como em Kildare, eram cuidados por mulheres virgens, algo em comum com as Virgens Vestais de Roma. Uma das tarefas dessas Sacerdotisas era manter acesa uma chama eterna. Brigit era a patrona dos Bardos, a Deusa da poesia, artes, artesanato, trabalho de ferreiros, agricultura, partos, invenções e cura. Certas fontes e regatos tornaram-se sagrados a Brigit como águas curativas. Muitas dessas fontes e regatos ainda podem ser visitados na Irlanda e na Grã-Bretanha.

A runa islandesa "poço dos desejos" é um encantamento de origem lunar; os quatro "baldes" na borda do poço são luas crescentes. Pedir um desejo a um poço sagrado, fazendo em seguida uma oferenda, era uma forma de oração à Deidade da água ali residente, geralmente uma Deusa.

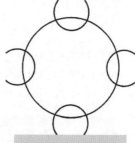

Runa do Poço dos Desejos Islandesa

✦ ✦ ✦

Desenhe cuidadosamente a runa islandesa do poço dos desejos num pequeno papel, enquanto mentaliza um pedido específico que deseja ver realizado. Dobre o papel ao redor de uma moeda de prata, com esta no centro do poço dos desejos. Diga:

Artes e habilidades, que eu seja dotado
de antigos conhecimentos que me tragam orgulho
ao usar minhas mãos.
Ó grande Brigit, deposite suas habilidades em meu destino.

Bata no papel e na moeda com seu Bastão e diga:

Eu clamo pela Deusa dos Bardos,
A de grande habilidade e criatividade.
Dê-me de beber de sua fonte sagrada
Para que minhas artes possam crescer e florescer.
Com meu Bastão eu a invoco.
Com meu canto eu a abençoo.
Venha, Brigit, dos grandes e maravilhosos dons.

Coloque o papel dobrado com a moeda numa bolsinha ou envelope e carregue consigo até que o desejo se realize. Após se concretizar, remova a moeda e queime o papel.

Grande Mãe Africana
- Lua Cheia -

Mawu da África era a Deusa Suprema, a criadora de todas as coisas. O Deus Lisa é constantemente mencionado como sendo seu filho. Diz-se que ela o enviou à Terra para ensinar à humanidade artes úteis e para observar se seguiam suas regras. Mas Mawu é considerada uma Deusa carinhosa, como atesta o provérbio "Lisa pune, Mawu perdoa". Os Fon de Benin, na África Ocidental, cultuam Mawu como Deusa lunar.

✦ ✦ ✦

Coloque um espelho de uma só face sobre o altar entre duas velas azuis acesas. Sobre o espelho, coloque uma foto da pessoa ou do animal que deseja ver curado. Se não possuir uma foto, deixe ao menos um papel com o nome da pessoa nele. Coloque um cristal sobre a foto ou o papel.

Com o Bastão em sua mão de poder, segure-o sobre o espelho, o cristal e a foto. Diga:

> Você está purificado. Você está limpo.
> Você está curado. Você está íntegro.
> Pelos poderes dos Antigos Curandeiros,
> Pelos grandes poderes de Mawu,
> Todo o mal é corrigido.

Deixe o Bastão de lado. Apanhe o espelho e a foto. Segure a foto de frente para a face reflexiva do espelho. Diga:

> A Grande Mãe Mawu e todos os Grandes Curandeiros
> veem sua imagem íntegra e completa novamente.
> Olhe para o espelho de Mawu, (nome da pessoa).
> Veja a si mesmo como é visto pela Carinhosa Mãe.

Deixe o espelho sobre o altar, com a foto voltada para baixo sobre ele, durante a noite. Na manhã seguinte, enterre ou queime a foto e lance as cinzas ao vento.

A Leoa

– Lua Nova –

Sekhmet, uma Deusa do Egito, era conhecida como "a Terrível", "a Poderosa", "a Amada de Ptah". Uma Deusa com cabeça de leoa, irmã obscura de Bast, representando o poder destrutivo do Sol. Ela usava uma coroa em forma de disco com uma cobra enrolada. Sekhmet regia as guerras e as batalhas, os médicos e os ortopedistas.

O leão era sagrado a Sekhmet. Os egípcios listavam outras divindades associadas ao leão como sendo Aker, Ari-Hes-Nefer, Urt-Hekau, Hebi e Ma-Hes. Podem ser aspectos da Deusa Sekhmet.

Por vezes precisamos de uma proteção rápida, mas não temos oportunidade ou tempo para efetuar um ritual completo de banimento e proteção. Se entoar esses cantos com suficiente convicção e emoção, atrairá imediatamente a atenção da Deusa Sekhmet e obterá assim seu auxílio.

Ramsés II oferece flores à Deusa Sekhmet

❖ ❖ ❖

Apanhe qualquer talismã que esteja usando e entoe suavemente:

Senhora do leão, da batalha e da espada,
Sekhmet, terrível Deusa, estabeleça proteção ao meu redor.
Quebre as paredes que me confinam.
Ajude-me a me livrar dos inimigos e obstáculos.
Grande Senhora, ajude-me.

Imagine Sekhmet, com sua cabeça de leoa, mostrando suas afiadas presas. Sinta-a de pé logo atrás de você, seus braços esticados para lhe proteger, suas unhas como presas prontas para rasgar seus inimigos.

> Leoa da destruição e da vingança,
> Meus inimigos me circundam, buscando minha queda.
> Livre-me de sua influência. Conceda-me liberdade.
> Ó Poderosa e Terrível, amada de Ptah,
> Atenda a meu pedido por proteção.

Nota

1. A palavra *hag* (inglês para megera) pode ter-se originado da palavra egípcia *heq*, que significa uma governante matriarcal que conhece palavras mágicas de poder.

LUA FRIA

Dezembro

Também conhecida como: Lua do Carvalho, Lua do Lobo, Lua das Longas Noites, Lua da Noite Longa, Aerra Geola (Mês antes do Yule), Wintermonat (Mês do Inverno), Heilaginanotb (Mês Sagrado), Lua do Grande Inverno, Lua das Árvores que Estalam

1º de dezembro: Dia de Pallas Athena/Minerva na Grécia e em Roma.

3 de dezembro: Festa romana da Bona Dea (A Boa Deusa), deidade da justiça.

8 de dezembro: Festival de Ixchel entre os maias. Festival de Neith no Egito. Astrea entre os gregos, para a Deusa Astrea, deidade da justiça.

10 de dezembro: Festival de Lux Mundi (Luz do Mundo), em honra à Deusa romana Liberdade.

13 de dezembro: Dia de Sta. Lúcia na Suécia.

17 – 23 de dezembro: Saturnália em Roma.

19 de dezembro: Opalia, para Ops, em Roma; sucesso e fertilidade. Pongol na Índia; festival hindu do Solstício para Saraswati.

21 de dezembro: Solstício de Inverno. Festival celta das estrelas. Retorno de Osíris para Ísis no Egito.

23 de dezembro: Dia de Hathor no Egito. Noite das Lanternas ou sepultamento final de Osíris, no Egito.

24 de dezembro: Modresnach, ou Noite da Mãe entre os anglo-saxões. Noite das Mães na Alemanha.

25 de dezembro: Fim da Saturnália em Roma. Dia das Geniae na Grécia; Athena também é honrada. Celebração de Astarte nos países semitas.

26 de dezembro: Nascimento de Hórus no Egito.

27 de dezembro: Nascimento da Freya nórdica.

31 de dezembro: Dia de Hécate em Roma. Dia de Sorte de Sekhmet no Egito. Nornes na Escandinávia. Fadas de Van em Gales. Hogmanay na Escócia; expulsão de maus espíritos através do uso de adereços como peles e chifres. Na Sicília, festa de Strenia, Deusa dos presentes. Na França, Dame Abonde, por presentes. Noite dos Desejos no México.

✦ ✦ ✦

Decem era o décimo mês do antigo calendário romano, durante o qual acontecia a descontraída Saturnália. Os francos o chamavam de *Heilagmanoth*, ou Mês Sagrado, devido à grande quantidade de festivais sagrados. No velho calendário tibetano, 1º de dezembro era o início de um novo ano.

A antiga Deusa maia Ixchel ainda é homenageada no sul do México com procissões e rituais para abençoar embarcações e campos. Ela era também conhecida como "Dama Única", "Escuridão Circular", "Dama da Mancha de Sangue", "Dama da Noite" e "Dama que a Tudo Abraça". Seu culto chegou a se estender do sul do México, da Península de Yucatán, até El Salvador.

Na Suécia, a Deusa solar Lucina ainda é honrada no Dia de Sta. Lúcia. Ao romper da Aurora, uma filha da casa veste uma coroa de velas e oferece bolos à família. Acontecem procissões e oferendas. As jovens geralmente se vestem de branco e muitos homens se vestem como elfos, conhecidos como os ajudantes de Lúcia.

O antiquíssimo Deus Saturno era homenageado na Saturnália romana, uma celebração de sete dias. Ele era retratado como trajando uma meia túnica e com uma foice ou espigas de milho na mão. Sua consorte era a Deusa Ops, divindade da fertilidade. Havia troca de presentes e muita cantoria regada a vinho. Era um período de liberdade temporária para os escravos, os quais podiam dizer o que desejavam a seus senhores. Esse festival é a origem dos carnavais que ainda hoje celebramos.

O Solstício de Inverno, um período no qual o Sol deixa de mergulhar nas trevas para novamente ganhar luz, era e é celebrado ao redor do mundo. Esse é o período no qual as Mães Virgens geravam seus filhos sagrados: Rhiannon gerou Pryderi; Ísis gerou Hórus, Deméter gerou Perséfone. No Japão, a Deusa do Sol Oculto, Amaterasu, saía de sua caverna. O nascimento de Hórus era celebrado por volta de 23 de dezembro, pouco depois do Solstício de Inverno, no período do sepultamento final de Osíris. Foi nessa época do ano, diz-se, que Ísis e Néftis circundaram o santuário de Osíris por sete vezes, simbolizando seu sofrimento e a busca pelas partes espalhadas de seu corpo. Seth foi expulso com o chacoalhar do sistro de Ísis.

Nos antigos países do Oriente Médio, a celebração da Grande Deusa Astarte remete ao período neolítico. Essa Deusa era conhecida como Athtar pelos árabes, Attar-Samayin em aramaico e Ashtoreth pelos canaanitas. Astarte também era conhecida como "a Estrela Matinal", "a Regente Celeste" e "a Mãe de todos os Deuses".

A Noite das Mães, ou Modresnach (anglo-saxão), era um festival germano-escandinavo. Muitas de suas tradições ainda sobrevivem nas celebrações do atual Natal. A decoração da árvore sempre verdejante era um símbolo da Árvore da Vida, ou Árvore do Mundo. O crepitante tronco do Yule era aceso em homenagem ao retorno do Sol. A estrela no alto da árvore representa a estrela polar da Deusa Estrela. A ceia e os presentes honravam o alimento e a prosperidade concedidos pelas Deusas-Mãe a seus filhos humanos. Os duendes associados ao Papai Noel atual são remanescentes dos povos sobrenaturais da Natureza da Antiga Religião. As renas simbolizam antigas habilidades xamânicas praticadas pelas pessoas. Diz-se que o visgo foi colhido e usado pela primeira vez pela Deusa Frigg, para coletar beijos, antes de se tornar uma arma para matar seu filho. Nas culturas eslavas, o festival da Koleda tinha início no Solstício de Inverno e durava dez dias. Na Rússia, esse festival era conhecido como Kutuja, que posteriormente passou a designar a Véspera do Natal. Apesar de o nome eslavo originar-se no Deus Kolyada, ele homenageava a Deusa Lada, Deusa do amor, da primavera, da juventude e da fertilidade. Dizia-se que ela renascia anualmente nessa época. Cada família acendia um tronco de Yule e convidava seus Deuses domésticos pessoais para se juntarem nas festividades. Grupos de crianças iam de casa em casa cantando; como recompensa, recebiam pequenos presentes. Um dos maiores eventos era a utilização de profecias para o ano vindouro.

O dia 31 de dezembro era o Ano Novo escocês, conhecido como *Hogmanay*. Os pratos tradicionais servidos nessa época eram: *bannocks, oarsmen, shortbread, black buns* e *ankersocks* (um tipo de pão de gengibre). Há muito tempo, era um costume os homens se vestirem com peles de animais, geralmente usando chifres ou galhadas. À meia-noite as pessoas abriam todas as portas e janelas de suas casas para expulsar o velho e permitir a entrada do novo.

Em Gales, algumas pessoas ainda creem que os *Cwn Annwn*, ou os cães do Submundo, corram através dos ares na meia-noite da Véspera do Ano Novo, buscando vítimas para levar de volta para seu mestre. Batia-se em potes e panelas para afugentar esses animais sobrenaturais.

Na civilização inca, a grande celebração de Capac Raymi, ou Festival Magnífico, acontecia no Solstício. Esse mês era também a época do *huarachico*, ou cerimônia da puberdade para jovens garotos.

No Hemisfério Sul, esse solstício equivale ao Solstício de Verão do Hemisfério Norte. No Taiti, eles celebravam o Parara'a Matahiti, ou Festival da Primeira Fruta, em honra ao Deus do Paraíso, Hongo-ma-tane. Em Tonga, acontece um festival similar em que os homens participavam de lutas livres, com clavas e uma espécie de boxe. Em Fiji, dizia-se que nesse período do ano o Senhor do Submundo vinha empurrar os brotos de batata-doce através do solo.

Esse é um mês para contemplar o ano que se aproxima e o que planejamos fazer nele. Ideias se formam e devem germinar até o início do ano novo, mas devemos começar a pensar nelas.

Correspondências

Espíritos da Natureza: fadas das neves, tempestades e árvores do inverno.

Ervas: visgo, azevinho, hera inglesa, abeto.

Cores: vermelho-sangue, branco e preto.

Flores: azevinho, poinsétia (bico-de-papagaio ou estrela-do-natal), cacto do Natal.

Essências: violeta, patchouli, gerânio rosa, olíbano, mirra, lilás.

Pedras: serpentina, jacinto, olivina.

Árvores: pinheiro, abeto, azevinho.

Animais: rato, alce, cavalo, urso.

Aves: coruja da neve, corvo, tordo.

Deidades: Hathor, Hécate, Neith, Athena, Minerva, Ixchel, Osíris, Nornes, Parcas.

Fluxo de Poder: suportar, morrer, renascer. Ciclos da Terra em movimento. Escuridão. Alquimia pessoal. Caminhos espirituais. Assistir os amigos e a família, os solitários e necessitados.

Velhos Ditados e Sabedoria

- Os irlandeses dizem para nunca cortar seu cabelo, iniciar uma jornada, mudar-se para uma nova casa, iniciar um negócio ou moldar um vestido numa sexta-feira, especialmente se for de lua crescente ou cheia.
- Diz-se na Irlanda que ao caminhar nove vezes ao redor de uma colina das fadas durante a lua cheia, é possível achar a entrada.
- O nome Monte St. Helens significa "Montanha da Lua".
- A palavra "criar" tem origem na mesma palavra-raiz que a palavra "crescente".
- Em algumas lendas, os egípcios diziam que a lua nova e a lua cheia eram os dois olhos de Hórus.

- A ferradura é um símbolo do crescente lunar. Algumas antigas moedas britânicas possuíam um cavalo e um crescente nelas. Para que a ferradura e a lua crescente tragam sorte, as pontas devem estar voltadas para cima.
- Os nativos de Madagáscar chamam a sua ilha de Ilha da Lua.
- *To Aim at The Moon* (Apontar para a Lua, ou mirar a Lua) significa ser muito ambicioso, estabelecer metas extremamente altas.
- Diz-se que a pedra de feldspato, conhecida como selenita, fica mais clara e brilhante durante a lua cheia.
- Os ramos orientais dos clãs esquimós dizem que seu povo veio da Lua para a Terra.

Receitas

Bolas de Bourbon

Esta receita rende cerca de 30 doces de 2,5 cm, mas alertamos que eles não duram muito.

- ¼ de xícara de bourbon
- ½ xícara de açúcar
- 1 pacote de 350 g de chocolate meio amargo em pedaços
- 1 xícara de nozes pecã bem picadas
- 1 1¼ de xícara de waffers de baunilha moídos (cerca de 36)
- 3 colheres (sopa) de xarope de milho light

Derreta o chocolate em banho-maria, mexendo constantemente. Tire a panela do fogo. Misture o xarope de milho e o bourbon; despeje o açúcar, os waffers de baunilha e as nozes pecã e misture bem. Deixe esfriar. Enrole com as mãos bolas com cerca de uma colher de chá. Role cada bola no restante do açúcar e coloque sobre papel-manteiga. Cubra e resfrie por algumas horas. Para guardar, coloque numa vasilha de boca larga com tampa hermética.

Troncos de Queijo

- ¼ de xícara de leite em pó
- ½ colher (chá) de cebola picada
- ½ colher (chá) de Molho Worcestershire (Molho Inglês)
- ½ xícara de nozes pecã ou nozes bem picadas
- 1 pote de 300 g de cheddar cremoso
- 1 pote de 350 g de queijo defumado em pasta
- 2 pacotes de 180 g de cream cheese

Deixe os quatro queijos em temperatura ambiente por cerca de uma hora. Ponha-os numa tigela com a cebola e o molho Worcestershire. Misture com um garfo até ficar cremoso e bem misturado (normalmente eu uso as mãos). Adicione o leite, um pouco por vez, até misturar por completo. Cubra e resfrie até ficar firme, normalmente quatro horas. Forme rolos de cerca de 5 cm de espessura. Passe esses rolos de queijo sobre as castanhas moídas. Embrulhe em papel-manteiga e resfrie até ficar pronto para servir com bolachas.

Shortbread (Amanteigado) Escocês

- 1 xícara de manteiga
- 1 ½ xícara de açúcar peneirado
- 1 ½ xícara de farinha peneirada

Peneire a farinha e o açúcar numa tigela média; misture a manteiga até que a mistura fique quebradiça. Trabalhe a massa formando uma bola com suas mãos e bata por cerca de dez minutos. Forme um retângulo de 0,5 cm de espessura por 35 X 30 cm numa forma grande sem untar. Corte em quadrados ou losangos de 5,5 cm com uma faca afiada. Decore com confeitos coloridos se desejar. Asse por 45 minutos ou até ficar firme e levemente dourado.

Corte novamente o *shortbread* nas marcas e separe cuidadosamente. Manuseie com extremo cuidado! Remova da forma. Guarde num pote hermético com folhas de papel-manteiga entre as camadas. Se armazenado por algumas semanas, esse *shortbread* assume um delicioso e delicado sabor.

Artesanato

Folhas de Azevinho Nevadas

No século 19, este artesanato era utilizado como decoração quando flores frescas não podiam ser obtidas. Presas a ramos de abeto e visgo, as folhas de azevinho nevadas ficam muito decorativas.

Escolha belos ramos e folhas de azevinho e limpe-os com um pano seco. Seque-as completamente, mas não deixe murchar. Mergulhe as pontas de cada folha em cola branca e polvilhe-as em seguida com açúcar cristal. Deixe secar num local morno.

Sachê de Rosas

- ¼ de colher (chá) de canela
- 120 g de amido de milho
- 2 gotas de óleo de rosas
- 30 g de raiz de lírio-florentino em pó
- 60 g de talco

Cornucópias e Cornetas

A cornucópia é também chamada de "o corno da fartura", usada originalmente pelos gregos como decoração. É possível confeccionar uma grande ao enrolar um papel razoavelmente rígido na forma de um cone, fixando as extremidades com fita adesiva. Apoie-a de lado e encha-a com doces, frutas e pequenos adereços. Pode-se obter uma bela decoração central de mesa ao decorá-la com fitas, rendas e papel metálico.

Cornucópia

Pequenas cornetas, ou cones, podem ser feitas do mesmo modo e utilizadas como decoração para árvores. Prenda uma fita à parte superior aberta em lados opostos para pendurar. Podem ser preenchidos com pequenos brindes, doces, etc.

Sachê de Árvore de Natal

- ¼ de colher (chá) de noz-moscada
- ½ colher (chá) de canela
- 1 gota de óleo de bergamota
- 1 gota de óleo de pinho
- 60 g de goma de benjoim em pó
- 180 g de talco
- 300 g de amido de milho

Pot-pourri Quente Francês

- 1 grão de baunilha
- 60 g de arruda
- 60 g de raiz de lírio-florentino picada
- 120 g de violetas
- 240 g de flores de jasmim

Colônia da Índia

- ¼ de colher (chá) de noz-moscada
- ½ colher (chá) de canela
- 1 colher (sopa) de goma de mirra em pó
- 1 colher (sopa) de goma de olíbano em pó
- 1 gota de extrato de cumaru
- 1 gota de óleo de patchouli
- 30 ml de glicerina
- 60 g de pó de sândalo
- 120 ml de álcool
- 500 ml de água destilada

Colônia Real Japonesa

- 1 colher (chá) de baunilha
- 1 gota de óleo de cereja
- 1 gota de óleo de oleandro
- 1 gota de óleo de rosas
- 1 gota de óleo sintético de almíscar
- 1 gota óleo de cravo
- 125 ml de álcool
- 30 ml de glicerina
- 500 ml de água destilada

Mitos

O Nascimento de Hórus

Após a Deusa Ísis recuperar o corpo de seu esposo/irmão, ela o levou aos pântanos de Buto no Delta do Nilo. Lá, ela o ocultou do vingativo Set. Ísis aprendeu alta magia com o maior dos magos, Thoth. Ela recorreu à magia para gerar luz com seu cabelo e revolver o ar ao redor de Osíris com seus braços alados. Essa magia reanimou o corpo tempo suficiente para que ela concebesse uma criança. Agora, mais do que nunca, Ísis necessitava esconder-se de Seth, pois o perverso Deus indubitavelmente tentaria matar o herdeiro de direito ao trono do Egito.

Quando chegou o momento do nascimento da criança Hórus, Ísis foi assistida apenas pela Deusa cobra Buto, que auxiliou Ísis a ocultar a criança de Seth e a educá-la nos pântanos. Enquanto criança, Hórus foi exposto a muitos perigos. Foi atacado e mordido por animais selvagens, picado por escorpiões, queimado, além de sofrer de intensas dores intestinais. Thoth anulou o veneno do escorpião; os grandes poderes de sua mãe o salvaram em outras oportunidades.

Um dia, enquanto Ísis estava longe do corpo de Osíris, Seth o encontrou enquanto caçava nos pântanos. Ele cortou o corpo de Osíris em quatorze pedaços e os espalhou por todo o Egito. Ísis estava desolada. Ela procurou até encontrar todas as partes do corpo, com exceção do falo, que foi comido por um caranguejo do Nilo. Ela e sua irmã Néftis uniram os pedaços e, com o auxílio de seu sobrinho Anúbis, do grão-vizir Thoth e de seu jovem filho Hórus, executaram o primeiro embalsamamento. Osíris subiu então ao mundo dos imortais e se tornou rei dos mortos e da Lua.

Saturno

Saturno é um antigo Deus romano, também conhecido como Pai do Tempo, Pai dos Deuses, o Grande Mestre e Regente da Era Dourada. Hoje, seu nome é mais familiar graças à Astrologia; as pessoas detestam saber que Saturno esteja forçando-as a aprender lições e a equilibrar o carma.

Saturno era um Deus do trabalho e da agricultura, além de outras atribuições. É constantemente retratado segurando uma foice ou espigas de milho em suas mãos. Sua consorte era a Deusa da fertilidade Ops. Durante seu festival anual da Saturnália, todas as atividades públicas eram suspensas. Escolas

Saturno

e tribunais permaneciam fechados; operações comerciais e militares eram suspensas.

Seu templo em Roma era próximo ao Capitólio; o tesouro do Estado era ali guardado, assim como os estandartes das legiões que não estivessem em campanha. A não ser durante a Saturnália, sua estátua era amarrada fortemente com tiras de lã para evitar que ele abandonasse o território romano.

A imagem desse Deus sobreviveu até nossos dias como a figura barbada e encapuzada do Pai Tempo no Dia de Ano Novo. A foice transformou-se na segadeira e a ampulheta simboliza seu controle sobre o próprio tempo. Em vez de contemplar Saturno como uma figura a ser temida, devemos considerá-lo como o maior mestre que podemos ter. Tempo passado não pode ser recuperado. Use-o sabiamente.

Sekhmet da Cabeça de Leão

Essa Deusa egípcia era conhecida como "a terrível", "a Poderosa", "a Amada de Ptah". Ela representava o poder destrutivo do Sol e usava uma coroa em disco com uma cobra enrolada. Apesar de ser a Deusa da guerra e das batalhas, ela era também a patrona dos médicos e dos ortopedistas. Como aspecto de Hathor, ela quase aniquilou a humanidade numa ocasião por estes terem desrespeitado Ra.

Nesse período do ano, quando os raios do Sol estão em seu ponto mais fraco, Sekhmet mostra um lado mais generoso. Como muitos Deuses solares, sua vida e poderes parecem se expandir e se retrair conforme os ciclos do Sol. Entretanto, Sekhmet não deve ser jamais tratada sem reverência. Seus poderes merecem sempre o máximo respeito e consideração antes de solicitarmos sua ajuda. Segundo a lenda egípcia, ela tortura as pessoas malignas e desrespeitosas no Submundo. Atualmente, pode ser chamada para corrigir erros, não por nossos padrões medíocres, mas segundo seus próprios padrões, mais amplos. É a protetora dos fracos e desassistidos. Status social não significa nada para ela quando determina o equilíbrio na balança da justiça.

As Nornes

As Nornes escandinavas são em muitas formas semelhantes às Parcas gregas. Esse trio de Deusas guarda o Poço de Urd, que fica abaixo de uma raiz de Yggdrasil, a Árvore do Mundo, em Asgard. A Norne Urd (Destino) era definida como "aquela que foi"; Verthandi (Necessidade) como "aquela que é" e Skuld (Ser), "aquela que será". Predestinação e predeterminação eram conceitos estranhos aos nórdicos. Eles acreditavam que cada pessoa influenciava seu próprio futuro.

As Nornes eram quase tão importantes quanto as próprias Aesir. Na verdade, essas Deusas traçavam o destino de homens, Deuses, gigantes, anões e qualquer outro ser vivo. Diariamente, os nórdicos efetuavam seu conselho nesse Poço na presença das Nornes.

É raro saber exatamente onde o futuro nos leva, incluindo aí os caminhos laterais que inevitavelmente seguimos. É difícil até mesmo ter um lampejo claro da figura como um todo. Aprender a trabalhar com as Nornes e a ouvir seus conselhos é muito importante para evitar contratempos maiores. Se elas apontam para problemas vindouros e conseguimos mudar o rumo de nossa vida a ponto de evitá-los, assumimos então responsabilidade por moldar nosso futuro. Se os problemas revelados pelas Nornes persistirem em nosso caminho, não importa o quanto nos esforcemos, devemos trabalhá-los, aprendendo as lições necessárias.

Rituais

Renascimento do Senhor Perdido

– Solstício de Inverno –

Muitas culturas celebravam o renascimento de um Deus no Solstício de Inverno. Na realidade, a maior parte da história cristã foi copiada palavra por palavra de um antigo mito hindu. Parte foi também extraída do culto a Mitras, o Deus Sol, cultuado pelas legiões romanas até mesmo na Grã-Bretanha. O nascimento de Mitra era celebrado a 25 de dezembro.

O Solstício de Inverno é um divisor de águas para as energias da Terra. O Sol está em seu ponto mais baixo. Se desejar, pode usar um presépio para representar a Grande Mãe, seu consorte e a recém-nascida Criança Solar. Afinal, essa ideia tem sido usada há muito tempo antes do Cristianismo.

Se outras pessoas forem celebrar com você, dê-lhes as partes nas quais se responde à Mãe e aos Poderes Elementais.

✦ ✦ ✦

Use quantas velas for possível em sua área ritual. Abra seu Círculo como de costume. Tenha uma vela branca extra sobre o altar.

Acenda a vela branca e volte-a para o Leste e diga:

Ó Forças do Ar; eu busco o Recém-nascido.
Está ele dentro de seus domínios?

As Forças do Ar respondem:

Siga a estrela até a caverna oculta.

Volte-se para o Sul e diga:

Ó Forças do Fogo, eu busco o Recém-nascido.
Está ele dentro de seus domínios?

As Forças do Fogo respondem:

Siga a estrela até a caverna oculta.

Volte-se para o Oeste e diga:

Ó Forças da Água, eu busco o Recém-nascido.
Está ele dentro de seus domínios?

As Forças da água respondem:

Siga a estrela até a caverna oculta.

Por fim, volte-se para o Norte. Diga:

Ó Forças da Terra, eu busco o Recém-nascido.
Está ele dentro de seus domínios?

As Forças da Terra respondem:
Siga a estrela até a caverna oculta.

Retorne ao altar e coloque a vela branca dentro do Caldeirão.
Eu busquei por toda parte pelo Recém-nascido,
Mas não consegui encontrá-lo.
Atenção, pois a Grande Mãe
pronuncia suas palavras de sabedoria:
"Busque a Criança Sagrada de Luz,
dentro da caverna oculta em seu coração,
Pois para sempre ele estará lá, e não fora".

Erga seus braços em saudação e diga:
Encontrei a Criança!
Ela estará sempre comigo, onde quer que eu vá.
Glória e honra ao Senhor da Luz!
Glória e honra à Dama e seu consorte!

Feche o Círculo.

Sucesso e Prosperidade

Este encantamento surte melhor efeito quando executado durante a lua crescente ou cheia. A primeira lua cheia após o Solstício de Inverno é considerada a mais poderosa de todo o ano. Prepare uma pequena bolsinha para talismã verde ou marrom e três moedas de prata. Coloque o Caldeirão no Pentagrama. Ponha um pequeno pires dentro do Caldeirão com uma pequena quantidade de canela e lascas de cedro. Ao lado do Caldeirão, coloque seu Bastão.

Toque cada moeda com seu Bastão enquanto entoa:
Cintilante prata, moeda da Lua,
Brilhante e redonda, traga-me uma dádiva.
Atraia para minha mão muitas outras de sua espécie.
Multiplique-se, cresça, como a imagem em minha mente.

Coloque as moedas no Caldeirão com as ervas. Mexa o ar sete vezes no sentido horário sobre o Caldeirão. Entoe:

Elementais da Terra, tão argutos e brilhantes,
Compartilhem comigo seus tesouros nesta noite.
Riquezas de ouro e de prata,
Sucesso e prosperidade, tudo que eu puder manter.

Deposite as moedas e as ervas dentro da bolsinha para talismã.

Nascimento de Freya

A Deusa-Vanir nórdica Freya era muito importante para o bem-estar e existência dos Deuses, muito além de seu aspecto de Deusa da fertilidade, pois ocorreram muitas batalhas entre os Deuses e os Gigantes por Freya. Ela possuía muitos nomes: Syr, Dama, Grande Deusa, Mardoll, "aquela que brilha sobre o mar". Irmã de Freya e filha do Deus do Mar, Njord.

Os mitos falam de seu casamento com um misterioso Deus chamado Od, o qual desapareceu. Apesar de Freya estar intimamente ligada ao poderoso Odin, ela não é sua esposa, nem de nenhum outro Deus. Quando ela chora, suas lágrimas tornam-se gotas de ouro; quando essas gotas caem no mar, elas se transformam em âmbar. Seus gatos mágicos, Bygul (ouro de abelha, mel) e Trjegul (ouro de árvore, âmbar), puxam sua carruagem, mas ela também possui um javali de batalha (Hildisvini) o qual cavalga. Freya possui o colar Brisingamen e mantém metade dos guerreiros mortos em seu salão.

Ela é "a Senhora dos Gatos", líder das Valquírias, capaz de trocar de forma, é "a Sábia" ou "vidente" que inspira toda a poesia sagrada. Treze é seu número e sexta-feira é seu dia. *Seidr*, sua magia especial, era basicamente magia feminina, um tipo de xamanismo e profecia. Alguns mitos dizem que as runas eram de Freya muito antes de Odin obtê-las.

Freya tem poder sobre o amor, beleza, animais, sexo, gatos, nascimentos, fogo, cavalos, encantamentos, feitiçaria, ouro, riqueza, transes, joias, sabedoria, antevisão, magia, sorte, longa vida, fertilidade, a Lua, o mar, morte, música, poesia e proteção.

✦ ✦ ✦

Para pedir auxílio a Freya no desenvolvimento dos talentos psíquicos e na execução de magia, unte uma vela verde com óleo de zimbro ou pinho, do pavio à base. Use um colar ou um pingente de âmbar em honra a Brisingamen; ou ao menos tenha uma peça de âmbar em suas mãos. Vista-se com uma túnica verde ou que tenha detalhes verdes. Sente-se numa cadeira confortável onde não venha a ser perturbado. Diga:

> Mulher Falcão! A Lua flutua através das árvores.
> Freya! Chamo por aquela que chora ouro!
> Dama da feitiçaria! Não temo sua presença.
> Guardiã do Brisingamen! Revele-me os segredos dos nós e tranças.
> Freya! Deusa da Lua! Rainha das Valquírias!
> Dê-me a chave para a magia profunda.

Feche os olhos e respire profundamente. Sinta seu corpo relaxando. Diante de você há uma porta brilhante de luz. Visualize-se atravessando essa porta. Você está no salão de Freya em Asgard. A Deusa está sentada em seu trono. Há um escabelo a seus pés. Ela acena a você, que caminha pelo salão para se sentar no escabelo. Dedique o tempo que for necessário a conversar com Freya e receber seus sábios conselhos.

Ao terminar, despeça-se e retorne através da porta de luz para seu corpo físico. Respire fundo novamente. Repita o canto e agradeça a Freya por sua ajuda.

Fadas do Inverno

Durante os meses de inverno, os Espíritos da Natureza normalmente repousam enquanto suas plantas e árvores descansam. Entretanto, se convidar os que vivem em sua área para sua casa, eles podem passar os meses de inverno com você, checando suas energias quando necessário. Pode exigir certa dose de paciência e persuasão, especialmente se os antigos moradores não fossem afeitos a sua existência e rudes com plantas e árvores. Eles são amigos maravilhosos tanto para humanos quanto para animais. Gostam em particular de crianças pequenas.

Os Pequenos são também um bom barômetro para aferir o estado das vibrações da casa. Se estiver atraindo ou enviando energias negativas, eles ficam quietos e se afastam. Eles atraem a sua atenção para o problema se você não o notar imediatamente.

✦ ✦ ✦

Esta celebração para os Pequenos não requer abertura de um Círculo. Você vai precisar de gengibre em pó e uma pequena colher. Aponte velas na direção dos pontos cardeais: amarelo no Leste, vermelho no Sul, azul no Oeste e verde no Norte. Coloque um cristal ou outra pedra ao lado de cada vela. Em pé, no centro da sala, envie seus pensamentos para dar as boas-vindas aos Pequenos. Entoe:

> Ó espíritos das plantas e da Terra e das árvores,
> Ó Pequenos de todas as formas;
> Eu peço para que se apresentem a mim.
> De mim não partirá nenhuma agressão.
> Juntem-se a mim em amizade e amor.
> Trazendo prazer na antiga magia,
> Pois para sempre com os Antigos Deuses
> Poderemos recriar todas as coisas em ouro.
> Espíritos guardiões, nossas vidas se unem.
> Tudo nós compartilhamos.

Volte-se para o Leste. Polvilhe um pouco de gengibre na vela e diga:

> Todos vocês, espíritos e fadas,
> Ouçam meu chamado.
> Entrem neste Círculo Mágico.
> Bem-vindos, todos.

Volte-se para o Sul. Polvilhe o gengibre e diga:
Todos vocês dos raios de Sol,
Ouçam meu chamado.
Entrem neste Círculo Mágico.
Bem-vindos, todos.

Volte-se para o Oeste. Polvilhe o gengibre e diga:
Todos vocês, duendes das águas,
Ouçam meu chamado.
Entrem neste Círculo Mágico.
Bem-vindos, todos.

Volte-se para o Norte. Polvilhe o gengibre e diga:
Todos vocês, dos raios de Luar
Ouçam meu chamado.
Entrem neste Círculo Mágico.
Bem-vindos, todos.

Sente-se em silêncio por algum tempo, mentalizando os Pequenos. Esteja atento aos toques deles em seu corpo, como se fossem penas roçando. Ouça suas vozes musicais em sua mente. Fale com eles se desejar. Ao encerrar sua comunicação, fique em pé no centro da sala. Erga seus braços para o alto, dizendo:
Minha gratidão e bênçãos,
Àqueles do Ar, da Terra, do Céu e do Mar.

Noite dos Desejos

No final de dezembro acontecia a celebração da Noite dos Desejos no México, quando os desejos eram concedidos àqueles que os merecessem, como os presentes do Papai Noel. Uma vez que esse festival cai no que chamamos Véspera do Ano Novo, acaba sendo uma espécie de combinação de tempo para presentes e resoluções.

Se for seguro para você fazer isso, vá a céu aberto quando estiver completamente escuro. Se não for seguro ou possível, ao menos fique em pé ao lado de uma janela num cômodo completamente apagado.

Olhe para o céu. Ouça os sons da noite. Tente ouvir a música das estrelas e da Lua. Pense na noite como se estivesse numa região isolada nas proximidades de bosques escuros, as corujas voando em silêncio diante dos montes cobertos de neve. Deixe que seu ser prima! Emocione-se com o chamado dos lobos a distância.

Tenha em mente o que lhe é importante, como desejos para o ano vindouro e o que gostaria de eliminar de sua vida, por exemplo. Não seja recatado; você pode incluir pessoas problemáticas nessa categoria. Apenas esteja preparado para aceitar os resultados quando seus desejos forem atendidos.

Respire a cada coisa da qual deseja se livrar, uma por vez, na palma de sua mão. Sopre-as então para longe no céu dos ventos de inverno. Faça o mesmo com cada desejo que queira ver entrando em sua vida. Faça isso com calma.

Ao terminar, vá para dentro e acenda uma vela vermelha. Coloque-a num lugar seguro para que queime por completo. Essa vela é um ponto de referência simbólico que atrairá os desejos a você.

Deus maia sentado sobre símbolos para a Lua

Deusa da Nova Aurora
– Lua Crescente –

Hebe era a filha mais nova de Zeus e Hera. Entre os romanos ela era chamada "Juventas", "a Deusa da Aurora", "a Deusa do Leste" e " a Deusa da Juventude". Hebe era o escanção de seu pai antes de Zeus trazer o jovem Ganimedes ao Olimpo. Era também servente pessoal de sua mãe, Hera, e também ajudava a atrelar a carruagem da Deusa.

Antes de a Deusa Hebe ser substituída pelo garoto Ganimedes, ela servia néctar aos Deuses do Olimpo. A vida dos Deuses dependia desse néctar. Os gregos o chamavam de o vinho sobrenatural de Hera, ou o sangue menstrual da Grande Mãe. Muitas culturas ao redor do mundo possuem lendas com esse "vinho". Na Índia, era chamado de "soma"; na Grã-Bretanha, "o *claret* vermelho da Rainha das Fadas"; no antigo Egito era "o Sa". Essa beberagem representava espiritualmente o fato de que tudo, inclusive os Deuses, vinha do ventre da Grande Mãe.

Hebe

Tradicionalmente, o *claret* era a bebida dos reis, uma reminiscência do fato de eles serem indicados por uma Sacerdotisa da Grande Mãe. Um velho ditado diz: "o Homem na Lua bebe *claret*". A palavra *claret* significa "elucidação".

✦ ✦ ✦

Um ritual de autoiniciação é um gesto muito espiritual. Pode ser repetido em privacidade, toda vez que sentirmos estar sofrendo muitas mudanças pessoais e que de certa forma estivermos iniciando uma nova vida. É mais indicado durante a lua cheia.

Prepare-se com meditação e silêncio por ao menos uma hora antes de entrar em sua área ritual. Vista-se com sua túnica ritual ou vá nu. Se possível, escolha com antecipação seu nome ritual e consagre seus instrumentos. Se desejar substituir seu nome original, esta é a hora para se apresentar sob o novo nome aos Deuses.

Você vai precisar de seus instrumentos rituais de sempre, além de um sino ou chocalho, um pouco de óleo de olíbano e uma joia especial. Se já consagrou um talismã, ele pode ser recarregado agora.

Abra seu Círculo como de hábito e ajuste os guardiões direcionais. Ao concluir, volte-se para o Leste e erga suas mãos em saudação:

> Vejam, estou diante do Véu dos Mistérios
> Onde reside a magia e os Deuses estão próximos.
> O infinito Círculo de poder e proteção
> Está ao meu redor.

Em pé, com seus pés juntos e braços abertos, diga:

> Eu chamo pelos Antigos Deuses! Estou agora diante do Véu dos Mistérios do templo, aguardando a chamada para entrar e ser iniciado. Ouçam meu chamado, ó Grandes! A verdadeira iniciação vem da Grande Deusa e seu consorte. É meu desejo caminhar pelos antigos caminhos secretos e receber instrução entre os pilares dos templos.

Ponha uma pitada de sal em sua língua. Diga:

> Apesar de mortal, eu sei que sou amado e cuidado pela Deusa e seu consorte. Através da Deusa, todos os homens e mulheres nascem neste mundo. No momento oportuno todos devem retornar para o Salão do Julgamento, perante os Senhores do Carma.

Ponha o óleo de olíbano no Pentagrama. Ajoelhe-se diante do altar e diga:

> Eu, (nome mágico),
> venho a este templo sagrado de pilares para receber instrução.
> Eu dedico minha vida aos Antigos Deuses,
> cujos poderes são ainda fortes.
> Que o Senhor e a Senhora testemunhem minhas palavras!

Erga-se, apanhe o sino e volte-se para o Leste. Toque-o três vezes e diga:

> Veja, Guardião do Leste.
> Eu, (nome mágico), sou filho(a) do Senhor e da Senhora.

Volte-se para o Sul. Toque o sino três vezes e diga:

> Veja, Guardião do Sul.
> Eu, (nome mágico), sou filho(a) do Senhor e da Senhora.

Volte-se para o Oeste. Toque o sino três vezes e diga:

> Veja, Guardião do Oeste.
> Eu, (nome mágico), sou filho(a) do Senhor e da Senhora.

Finalize voltando-se para o Norte. Toque o sino três vezes e diga:

> Veja, Guardião do Norte.
> Eu, (nome mágico), sou filho(a) do Senhor e da Senhora.

Retorne ao altar. Apanhe o óleo e, com uma gota na ponta do indicador de sua mão de poder, unte levemente sua fronte. Diga:

> Que a Deusa Athena expanda minha mente
> Para que eu possa absorver maiores conhecimentos e magia.

Unte seu lábio superior. Diga:

> Que a Deusa Hera me mantenha
> calado diante dos incrédulos.

Unte seu coração e diga:

> Que o Deus Apollo me ensine
> a verdade sobre todas as coisas.

Unte as palmas das mãos. Diga:

> Que a Deusa Ártemis
> guie minhas mãos para maiores habilidades.

Unte os peitos dos pés. Diga:

> Que a Deusa Hécate leve meus pés por viagens mágicas.
> Abençoem-me, todos vocês Antigos!

Permaneça em pé e em silêncio para receber a bênção.
Ponha sua joia no Pentagrama, dizendo:

Através do poder do Deus e da Deusa
este(a) (nome da joia) é abençoado.
Através dele recebo o poder mágico
de antigos templos e vidas passadas.

Ao terminar, segure o Bastão sobre a joia e diga:

Pelos poderes da Deusa e de seu consorte,
Eu uno todo poder de dentro deste Círculo
Neste(a) (nome da joia). Assim seja!

Feche o Círculo como de costume.

A Grande Mãe Terra
– Lua Cheia –

Gaea, ou Gaia, era a Grande Mãe, a "Terra Amplamente Fecunda", "a Sacerdotisa Primeva", "a própria Mãe Terra". O grande centro em Delfos era dela antes de Apollo o assumir. Juramentos sagrados eram constantemente feitos em seu nome. Ela possuía santuários em Dodona, Tégea, Esparta e Athenas. Suas Sacerdotisas eram as Sibilas sagradas, as sábias Pítias e as devotas Melissae. Em seu Caldeirão Sagrado, em Delfos, as Sacerdotisas atiravam cevada e louro. Era a Deusa da maternidade, do casamento, da fertilidade agrícola, dos sonhos, transes, adivinhação, oráculos e curas.

✦ ✦ ✦

Este é um bom período do ano para invocar Gaia para curar a terra e suas criaturas. Este rito pode ser parte de seu ritual regular ou ser celebrado por si só. Coloque um pouco de cevada e folhas de louro num Caldeirão em seu altar. Acenda uma vela marrom atrás do Caldeirão. Coloque pedras e cristais ao redor do Caldeirão e da vela. Acenda incensos da terra, como verbena, loureiro, raiz de lírio-florentino em pó, ou mesmo patchouli. Se desejar, coloque uma gravura da Terra por perto. Prepare outra vela marrom num suporte.

Coloque suas mãos espalmadas sobre o altar. Cante:

Mãe Gaia, Deusa da Terra,
Eu a homenageio,
Pois sem seus cuidados e existência
Eu não teria morada.
Mãe Terra, ouça minhas palavras.
Eu necessito de sua divina presença.

Acenda a outra vela marrom e volte-a para o Leste.

Desperte, Mãe Terra!
Seus ventos estão pesados e doentes.
Sopre-os limpos novamente!

Volte-se para o Sul.

Desperte, Mãe Terra!
Seus filhos precisam de seus purificantes raios de luz.
Nossa atmosfera está com problemas!

Volte-se para o Oeste.

Desperte, Mãe Terra!
As plantas, os animais e os humanos estão em perigo.
Proteja seus filhos!

Finalmente, volte-se para o Norte.

Desperte, Mãe Terra!
Todo o planeta está doente.
Não nos destrua para restaurar o equilíbrio.
Em vez disso, inspire-nos a todos,
para que trabalhemos em conjunto na cura do mundo.
Retorne a seus filhos, Gaia!

Coloque a vela sobre o altar. Em pé, com os braços erguidos, diga:

Desperte nossas mentes e almas, Gaia!
Ensine a todos os humanos a respeitar sua morada.
Ensine-nos a ser responsáveis,
Seja pelos produtos químicos ou pela população.
Desperte-nos para as necessidades de nossa Terra!

Agradeça a Gaia por sua presença e apague as velas. Ponha o louro e a cevada do lado de fora como uma oferenda para terra. E cumpra seu papel para salvá-la!

Conversando com as Parcas
- Lua Nova -

As Parcas gregas e as Nornes nórdicas são muito semelhantes. Pode ser que todas essas Deusas tenham sua origem nas culturas pré-arianas do Extremo Oriente, antes que esses grupos culturais migrassem para suas respectivas áreas e se estabelecessem.

As Parcas gregas (porções, parcelas) eram também chamadas de "as Moiras" ou "Moirai" (parte) e tornaram-se conhecidas como "as Parcas" durante a Idade Média. Essas três filhas sérias de Nyx (noite) eram Clotho, Lachesis e Átropos. Clotho desenrolava a linha da vida; Lachesis media, decidia o destino e acrescentava uma porção de sorte e a taciturna Átropos, com sua tesoura, cortava a linha a qualquer tempo, sem aviso. Nem mesmo Zeus poderia se opor a uma decisão das Parcas. A Deusa Nêmesis era a única que podia influenciar Átropos para que deixasse a linha rolar por um período maior.

Eram constantemente acompanhadas pelos Keres (os Cães de Hades), três seres com afiadas presas e vestidos de vermelho. Apesar de temido, esse trio era também invocado em casamentos para uma união feliz.

Em muitos aspectos, as Nornes nórdicas eram muito semelhantes. Esse trio de Deusas do destino viviam na Fonte de Urd, próxima a uma das raízes da Árvore do Mundo, Yggdrasil. Eram elas: Urd (o Passado), Verthandi ou Verdandi (o Presente) e Skuld (o Futuro). O fato de a água da Fonte de Urd tornar todas as coisas brancas pode conectar essas deidades às três fases da Lua.

Certos registros citam também os ajudantes das Nornes, os Disir; em alguns textos, são chamados de "elfos". As Hamingjes eram como anjos da guarda para os humanos. Eram donzelas élficas que cuidavam dos bebês não nascidos. As decisões de Urd eram executadas pelas Giptes. Outros Disir guardavam certas famílias ou clãs. Havia até mulheres sobrenaturais, não Valquírias, que traziam as almas dos mortos para os domínios de Hel.

Os ingleses conheciam as Nornes com o nome de "as Irmãs Estranhas". Os anglo-saxões as chamavam de *Wyrd*; em alemão antigo, *Wurd*. Essas Irmãs Estranhas são descendentes diretas das Moiras ou Parcas gregas.

Apesar de não haver registros de sacrifícios para as Nornes, os clãs nórdicos as temiam e respeitavam. Na Grécia e em Roma, as Parcas eram levadas muito a sério. Recebiam sacrifícios de mel e flores. Ainda no período medieval, três anéis eram utilizados em rituais especiais para invocar as Parcas. As três gunas, ou fios coloridos (branco, preto e vermelho) da Índia, eram entrelaçadas a todas as vidas segundo as ordens das Parcas. Ovídio, Teócrito e outros escreveram sobre linhas da vida com as mesmas cores na literatura grega.

✦ ✦ ✦

Apanhe três fios, um vermelho, um preto e um branco e entrelace-os. Até as duas extremidades em separado. Se desejar, pode fazê-lo longo o bastante para amarrar ao redor de sua cintura e utilizar o cordão como parte de seus trajes rituais. Enquanto os entrelaça, cante:

>Acima, abaixo, linhas do destino.
>Tanto na minha vida como em todas as coisas.
>Trançando o padrão, cedo ou tarde,
>Verei o resultado que as ações trazem.

Beije a trança quando estiver pronta e amarre-a ao redor de sua cintura, ou pendure-a no pescoço. Visualize as Parcas gregas ou as Nornes nórdicas diante de você. Erga suas mãos para elas. Cante:

Um novo ano surge. As linhas se entrelaçam,
Para finalmente revelar meu destino.
Ó Parcas da Vida, peço sua ajuda
Para clarear meu caminho e me libertar.
Que as velhas coisas feneçam e desapareçam.
Que o novo chegue me trazendo prosperidade.
Ó Parcas da Vida, peço sua ajuda
Para clarear meu caminho e me libertar.

Durma com o cordão trançado sob seu travesseiro e preste atenção a seus sonhos. E esteja pronto para fazer o que for necessário e apropriado para retificar sua vida e tornar seu caminho mais suave.

APÊNDICES

Deidades e Símbolos Lunares

APÊNDICE 1

DEIDADES LUNARES

Deidades de todo o mundo têm desde há muito tempo sido associadas à Lua. A maioria dessas forças arquetípicas são Deusas. Apesar de seus nomes variarem de cultura para cultura, muitas delas são semelhantes em natureza e poderes. A lista de deidades a seguir é uma ajuda para aqueles que desejam acrescentar um nome específico a seus rituais, encantamentos ou apenas conversas com a Lua. Incluídos na lista estão criaturas como anjos e arcanjos, também eles conectados à Lua. A lista não tenciona ser completa.

Afrodite (Grécia): "Nascida da Espuma"; "Deusa lunar"; "aquela que une corações"; "a que veio do mar". Deusa da porção ocidental, retratada como uma bela e voluptuosa mulher, de olhos azuis e cabelos lisos. Durante algum tempo seu nome era Marianna ou *La Mer*, ou seja, "o Oceano". Era chamada de "virginal", o que significa que era independente. Suas Sacerdotisas não eram fisicamente virgens, mas celebravam ritos sexuais; os homens eram excluídos de muitos de seus rituais. Olíbano e mirra eram queimados em seus templos. O amor de mulheres, em qualquer forma, era sagrado para Afrodite. Suas aves eram o corvo, o periquito, o cisne e a pomba (símbolo jônico). Patrona das prostitutas. Deusa do amor, da beleza, do prazer, do amor físico, da sensualidade, da paixão, da generosidade, do afeto, da fertilidade, da criação contínua, da renovação e de todas as espécies de parcerias e relacionamentos.

Aine de Knockaine (Irlanda): Deusa da Lua; patrona das colheitas e do gado. Ligada ao Solstício de Verão.

Akua'ba (Ashanti da África): Divindade lunar da fertilidade.

Al-lat (Arábia): Deusa da lua cheia. Era a Deusa regente de templos agora proibidos para mulheres. Em tempos antigos foi representada por um enorme bloco não talhado de granito branco, na vila de At Ta'if, nas proximidades de Meca.

Al-uzza (Arábia): "a Poderosa"; Deusa da lua crescente. Guerreira Virgem da estrela da manhã. Em tempos muito antigos, considerava-se que ela estava oculta na pedra preta de Meca, a Caaba, onde era atendida por Sacerdotisas. Hoje a pedra é cuidada por homens conhecidos como Beni Shaybah (os filhos da Velha Mulher). Seu bosque sagrado de acácias ficava logo ao sul de Meca.

Anahita/Anat/Qadesh/Anait/Anatu (Fenícia, Canaã, Ur, Pérsia): "a Elevada", "a Poderosa", "a Imaculada". Essa Deusa carregava uma *Ankh* e usava chifres e um disco lunar. Seu santuário em Erex, Akilisene, continha sua estátua de ouro.

Andraste (Celtas britânicos): Deusa lunar reverenciada pela rainha Boadicea. Associada à lebre e à adivinhação.

Anna Perenna (Roma): Deusa do tempo de duas cabeças, com uma cabeça (*Prosrsa*) olhando para frente e a outra (*Postverta*) para trás. Semelhante ao Deus Janus. De acordo com Ovídio, uma Deusa lunar. Inícios, fins, o alfabeto.

Aponibolinayen (Filipinas): Mulher Celeste que sustentava os céus por uma videira presa a sua cintura. Provavelmente uma Deusa lunar, pois concebeu filhos do Sol.

Ariadne (Creta): seu nome significa "Grande Mãe Fértil"; outro aspecto da Deusa lunar cretense Britomartis. Robert Graves escreveu que ela era esposa de Dioniso. Imagens da Deusa com serpentes em suas mãos representam suas Sacerdotisas oraculares.

Arianrhod (Gales): Roda de Prata; Grande Mãe Fértil; virgem; Deusa da reencarnação; Deusa da lua cheia. Seu palácio era chamado Caer Arianrhod (Aurora Borealis). Guardiã da Roda Prateada de Estrelas, um símbolo do tempo ou do carma. Essa roda era também conhecida como Roda de Pás, uma embarcação que carregava os guerreiros mortos à terra da Lua (Emania). Homenageada na lua cheia. Beleza, fertilidade, reencarnação.

Ártemis (Grécia): Caçadora virgem; Deusa dos lugares e das coisas silvestres; Caçadora; Donzela; Deusa Urso; Deusa da Lua; Caçadora de Almas; mutante. Em Éfeso, era conhecida como Dea Anna "de muitos seios" e era a patrona dos cuidados, da fertilidade e do nascimento. Na Grécia, representada como sendo alta, magra, amável e trajando uma curta túnica. Sua carruagem era puxada por alces de prata. Ela vagava pelos bosques, montanhas e vales com seu grupo de ninfas e cães de caça. Agia rápido e decisivamente para proteger e ajudar aqueles que por ela apelavam e era rápida na punição dos agressores, apesar de abominar a violência em si. Ela conhecia os recantos sagrados da Natureza onde se pode descansar para recuperar a energia.

As Amazonas (mulheres da lua), as quais lhe eram leais, cultuavam um dos aspectos de Ártemis (a fase lua crescente). Como Deusa da Caça, ela portava um arco de prata e era acompanhada por um alce e por sua matilha de cães, os Alani. Ela podia trazer destruição, mas era normalmente benigna. O sexto dia da lua crescente era seu. Defensora das mulheres ameaçadas ou importunadas por homens. Bolotas de carvalho e absinto lhe eram sagrados.

Patrona dos cantores; protetora das jovens; senhora da magia, feitiçaria, encantamentos, poderes psíquicos, fertilidade feminina, purificação, esportes, tempo bom para viajantes, bosques, caça, cura mental, animais silvestres, montanhas, remédios naturais, cura.

Astarte (Babilônia, Assíria, Fenícia): Senhora da Montanha; Rainha do Paraíso; Senhora de Biblos; Senhora dos cavalos e das carruagens; Donzela; Virgem; Deusa Mãe. Seus templos possuíam prostitutas sagradas; casamentos sagrados eram celebrados por suas Sacerdotisas com os reis. Em seu aspecto guerreiro, ela usava os chifres de um touro. Suas Sacerdotisas eram renomadas astrólogas. Vingança, vitória, guerra, lua crescente, astrologia, atividade sexual.

Ataensic (Nativo-Americana, Huron): Deus da Lua; a palavra Huron para água originou-se neste nome.

Athena (Grécia): Olhos Brilhantes; Virgem Sagrada; Deusa Donzela; Deusa Mãe de Athenas. Por vezes chamada de Pallas Athena em memória de sua amiga íntima. A coruja, oliveira, carvalho e serpentes entrelaçadas eram seus símbolos sagrados. Vestia um elmo e um peitoral e levava um escudo e uma lança. Deusa da liberdade e dos direitos das mulheres; patrona dos artesãos, especialmente ferreiros, ourives, oleiros, costureiros, construtores navais, tecelões e fiandeiros. Proteção, escrita, música, ciências, sabedoria, artes e artesanato, renovação, justiça real, prudência, aconselhamento, sabedoria, paz, estratégia.

Atius Tirawa (Pawnee, Nativo-Americana): Deus Criador; Deus do Sol, da Lua e das estrelas.

Auchimalgen (Chile): Deusa lunar dos índios araucanos. Proteção contra desastres e maus espíritos, basicamente através do medo que ela impõe. Eles consideravam uma Lua vermelha como um presságio da morte de alguém importante.

Ba'alat (Fenícia): Senhora de Biblos; usava ou uma tiara de cobra ou um disco entre dois cornos. Semelhante à Hathor egípcia. Também conhecida como Belit, Belitili, Beltis.

Ba'alith (Canaã): Grande Deusa; amor, Lua, Submundo, árvores, riachos, fontes.

Bast/Bastet/Pasht (em seu aspecto escuro) (Egito): Deusa de cabeça de gato; mãe de todos os felinos. Identificada com Ártemis ou Diana, também chamadas de mães dos felinos. O gato era o animal mais sagrado do Egito, mas o gato preto era especialmente sagrado para Bast; médicos egípcios usavam o gato preto como símbolo de cura. Gatos eram mantidos em seu templo e embalsamados ao morrer. Bast portava um sistro em sua mão direita e uma cesta na esquerda. Normalmente vestia verde.

Deusa do fogo, da Lua, dos nascimentos, fertilidade, prazer, benevolência, alegria, ritos sexuais, música, dança, proteção contra doenças e maus espíritos, calor, todos os animais, gatos em especial, intuição, cura.

Bendis (Grécia, Trácia): Deusa da Lua e da fertilidade. Seus ritos incluíam orgias.

Blodeuwedd (Gales): Deusa de Nove Faces das Ilhas Ocidentais do Paraíso, conectada com a morte e com a reencarnação. Como Athena, as corujas lhe eram sagradas. Robert Graves escreveu que Blodeuwedd possuía nove poderes, uma mistura e multiplicação da Deusa Tríplice. Ela lidava com mistérios e iniciações lunares.

Bomu Rambi (Zimbábue, África Ocidental): Deusa lunar associada à sabedoria, ao conforto e com o acalmar do estresse emocional. Seus seguidores usavam colares com um crescente.

Brigit/Brid/Brig/Brigid/Brighid (Irlanda, Gales, Espanha, França): Poder; Celebridade; Flecha Flamejante de Poder (Breo-saighead). Chamada de "a Poetisa". Geralmente referida como as Tríplices Brigit's, as Três Damas Abençoadas da Bretanha, as Três Mães; associada ao Imbolc. Seu clero exclusivamente feminino em Kildare contava com dezenove Sacerdotisas, o número do "Grande Ano" celta e o número dos ciclos da Lua. Deusa do lar, habilidades e artes femininas, fertilidade, artes marciais. Cura, médicos, agricultura, inspiração, aprendizado, poesia, adivinhação, profecia, ferreiros, pactos com animais, amor, Bruxaria, conhecimentos ocultos.

Britomartis (Creta): Deusa lunar virgem das florestas; por vezes chamada de Dictynna. Semelhante a Ártemis e Diana.

Cailleach Beine Bric/Calleach (Celtas, Escócia): Grande Deusa em seu aspecto destruidor; chamada de "a Oculta". Outro nome era *Scota*, de onde vem o nome Escócia. Originalmente, a Escócia era chamada de Caledónia ou terra doada por Cailleach.

Caridades/Graças (Grécia): Tríade de Deusas lunares, eram companheiras de Afrodite. Normalmente retratadas nuas e dançando. Eram elas Aglaia (a Brilhante, a Gloriosa), Thalia (a Florescente, a Abundância) e Eufrosina (aquela que traz alegria, prazer).

Centzon Totochtin (Asteca): "Quatrocentos coelhos". Deuses conectados à Lua. Retratados com caras brancas e pretas e ornamentos no nariz em forma de crescente. Associados à cerveja pulque.

Ceres (Roma): Deusa da Lua e dos grãos; identificada com a grega Deméter. Prosérpina era sua filha.

Cernunnos/Cernowain/Cerneus/Herne, o Caçador (Todas as culturas celtas, de um modo ou outro): o Deus Cornífero; Deus da Natureza; Deus do Submundo e do Plano Astral; Grande Pai; o Cornífero. Desde tempos remotíssimos, o companheiro da Deusa lunar. Chifres, de qualquer espécie, sempre conectavam uma deidade à Lua. Os druidas o conheciam como *Hu Gadern*, o Deus Cornífero da fertilidade. Representado sentado numa posição de lótus, com chifres ou galhadas em sua cabeça, longo cabelo encaracolado, barba, nu, a não ser por um torc no pescoço, por vezes segurando uma lança e um escudo. Seus símbolos eram o alce, o bode, o touro e a serpente chifruda, todas criaturas lunares. Virilidade, fertilidade, animais, amor físico, natureza, bosques, reencarnação, encruzilhadas, riqueza, comércio, guerreiros.

Cerridwen/Caridwen/Ceridwen (Gales): Deusa da lua nova; Grande Mãe; Deusa da Natureza; Deusa dos grãos. Seu Caldeirão e a porca comedora de cadáveres representavam a Lua. Bardos galeses se autointitulavam Cerddorion (filhos de Cerridwen). Morte, fertilidade, regeneração, Astrologia, ervas, ciência, poesia, encantamentos, sabedoria.

Chandra/Soma (Índia): Deus da Lua, cujo nome vem da bebida intoxicante e alucinógena preparada para os Deuses. Deus do prazeroso esquecimento. A Lua é chamada de Sasin ou Sasanka (sinal ou marca da lebre), porque Chandra carregava uma lebre. Uma lenda diz que a Lua é uma bola de cristal cheia de água prateada. Chandra viaja numa carruagem puxada por antílopes e protege o mundo da ignorância e do caos. Visões e sonhos psíquicos, elevação aos planos interiores.

Ch'ang-O/Heng-O (China): Deusa da Lua. Seu palácio na Lua é conhecido como o Grande Frio na Lua. Na lua cheia do Equinócio de Outono acontece uma celebração exclusivamente feminina em que as mulheres ofereciam à Deusa bolos em forma de crescente (chamados de *Yue-ping*) e estátuas de pequenas lebres.

Cibele/Kybele (Grécia, Frígia): Deusa da terra e das cavernas; Grande Mãe. Um de seus símbolos era a lua crescente. Cibele era a Deusa do mundo natural e de sua formação. Animais silvestres, especialmente leões. Domínio sobre animais selvagens, magia negra, vingança.

Circe (Grécia): "Falcão Fêmea"; Deusa da lua nova; tecelã do destino. Chamada de "ave-da-morte" (kirkos ou falcão). Como o Círculo, ela era a tecelã dos destinos. Antigos escritores gregos citavam-na como Circe das Madeixas Trançadas, pois podia manipular as forças de criação e destruição através de nós e tranças em seus cabelos. A ilha de Aeaea era um santuário funeral para ela; diz-se que seu nome vem do grito de angústia. Era a Deusa do amor físico, feitiçaria, encantamentos, sonhos precognitivos, maldições, vingança, magia negra, Bruxaria, caldeirões.

Coatlicue (Asteca): "Sinos Dourados"; Deusa lunar. Retratada com sinos de ouro em seu rosto. A verdadeira Lua física era chamada de Mextli. Em Teotihuacán, ao norte da atual cidade do México, há uma antiga cidade asteca com uma pirâmide da Lua. Era a benéfica doadora de colheitas e filhos, mas também era Deusa da noite, umidade, frio e doença.

Danu/Danann/Dana (Irlanda): provavelmente a mesma que Anu. Ancestral dos Tuatha De Danann; Mãe dos Deuses; Grande Mãe; Deusa lunar. Patrona dos magos; rios, água, fontes, prosperidade e fartura, magia, sabedoria.

Deméter (Grécia): Deusa da Lua e dos grãos; identificada com a Ceres romana. Mãe de Kore, que se tornou Perséfone após seu retorno do Submundo. Os Mistérios Eleusianos giravam em torno de seus ensinamentos espirituais.

Deusa Tríplice: uma trindade de Deusas, ou uma Deusa com três aspectos. Conhecida ao redor do mundo em vários aspectos. Quase sempre ligadas às três fases da Lua.

Deus Cornífero (Muitas culturas): também chamado de Cernunnos, o Homem Verde, Herne o Caçador, Senhor da Caçada Selvagem. Ligado à Deusa da Lua desde os primórdios. Muito semelhante ao Pã grego e ao Silvano romano. O lado masculino, ativo da Natureza. Coisas vivas, florestas, Natureza, animais silvestres, vivacidade, aniquilação, fertilidade, pânico, desejo, terror, rebanhos, agricultura, cerveja.

Diana (Roma): Deusa dos Bosques, senhora dos animais; por vezes chamada de "a de Muitos Seios". Deusa das montanhas, dos bosques, das mulheres, nascimentos. Seu título "Rainha do Paraíso" era o nome romano para a Deusa Tríplice; seus aspectos eram a Virgem Lunar, a Mãe das Criaturas e a Caçadora ou a Destruidora. Seus animais eram o cão e o alce. Patrona dos fora da lei e dos ladrões. Geralmente associada ao Deus da floresta Silvano ou Pã. Na antiga Itália, seu mais antigo e famoso local de culto era num lago vulcânico, conhecido como o Espelho de Diana. Num bosque (Nemus), na única margem acessível do lago, ficava seu santuário. Essa Deusa era conhecida por sua predileção por uma sociedade exclusivamente feminina. Há registros do século 10 referentes a mulheres que compareciam a encontros noturnos com a Deusa pagã Diana.

Dictynna (Creta): Deusa da floresta virgem e da Lua; por vezes chamada de Britomartis.

Diiwica (Eslavo-russa): Deusa da Caçada que regia as florestas, cavalos, animais selvagens e vitória. Possivelmente identificada com a Diana romana.

Dione/Nemorensis/Nemetona (Deusa do Bosque Lunar) (Grécia, Roma): Dione era originalmente a Deusa do oráculo de Dodona antes de o santuário ter sido tomado por Zeus. Na Itália, o lago Nemi, na região dos bosques, que fica numa cratera vulcânica em Monte Albano, possuía um santuário dedicado a Diana ou Dione. Seu Sacerdote era chamado de Rei do Bosque e este mantinha seu posto através de combates. Qualquer homem, livre ou escravo, podia desafiá-lo.

Eostre/Ostara/Eostra/Ostarra (Alemanha, norte da Europa): Deusa lunar, cujo nome se preserva na palavra Easter (Páscoa). Como uma Deusa da fertilidade no Equinócio de Primavera, era associada a lebres, coelhos e ovos.

Ereshkigal (Mesopotâmia, Babilônia, Assíria): Rainha do Submundo; Deusa em seu aspecto de Anciã. Magia negra, vingança, retribuição, lua minguante, morte, destruição, regeneração.

Estsanatlehi (Nativo-Americana, Navajo): "a Mulher que Muda"; mutações. Lua, transformações, imortalidade.

Eurínome (Grécia): às vezes chamada de Afrodite Eurínome; Deusa lunar. Sua estátua era a de uma sereia esculpida em madeira em seu templo em Phigalia, em Arcádia.

Fleachta de Meath (Irlanda): Rainha Lunar da Irlanda.

Freya/Freyja (Nórdica): Syr (vidente); Dama; Grande Deusa; Mardoll; "aquela que brilha sobre o mar"; Deusa vanir. Senhora dos gatos, líder das Valquírias, assumia diferentes formas, a Sábia ou "vidente" que inspirava toda a poesia sagrada. Treze era seu número e sexta-feira seu dia. Amor, beleza, animais, atividade sexual, nascimentos, cavalos, encantamentos, Bruxaria, riqueza, ouro, transes, sabedoria, antevisão, magia, sorte, vida longa, fertilidade, Lua, mar, morte, música, poesia, escrita, proteção.

Frigg/Frigga/Frija (Nórdica): "Mui amada Esposa ou Senhora"; Deusa Mãe Aesir; rainha das Deusas; mutante; onisciente. Filha de Nótt (Noite). Independência, nascimentos, astúcia, esperteza, amor físico, sabedoria, destino, antevisão, casamento, filhos, fertilidade, destino, Lua, magia, encantamentos.

Fúrias, As/Erínias (As Raivosas)/Eumênides (As Gentis) (Grécia): Filhas de Nyx; filhas da Noite Eterna. Particularmente associadas a Deméter em seu aspecto crônico. Eram elas Alecto (Eterna, Inominável), Tisífone (Retaliação-Destruição) e Megera (Fúria, Rancor).

Gabriel (Arcanjo): Príncipe da Mudança e da Alteração; Arcanjo da Anunciação. Um dos dois mais elevados anjos. Príncipe regente do Paraíso, senta-se do lado esquerdo do Deus cristão. Anjo da ressurreição, piedade, vingança, morte, revelações, verdade, esperança. Seu planeta é a Lua, sua cor, azul. Rege o Elemento Água e o Oeste. Anjo das visões, magia, clarividência, predições, viagens astrais, medicina herbal. Seu nome arábico é Jibril ou Jabrail.

Ganesha/Ganesa/Ganapati/Gajani (Índia): "Cara de Elefante"; Senhor dos Obstáculos; Deus com cabeça de elefante dos escribas e mercadores. Representado como um homem baixote e barrigudo de pele amarela, com quatro braços e cabeça de elefante com uma só presa. Cavalga um rato. Remove obstáculos da vida. Pensativo e sábio, era invocado antes de cada decisão para assegurar sucesso. Diz-se que se se cultuar Ganesha no festival hindu de agosto seus desejos se realizarão. Entretanto, ver a Lua durante esse festival pode trazer azar. Sabedoria, sorte, literatura, livros, escrita, sucesso mundano, prosperidade, paz, inícios, jornadas, suplantar obstáculos, dominar forças perigosas, combinação de força e astúcia.

Ge (Daomé na África): Deus da Lua; filho de Mawu.

Gidja (Austrália): Deus lunar e ancestral totêmico dos Sonhos. Deus dos sonhos e do sexo.

Han Lu (China): Deusa da Lua e das colheitas.

Hathor/Athyr/Het-Hert (Casa ou Ventre elevado)/Hat-Hor (Casa ou Ventre de Hórus) (Egito): "a Dourada"; "a Rainha do Oeste" (ou dos Mortos); Dama do Sicômoro; Casa do Rosto; Deusa Mãe; mãe de todos os Deuses e Deusas; Rainha do Paraíso; Deusa Lunar; similar a Afrodite. Considerada autoconcebida. Portava o sagrado Olho de Ra. O espelho e o sistro lhe eram sagrados.
Sua aparência podia ser a de uma Deusa com cabeça de vaca ou uma mulher com chifres, orelhas de vaca e pesadas tranças. Hathor apreciava incorporar-se no sistro para afugentar maus espíritos; outro de seus instrumentos era o tamborete. Ela cuidava dos mortos, levando-os para o pós-vida.

Protetora das mulheres; Deusa da alegria, do amor, do prazer, das flores, Lua, túmulos, maternidade, beleza, casamento, cantores e dançarinos, artistas, uvas e vinho, felicidade, proteção, Astrologia, prosperidade, força, períodos alegres em geral.

Hécate (Grécia, Trácia, Roma): "a Mais Amável"; "a Distante"; Rainha da Noite dos Pés de Prata; Deusa da Lua, das horas escuras e do Submundo; "a Anciã"; Rainha do mundo dos espíritos; Deusa da Bruxaria; Deusa serpente; Grande Mãe; Grande Deusa da Natureza; Senhora da Caçada Selvagem. Outra Deusa das Amazonas, sua carruagem era puxada por dragões. Diz-se que ela usava um brilhante penteado e era a mais poderosa na arte da feitiçaria. Uma estátua muito antiga, do século 8 AEC, mostra Hécate com asas e segurando uma cobra. Ela podia alterar idades e formas e rejuvenescer ou matar. Era o terceiro aspecto da Lua, a Anciã (lua nova) ou a Megera (reverenciada como a Portadora da Sabedoria). Um de seus símbolos era o Caldeirão. Uma imagem de três rostos representava seus três aspectos; era então chamada de Triformes. Como Hécate Trívia, Hécate dos Três Caminhos, suas imagens eram colocadas em bifurcações onde oferendas de cães, mel e ovelhas pretas eram deixadas nas noites de lua cheia. Adivinhação e contatos com os mortos eram executados nesses locais.
A mais antiga forma da Deusa Tríplice, seus festivais aconteciam à noite, à luz de tochas. Uma Deusa caçadora que conhecia seus caminhos no reino dos espíritos; todas as forças secretas da Natureza estavam a seu comando; controlava nascimento, vida e morte. Patrona das Sacerdotisas; Deusa das Bruxas. Lua minguante, magia negra, profecia, encantamentos, vingança, proteção contra o mal, revelação de eventos cármicos, encantos, riqueza, vitória, sabedoria, transformação, reencarnação, cães, purificação, fins, escolhas, encruzilhadas, maldições, assombramentos, renovação e regeneração.

Heimdall (Nórdico): Deus Vanir da Luz e do arco-íris; "o Deus Branco". Chamado de "Filho da Onda", pois nasceu de nove ondas através dos encantamentos de Odin; nove é um número mágico da Lua. Guardião, inícios e fins, luz da alvorada, seriedade, defesa contra o mal.

Hel (Nórdica): Senhora de Niflheim; lua nova; Deusa regente da terra dos mortos; seus domínios não eram necessariamente um local de punição, pois havia áreas separadas para os bons que morriam em paz e para os maus.

Hera (Grécia): equivalente grega da Deusa romana Juno.

Hina (Havaí): Deusa lunar de duplo aspecto, criadora e destruidora da vida.

Holda/Holde/Holle/Hulda (Benigna)/Bertha/Berchta (Dama Branca) (Germanos, nórdicos): nome norte-germânico para Hel. Dama Branca; Mãe da Terra Negra; Deusa do inverno e da Bruxaria; aspecto Anciã da Lua. Entre as tribos norte-germânicas, dizia-se que ela cavalgava com Odin na Caçada Selvagem. Ainda no século 10, tratados relatavam que mulheres pagãs cavalgavam sob seu comando em galopes selvagens pela noite. O azevinho lhe era sagrado. Destino, carma, artes, magia negra, vingança.

Homem Verde (Irlanda, Grã-Bretanha, Gales): em galês antigo seu nome era Arddhu (O Escuro), Atho, ou o Deus Cornífero. Identificado com Cernunnos. Divindade, provida de chifres, das árvores e de todas as coisas verdes da Terra; Deus dos bosques. Ligado a diversas Deusas lunares. As mais antigas deidades eram a Deusa Branca (Deusa da Lua) e o Deus Cornífero.

Hórus (Egito): apesar de este Deus ser basicamente um Deus do Sol e do céu, com cabeça de falcão e idêntico a Apollo, seus dois olhos eram o Sol e a Lua. Era também associado a gatos. O barco da Lua, chamado de Yaahu Auhu, era por vezes chamado de "o Olho Esquerdo de Hórus". Os egípcios diziam que esse barco lunar levava as almas dos mortos através de um vasto oceano até o Sol.

Huitaca (Colômbia, América do Sul): Deusa da Lua que tece os sonhos, especialmente sonhos instrutivos.

Hur (Caldeia): Deus da Lua, a capital Ur leva seu nome.

Idunn/Iduna (Nórdica): Deusa da eterna juventude, guardiã das maçãs douradas (por vezes um símbolo lunar). Nascimentos, primavera; visão límpida e esclarecimento, especialmente para recém-nascidos.

Igaluk (Nativo-Americana, Esquimó): Deus lunar; Deus Supremo. Fenômenos naturais, animais, animais marinhos.

Inanna (Muitas culturas no antigo Oriente Médio): identificada com Ishtar.

Ishtar/lnanna/Ashtart/Ashtaroth/Astoreth/Astarte/Anaitis/Anat/ Atar/Athtar/Mylitta/Esther (Mesopotâmia, Babilônia, Assíria, Suméria, Arábia, Fenícia, Canaã): Dama dos lamentos e das batalhas; Rainha ou Senhora do Paraíso; Deusa da Lua e da noite; Grande Mãe; A Brilhante; Mãe das Deidades; Produtora da Vida; Criadora de Povos; Guardiã da Lei e da Ordem; Governante dos Céus; Fonte dos Oráculos de Profecia; Senhora das Batalhas e da Vitória; Dama da Visão; Guardiã das Tábuas dos Registros da Vida. Como Sharrat Shame (Rainha do Paraíso), essa Deusa recebia kamanu, ou bolos sacrificiais. Era a irmã de Ereshkigal.

Como Deusa guerreira, ela levava um arco e viajava numa carruagem puxada por sete leões. Outras imagens mostram-na sentada em seu trono de leões com chifres, arco e flechas, com uma coroa em tiara, um cetro de serpente dupla, segurando uma espada ou com dragões a seu lado. Usava um colar de arco-íris, muito semelhante ao da Freya nórdica.

Durante as noites de lua cheia (conhecidas como Shapatu), alegres celebrações aconteciam em seus muitos templos. Nesses ritos, chamados de *Qadishtu* sagrados, as mulheres que viviam como Sacerdotisas em seus templos recebiam amantes para expressar a sexualidade como um dom sagrado de Ishtar. Esses ritos sexuais permitiam aos homens que comungassem com a Deusa.

Deusa dos lados positivo e negativo de tudo o que regia; patrona das Sacerdotisas, guardiã da lei; mestre. Amor, fertilidade, vingança, guerra, ressurreição, casamento, leões, cetro e serpente dupla, lápis-lazúli, desejo amoroso, poderes de morte e concepção do mundo, purificação, iniciação, suplantar obstáculos.

Ísis/As/Ast/Aset/Eset/Tait (Egito): Deusa suprema do Egito; Deusa lunar; Grande Mãe e Deusa; Doadora da Vida. Ísis literalmente significa "umidade". Como Tait, Ísis era a tecelã dos fios da vida. Identificada com Deméter, Hera e Selene. Com Osíris, Ísis (a Mãe) e Hórus (a criança divina) constituíam uma Trindade Sagrada. A vaca lhe era sagrada, assim como a Fivela Mágica de Ísis e o sistro. Seu sistro era entalhado com a figura de um gato, representando a Lua. Ocasionalmente ela era retratada com braços alados protetores. Como Alta Sacerdotisa, ela era poderosa em magia. Deusa do casamento e da vida doméstica, da Lua, maternidade, fertilidade, nascimentos, magia, purificação, iniciação, reencarnação, sucesso, feminilidade, cura, artes domésticas, aconselhamento, adivinhação, agricultura, artes, proteção. Patrona das Sacerdotisas.

Ixchel (Maia): "o Arco-íris". A Lua maia, representada por um símbolo em U (uterino). Deusa do nascimento, fertilidade, ciclos lunares. Tece o tecido da vida, cura, Medicina, Lua, gravidez, cheias, tecelagem, artes domésticas. Idêntica à Mulher Aranha. Durante o rito de passagem, jovens maias viajavam até seu templo na sagrada Ilha das Mulheres.

Ixchup (Maia): "Jovem Deusa Lunar".

Jahi, a Meretriz (Pérsia): Grande Mãe que, como Lilith, copulou com a serpente Ahriman. Lua, mulheres, menstruação, sexo.

Jezanna (África Ocidental, Zimbábue): Deusa da lua cheia. Sabedoria, compreensão, conforto, elucidação.

Juno (Roma): Deusa lunar; Rainha do Paraíso; "Senhora"; Deusa da Terra; "aquela que Avisa"; Grande Mãe; protetora das mulheres em geral. Como Juno Lucetia e Juno Lucina, ela era a luz celeste. Por vezes segurava um cetro, raio, véu ou lança e escudo. Protetora do casamento, do lar e dos nascimentos. Luz, fertilidade feminina, Lua, renovação, purificação, morte, dor, punição.

Kali/Kali Ma (Índia): "a Mãe Negra"; Deusa Escura; a Terrível; Deusa da morte; Grande Deusa; a Anciã; Mãe do Carma. Patrona das Bruxas. Dupla personalidade exibindo traços tanto de delicadeza e amor, como de vingança e morte terrível. Governa todas as formas de morte, mas também rege todas as formas de vida. É sempre uma trindade manifestada em três formas: três divisões do ano, três fases da Lua, três seções do Cosmo, três estágios da vida, três tipos de Sacerdotisas em seu templo. Controla o clima através das tranças de seu cabelo. Sua roda cármica devora o próprio tempo. É retratada como tendo pele negra e uma cara medonha suja de sangue, quatro braços e seios desnudos. Usa um colar de crânios e se veste com cobras. Sua fronte ostenta um terceiro olho; suas quatro mãos seguram armas e cabeças. Proíbe a violência contra qualquer mulher. Regeneração, vingança, medo, magia negra, atividade sexual, tempo, reencarnação, intuição, sonhos, defensora dos desamparados, como mulheres e crianças.

Khensu/Khons/Khonsu (Egito): "o Viajante"; "o Navegador"; "aquele que cruza o céu num barco"; Deus da lua crescente. Usava um elmo com um disco numa lua crescente. Sua cabeça não possuía cabelos, a não ser por uma trança. Seu corpo humano era fortemente enfaixado e ele segurava um gancho e um mangual. Durante o Novo Império, Khensu tornou-se popular como exorcista e curandeiro.

Khephera/Khepra/Khepri (Egito): "aquele que se torna"; Deus da transformação; o escaravelho, símbolo da energia criativa e da vida eterna; um Deus Criador. Apesar de Khephera ser conhecido como Deus do Sol Nascente, era também conhecido como Deus da Lua. Exorcismo, cura, recomeços, suavidade, habilidades literárias, milagres, compaixão.

Kore (Grécia, Roma): Perséfone antes de descer ao Submundo; filha de Deméter. Deusa da lua crescente.

Kuan Yin (China): Deusa da fertilidade, compaixão, filhos, nascimentos.

Kuu/Kun (Finlândia): Deidade lunar, por vezes masculina, por vezes feminina.

Lakshmi (Índia): Deusa do amor e da beleza; segundo a lenda, ela deu a Indra a bebida soma (ou sangue da sabedoria) de seu próprio corpo. Ela nasceu a partir do agitação do oceano de leite. Sorte, prosperidade, sucesso, amor, beleza feminina.

Leucippe (Grécia): Égua da noite. Cavalos lhe eram sagrados.

Lillith/Lilithu (Hebreu, Babilônia, Suméria): Deusa da Lua; patrona das Bruxas; princípio feminino do Universo; Deusa demônio dos judeus e cristãos. Sua ave sagrada era a coruja. Seu nome pode ter-se originado da Deusa sumério-babilônica Belit-ili ou Belili. Uma tábua de Ur, de cerca de 2000 AEC, menciona o nome Lillake. Patrona de todas as mulheres grávidas, mães e crianças. Sabedoria, regeneração, atração de feitiçaria, sedução feminina, sonhos eróticos, prazeres proibidos, as perigosas qualidades sedutoras da Lua.

Luna (Roma): segundo aspecto da Lua; lua cheia, amante e noiva; "a que dá visões". Filha de Híperon e irmã do Sol. Encantamentos, juras de amor.

Mah (Pérsia): Deusa da Lua.

Maia (Grécia): Deusa da lua cheia ligada a Maio, a Lua da lebre.

Mama Quilla (Inca): "Mãe Lua"; Deusa Mãe; Mãe dos Incas; sua imagem era um disco de prata com uma cara humana. Vizinha do templo do Sol em Cuzco, no Peru, onde havia uma pequena capela da Lua. Apesar de não possuir um culto popular, essa deidade estava ligada ao calendário e aos festivais. Protetora das mulheres casadas, do calendário e das festividades religiosas.

Manat (Arábia): Tempo; Destino; Carma. A palavra arábica "mana", originária desse nome, significa Sorte. Deusa da lua nova. Na estrada entre Meca e Medina há uma grande pedra não talhada que era cultuada como sua imagem.

Mani (Nórdica): Deus da Lua que sequestrou o garoto Hjuki e a garota Bil, os quais levou à Lua. Mani direciona o curso da Lua e regula Nyi (a lua crescente) e Nithi (a lua minguante).

Mari/Mariham/Meri/Marratu (Síria, Caldeia, Pérsia): nome básico da Grande Deusa; vestia uma túnica azul e um colar de pérolas, ambos símbolos do mar. Fertilidade, nascimentos, Lua, mar.

Mawu/Mawa (Daomé na África Ocidental): Deusa Suprema; criadora de todas as coisas; Grande Deusa. Os Fon de Benin, na

África Ocidental, a cultuavam como Deusa e criadora lunar. Era conhecida como uma Deusa gentil e clemente. Lembrança de sonhos, percepção das influências divinas em nossa vida, revelação dos Mistérios.

Men/Mene (Frígia): Deus da Lua. Não deve ser confundido com a Deusa Selene.

Meztli/Teccezeiecatl (Asteca): a Lua material em seu ápice; "aquele do caramujo marinho". Representado como um velho com uma concha branca em suas costas e por vezes com asas de borboleta. Foi substituído posteriormente pela Deusa Coatlicue.

Minerva (Roma): Virgem; Deusa Donzela; Deusa dos direitos e da liberdade das mulheres. Usava um peitoral e um elmo e carregava uma lança. Sua ave sagrada era a coruja. Patrona dos artesãos. Proteção, escrita, música, ciências, artes e artesanatos, renovação, prudência, aconselhamento sábio, paz, Medicina.

Morrigan/Morrigu/Morrighan/Morgan (Irlanda, Gales, Bretanha): "Grande Rainha"; Deusa Suprema da Guerra; Rainha dos Fantasmas e Demônios; Rainha Espectral; transmutações. Grande Mãe; Deusa lunar; Grande Deusa Branca; Rainha das Fadas. Regia os campos de batalha, auxiliando com sua magia, mas sem tomar parte nas batalhas. Associada a corvos; patrona das Sacerdotisas e das Bruxas. Rios, lagos, água fresca, vingança, noite, magia, profecia.

Mulher Aranha (Nativo-Americana, sudoeste): por vezes chamada de "Avó Aranha". Ligada à Lua.

Mulher da Concha Branca (Nativo-Americana, Navajo): Deusa lunar.

Mulher Mutante (Nativo-Americana, Apache): Deusa lunar. Mãe de Todos. Sonhos induzidos, metamorfoses, discernimento, sabedoria, nascimento, alegria. Associada a flores e ao arco-íris. Veja Estsanatlehi.

Musas, As (Grécia): Nove Deusas lunares; três (o número da Deusa Tríplice) vezes três dá o número lunar nove. Cada Deusa regia uma área específica da inspiração e da arte: História, música, comédia, tragédia, poesia, arte, Astronomia e Astrologia, eloquência.

Myesyats (Eslava): Deus lunar; por vezes masculino, em outras feminino. Na Sérvia, esse Deus era chamado de "Tio Careca". Primavera, cura.

Nanna/Nana/Anna/Inanna (Nórdica): Deusa Aesir; a Lua; Grande Mãe; Deusa da Terra. Amor, gentileza.

Nanna/Nana/Nina (Suméria, Assíria): Senhora; Antiga Mãe; a Sagrada de Muitos Nomes; Grande Mãe; a Lua tríplice. Juíza da humanidade no último dia de cada ano. Uma imagem de uma leoa alada guardava seu templo. Um nome muito antigo; essa Deusa era representada com uma cauda de peixe ou de serpente. Ervas, Lua, cura, magia, interpretação de sonhos, colheitas, civilização.

Néftis (Egito): Deusa da lua nova; irmã de Ísis e mãe de Anúbis por seu irmão Osíris. Seus símbolos eram a taça e a flor de lótus. Renascimento, reencarnação, construir o bem sobre as cinzas da desesperança. A grande reveladora e provedora de sonhos; compreensão dos Mistérios.

Nehellania (Nórdica): Lua nova ou escura. Por vezes associada a Hel.

Neith/Neit/Net/Nit (Egito): "a Caçadora"; "aquela que abre os caminhos"; Grande Deusa; Mãe dos Deuses; Deusa do paraíso inferior; Deusa guerreira e protetora; Senhora do Oeste. Mãe Universal; o Espírito por trás do Véu dos Mistérios; Abismo Primai. Seu nome significa "Eu surgi de mim mesma", ou "a autoconcebida". Os gregos a identificavam com Pallas Athena, que também possuía um papel duplo como guerreira e mulher de habilidades domésticas. Usava a coroa vermelha do Baixo Egito e segurava um aro e duas flechas. Parte de seu santuário em Sais era uma escola de Medicina, a Casa da Vida. Suas cerimônias eram de natureza mística.
Ervas, magia, cura, conhecimentos místicos, rituais, meditação. Patrona das artes domésticas, tecelagem, caça, Medicina, guerra, armas. Protetora das mulheres e do casamento.

Nêmesis (Grécia): Deusa da lua nova da retribuição cármica.

Ngami (África): Deusa lunar Nkosuano (Gana): O ovo da Lua.

DEIDADES LUNARES [389]

Nornes/Irmãs/Estranhas/Wyrd/Wurd (Nórdica, Germânica, Anglo-saxã): muito similar às Parcas gregas. Cuidavam da Fonte de Urd, próxima a uma das raízes da Árvore do Mundo, Yggdrasil. Seus nomes eram Urd (o Passado), Verthandi ou Verdandi (o Presente) e Skuld (o Futuro). A água de sua fonte tingia tudo de branco, ligando-a assim às três fases da Lua.

Osíris (Egito): Senhor da vida após a morte; Senhor Universal; Senhor dos Senhores; Deus dos Deuses. Apesar de por vezes ser considerado como uma deidade solar, ele também estava associado à Lua. Um grande número de inscrições chama Osíris de Senhor da Lua, às vezes de a Grande Lebre. Era por vezes retratado de pé, em outras sentado em seu trono, enfaixado como uma múmia, com as mãos em seu peito segurando um gancho e um mangual. Ocasionalmente sua face era verde; em sua cabeça, usava uma alta mitra ladeada por duas penas de avestruz. Textos escritos no salão principal do Templo de Hathor em Dendera chamam Osíris de "a Lua".
Patrono dos Sacerdotes. Deus da fertilidade, colheitas, comércio, sucesso, iniciação, morte e reencarnação, água, julgamento, justiça, agricultura, artesanato, vegetação, grãos, religião, arquitetura, códigos de leis, poder, ordem, disciplina, crescimento, estabilidade.

Pã (Grécia): muito semelhante ao Deus Cornífero celta. "Pequeno Deus"; Deus provido de chifres; Deus dos pés de bode; muito antigo. Deidade dos bosques geralmente associada a Deusas lunares. Força Vital Positiva do mundo. Poderes criativos, influências da Lua, fertilidade em todas as suas formas, música, espíritos da natureza, animais silvestres, dança, Medicina, profecia.

Pandia (Grécia): uma de uma trindade de Deusas lunares representando as fases da Lua. As outras eram Erse e Nemea.

Parcas/As Moiras (Grécia): seus nomes significam "porções, partes". Durante a Idade Média, essas Deusas eram conhecidas como as Parcas. Eram as filhas de Nyx, ou Noite. Clotho tecia o fio da vida; Lachesis o media, definia o destino e acrescentava sorte; Átropos cortava o fio com suas tesouras a qualquer momento, sem aviso.

Pasht (Egito): o aspecto destruidor, ou lua nova, de Bast. Conhecida como a Rasgadora, ou Esfinge Devoradora. Associada a gatos, especialmente pretos. Curandeira-destruidora de doenças; removedora de obstáculos e barreiras, especialmente quando são pessoas.

Pe (Pigmeus da África): Deusa lunar. Uma festividade especial da lua crescente em sua homenagem ocorre pouco antes do início da estação das chuvas.

Perséfone/Prosérpina (Grécia, Roma): Filha de Deméter (Ceres), inicialmente chamada de Kore. Adotou o nome Perséfone após descer ao Submundo.

Samhain/Samen (Irlanda, Celtas): apesar de ser o nome do festival hoje celebrado como Halloween, também era o nome de uma Deusa lunar. Um velho ditado irlandês para desejar felicidade a um amigo era: "Que as bênçãos de Samen (Lua) e Bel (Sol) estejam com você".

Saraswati (Índia): "Estimuladora"; inventora do Sânscrito e descobridora do soma nos Himalaias. Representada como uma graciosa mulher de tez branca, usando um crescente em sua fronte e sentada sobre uma flor de lótus. O mais elevado centro espiritual do corpo é a lótus de mil pétalas, chamada de "o lugar da Lua oculta". Artes criativas, ciência, música, poesia, aprendizado, ensino.

Scathach/Scota/Scatha/Scath (Irlanda, Escócia): "Sombra"; "a Sombria"; "aquela que inflige medo". Deusa da lua nova. Patrona dos ferreiros, cura, magia, profecia, artes marciais.

Selene/Mene (Grécia): o segundo aspecto da Lua; a lua cheia como amante e noiva. Retratada como uma bela mulher com uma coroa dourada. O Deus dos bosques Pã se apaixonou por ela. Grande importância na magia e nos encantamentos.

Seshat/Sesheta (Egito): "Senhora da casa dos livros"; "a Secretária"; "Senhora da casa dos arquitetos". Esposa e equivalente feminino de Thoth, essa Deusa era, na verdade, mais velha que ele. Há muito tempo Seshat era retratada como uma mulher usando em sua cabeça uma estrela, um crescente invertido e duas longas plumas retas; às vezes essa imagem era apenas uma estrela no alto de um poste embasado por um crescente invertido. Posteriormente, o crescente foi substituído por dois longos chifres voltados para baixo. Ela era a escrivã dos Deuses. Deusa da escrita, das letras, arquivos, medidas, cálculos, registros, hieróglifos, tempo, estrelas, história, livros, aprendizado, invenções.

Shing-Moo (China): Nossa Dama Lua.

Shiva/Siva/Mahakala (Índia): Senhor da Dança Cósmica; Senhor do Mundo; Senhor da Imobilidade e do Movimento; Senhor da Yoga; Grande Senhor; o Benevolente; aquele que dá e toma de volta; matador de demônios. Seu poder dependia de sua união com Kali, sem a qual não conseguia atuar. Usa seu cabelo com um nó ascético, adornado por uma lua crescente e um tridente. É representado como um belo homem com uma garganta azul, cinco rostos, quatro braços e três olhos. Três serpentes se enrolam ao seu redor, atacando os inimigos. É o Deus de todos os humanos que não possuem um lugar na sociedade. Os movimentos de sua dança simbolizam o eterno ritmo de vida e morte do Universo.
Gado, montanhas, Medicina, fertilidade, amor físico, destruição, relâmpago, tempestades, vida longa, cura, força, magia, armas, rios, morte, dança, meditação, virtudes, juízo.

Silvano (Roma): o equivalente romano do Deus Pã.

Sinn/Sin (Mesopotâmia, Ur, Assíria, Babilônia, Suméria): Deus da Lua; "o Iluminador"; Senhor do Calendário; Senhor do diadema. Era retratado como um velho com uma longa barba de cor azulada e usando um turbante. Viajava num barco (uma brilhante lua crescente) através dos céus, com a lua cheia como seu diadema. O Monte Sinai (Montanha da Lua) lhe era sagrado. Os babilônios acreditavam que esse Deus revelava as armadilhas malignas deixadas aos homens por espíritos maus. Inimigo de todos aqueles que cometem o mal; Deus das medidas do tempo. Destino, predições, ar, sabedoria, segredos, destruição de todo o mal, decisões.

Skadi (Nórdica): "Ameaça"; filha do Gigante Thjazi e esposa de Njord. Retribuição, montanhas, inverno, vingança, magia negra.

Soma (Índia): também conhecido como *Chandra*. Ele simbolizava a Lua e a imortalidade. Soma era também o nome de uma planta sagrada com a qual se preparava uma beberagem de êxtase religioso. Soma, tanto o Deus como a planta, foram criados a partir da agitação primordial do mar dos Deuses. Suas esposas, as filhas de Daksha, são consideradas como sendo 27 estações lunares.

Tanit/Tanith (Fenícia, Cartago): Deusa lunar; Grande Deusa; similar a Ishtar.

Thoth/Tehuti/Djehuti/Zehuti (Egito): "Senhor dos Livros e do Aprendizado"; Juiz dos Deuses; diretor dos planetas e das estações; escriba dos Deuses; identificado com o Hermes grego. Considerado autoconcebido. Thoth era chamado de "Senhor das Palavras Sagradas" por ter inventado os hieróglifos e os números; "o Ancião", como o primeiro e o maior dos magos. Seus poderes eram maiores do que os de Osíris ou Ra. Possuía uma cabeça de íbis e era o inventor das Quatro Leis da Magia. Usava um disco lunar e um crescente na cabeça e segurava a pena e a palheta de um escriba.
Patrono dos Sacerdotes; Mago Supremo; Deus de toda a magia, escrita, invenções, artes, adivinhação, comércio, cura, iniciação, música, profecia, tarô, sucesso, sabedoria, Medicina, Astronomia, Geometria, pesquisas, desenho, ciências, medidas do tempo, arquivos, juízo, oráculos, rituais, Astrologia, alfabetos, Matemática, fala, arbitramento, equilíbrio, poderes mentais, a Lua, Botânica, Teologia, hinos e orações, paz, aconselhamento, aprendizado, verdade, registros akáshicos, destino.

Tlazolteotl (Asteca): "Deusa da Sujeira"; "Deusa Suja"; Deusa da Terra; Senhora das Bruxas. Deusa da lua crescente. Associada à cobra e ao morcego, seu culto era executado em encruzilhadas, como a grega Hécate. Ela voava nua numa vassoura através dos céus noturnos, usando um chapéu pontudo e segurando uma cobra vermelha e uma corda suja de sangue. Seus quatro aspectos eram reconhecidos como Deusas separadas: Tiacapan, Teicu, Tlaco e Xocutxin. Amor físico, fertilidade, morte, Bruxaria, sexualidade, apostas, tentação, magia negra.

Tsuki-Yomi (Japão): algumas referências chamam essa deidade de Deus, outras de Deusa. Anne Rush diz que até muito recentemente essa deidade era feminina. Divindade da Lua e filha da Deusa do Sol Amaterasu. Meditações lunares eram uma prática frequente na cultura japonesa e dizia-se que acalmava a alma e clareava a mente.

Tzaphiel/Tsaphiel (Anjo): Anjo da Lua.

Ursala/Orsel (Eslavo-russa): Deusa da Lua. Também ligada a ursos.

Vênus (Roma): Deusa lunar; patrona da vegetação e das flores. Era forte, orgulhosa e amorosa. Chamada de virginal, o que significa que continuava independente; suas Sacerdotisas não eram virgens físicas. Deusa do amor, beleza, prazer do amor físico, fertilidade, criação contínua, renovação, magia herbal.

Wahini-Hai (Polinésia): Criadora do Mundo e Deusa Mãe; também chamada de a Lua e a primeira mulher. Joseph Campbell diz que seu nome era utilizado na palavra *wahine*, significando "mulher".

Xiuhtecuhtli (Asteca): Deus do Calendário e do fogo espiritual.

Xochiquetzal (Asteca): Deusa de todas as mulheres; versão mexicana de Afrodite. Era também uma virgem da Lua, a Deusa Tríplice completa, e tinha um filho/amante muito semelhante a Adônis. Regia o amor, casamento, meretrizes sagradas, música, fiação e tecelagem, magia, arte e mudanças.

Yue-Lao (China): "o Velho na Lua". Diz-se que ele tem em suas mãos o poder de predestinar os casamentos dos mortais; ele amarra o futuro esposo e a futura esposa com fios invisíveis de seda que jamais se romperão.

APÊNDICE 2

SÍMBOLOS LUNARES

Certos símbolos foram associados à Lua e a deidades lunares por centenas de anos. Muitos desses símbolos recorrem em diversas culturas que não mantiveram contatos entre si. Antigos líderes espirituais sabiam como se comunicar com o inconsciente coletivo, que é o depósito de todo o conhecimento, e como ouvir as vozes das deidades que lá falavam. Usar esses símbolos hoje, na meditação, em rituais ou encantamentos, intensificará seu contato com as forças arquetípicas da Lua.

Ambrosia: os mistérios femininos do ciclo menstrual; a força de recriação do sangue menstrual. Chamado de soma entre os hindus, *claret* vermelho das fadas, sangue da sabedoria.

Árvore: frequentemente uma árvore chamada de árvore-lua era um emblema lunar. Isso pode ser visto em muitas gravuras assírias. Às vezes, mais do que ilustração de uma árvore, assemelhava-se a um poste com fitas penduradas. Geralmente a árvore-lua era guardada por animais.

Asas: muito antes de os persas adotarem o disco alado como símbolo de seu Deus Sol, a Deusa lunar era representada com asas. Por vezes a própria Lua, tanto crescente como cheia, era retratada com asas. Certas aves, como as pombas, eram associadas à Lua.

Barco: os babilônios chamavam a Lua de Barco da Luz. Os egípcios retratavam a lua crescente com as pontas voltadas para cima tanto como parte dos chapéus de suas deidades como barcos celestes entalhados, como os retratados no templo de Ísis.

Boi: na Grécia e em Roma, esse era considerado um animal lunar.

Bosques: bosques de árvores eram sagrados à Mãe Lua, especialmente se possuíssem regatos, poços ou lagos. Cerimônias nas quais a água era recolhida e derramada eram parte de seus rituais. Se um bosque possuísse uma caverna onde a água surgisse diretamente de uma rocha, seria especialmente sagrado.

Cães de Caça: matilhas de cães, como os Alani de Diana, representam as energias perigosas da Lua.

Cão: cães vêm há muito tempo sendo associados a deidades lunares, especialmente Deusas da lua crescente. Entre os nórdicos havia a história de Managarmr (Cão lunar), o mais poderoso de todos os caninos sobrenaturais.

Chifres: os chifres de touro ou de vaca são desde há muito ligados à Lua e suas divindades. Chifres do gado e de bisão foram encontrados com treze marcas entalhadas; a Grande Deusa de Laussel é um desses exemplos. Essas marcas representavam os treze meses lunares de um ano. A grega Hera era também chamada de Keroessa ("a Chifruda") em seu aspecto de Io, a vaca lunar.

Chuva, Orvalho: essas formas de condensação são associadas à Lua em muitas culturas. Dizia-se que orvalho matinal após uma noite de lua cheia curava e aumentava a beleza se esfregado na pele. Acredita-se que certas fases e sinais da Lua predizem chuva.

Círculo: muito antes de esse símbolo ser tomado pelos Deuses solares, o círculo era um símbolo da Lua. Os círculos de pedra nas Ilhas Orkney, na Escócia, são ainda chamados Templos da Lua. O antigo instrumento divinatório grego conhecido como Círculo de Hécate era uma esfera de ouro com uma safira no centro; era pendurado num cordão de couro de boi.

Cobra: um símbolo da Deusa, é o mesmo que a espiral quando enrolada. Por vezes cada volta da espiral marca um dia no calendário lunar. Linhas em ziguezague representam cobras. Serpentes eram associadas à lua nova por serem consideradas relacionadas ao Submundo. Algumas Deusas da lua nova eram retratadas como tendo cabelos de serpentes. Há gravuras mostrando Cibele oferecendo uma taça a uma cobra. Na mitologia mexicana, existem lendas da mulher serpente (Lua) que é devorada pelo Sol, numa descrição de um eclipse ou das fases da Lua.

Concha: símbolo da Grande Mãe e relacionada à Lua.

Cor: as cores primárias ligadas a deidades da Lua eram branco, preto ou vermelho, dependendo da fase lunar. A Deusa hindu Kali e muitas Deusas tríplices europeias usavam essas três cores para designar seus vários aspectos: branca, Donzela; vermelha, Mãe; preta, Anciã.

Coruja: a coruja caçadora noturna, com seus grandes olhos, há muito é associada à Lua. Para os egípcios, a coruja era um símbolo de morte, noite e frio. Para os gregos, entretanto, era símbolo da sabedoria e da Deusa Athena. Seus olhos vidrados a ligavam às Deusas dos olhos, Lilith, Minerva, Blodeuwedd, Anat e Mari, entre outras. A coruja sempre foi associada à Lua, à sabedoria, aos Mistérios Sagrados lunares e às iniciações.

Corvo: devido a sua cor preta, essa ave era às vezes associada às Deusas da lua nova, como a Morrigu e Rhiannon. Representa a necessidade de destruição antes que nova vida possa surgir.

Crescente: lua crescente, o primeiro sinal da Lua a assinalar sua mudança de lua nova. Em antigos desenhos europeus, o ciclo lunar era representado por um crescente, um círculo e um crescente invertido. Ocasionalmente, o círculo era substituído por uma grande cobra enrolada. Semicírculos também simbolizavam o crescente, assim como chifres de touro. Marcas em forma de U não apenas representavam crescentes, como também combinados a pontos simbolizavam corujas, aves da Lua. O *croissant*, ou qualquer pão em forma de crescente, era sagrado às deidades lunares.

Cristal: essa pedra normalmente representa a lua cheia e seus poderes divinatórios.

Dragão: apesar de inicialmente ligado a eclipses lunares e solares, os dragões estão associados à Lua. Essa noção de dragões e eclipses era comum na China, no norte da Ásia, na Finlândia, na Lituânia, no norte da África, na Pérsia. As lendas dizem que os dragões geralmente voam à luz do luar.

Espelho redondo: na Ásia Central e em muitas outras partes do mundo, a Lua era chamada de o espelho celeste. Um símbolo da Deusa por vezes chamado de "porta-almas" ou "pega-almas". Algumas culturas acreditavam que as almas dos mortos iam para a Lua enquanto aguardavam a reencarnação.

Espiral: independentemente da direção na qual girava, representava um aspecto da Grande Deusa e também da Lua. As espirais para cima e para baixo, ou para dentro e para fora, podem ser comparadas ao crescente e minguante da Lua. A dança da Garça grega, provavelmente executada originalmente em Creta pelos dançarinos-touro, era dançada ao redor de um altar com chifres que era parte do labirinto. Espirais aparecem em algumas estátuas antigas, geralmente substituindo o que seriam os olhos.

Ferradura: símbolo da lua crescente e também um emblema jônico.

Foice: símbolo da lua crescente. Usada pelas Amazonas e por mulheres que cultuavam Deusas lunares, principalmente deidades da Anciã. Até mesmo os druidas usavam uma foice em forma de Lua em suas cerimônias.

Gato: a palavra para gato em egípcio era *Mau*. Especialmente para os egípcios, essa era uma criatura lunar. Eram sagrados a Deusas como Ísis, Bast, Ártemis, Diana e Freya. Quando Diana passou a ser conhecida como Rainha das Bruxas, durante a Idade Média, o gato passou a ser associado à Bruxaria, ou ao culto da Deusa.

Grutas, Jardins: a Deusa ou Deus lunar era constantemente cultuada numa gruta ou jardim; esse lugar sagrado normalmente continha uma árvore lunar (como a oliveira), uma pedra sagrada, um veio d'água ou todos.

Lanterna: a Lua era constantemente chamada de "a lanterna da noite". Títulos adicionais aos nomes das Deusas mostram sua íntima ligação com a luz da Lua e seus poderes: Juno Lucina, Diana Lucifera.

Lebre ou Coelho: muitas culturas ao redor do mundo, incluindo o Tibete, a China, África, Ceilão e algumas tribos nativas americanas, diziam que uma lebre vivia na Lua com as deidades lunares. Especialmente associada a Deusas lunares.

Leque: entre as antigas culturas asiáticas e orientais, o leque representava as fases da Lua.

Lobo: muitos Deuses e Deusas ligados à Lua tinham também como símbolo o lobo. O lobo uiva para a Lua, assim como os cães; eles caçam e brincam ao luar. As Sacerdotisas da Lua de muitas culturas eram adeptas de viagens astrais e transmutações, talentos normalmente praticados à noite. Também celebravam rituais, dançando e cantando a céu aberto, sob a Lua. Um festival romano, a Lupercália, honrava a Deusa-loba Lupa ou Ferônia. Os nórdicos acreditavam que o lobo gigante, Hati, perseguia a Lua e, nos dias finais, comeria esse corpo celeste.

Lunária: uma forma esbranquiçada e opaca de feldspato. Diz-se que contém a imagem da Lua. Os hindus diziam que ela se formava a partir do congelamento dos raios da Lua. O Papa Leão X (1475-1521) possuía uma lunária cujo brilho crescia e minguava conforme a Lua. Diz-se que essa pedra cura nervosismo e traz sorte ao seu dono.

Machado Duplo: símbolo da Deusa e da Lua; uma das armas prediletas das Amazonas. Diz-se que um relâmpago com esse formato foi dado às Amazonas por Hera. Em Creta e Delfos, ambos originalmente centros da Deusa, o machado duplo era um cetro cerimonial.

Morcego: criatura constantemente associada à Lua e à escuridão. Na China, sorte e felicidade; na Europa, criatura companheira da Deusa Hel. Os cristãos tornaram-no mau e demoníaco numa tentativa de desassociar as pessoas da Deusa.

Olho: geralmente associado à Lua, especialmente no Antigo Egito. Muitas pequenas Deusas do olho foram encontradas em sítios mediterrâneos e europeus.

Peixe: em algumas culturas, a Lua era simbolizada por um peixe em vez de uma cobra. Algumas Deusas lunares possuíam caudas de peixes, semelhantes a sereias.

Pilar, Cone: a mais antiga representação da Lua; eventualmente essa pedra era um meteorito. Normalmente, era agrupada a uma pedra circular, representando a lua cheia. Algumas pirâmides fazem parte desta categoria.

Poço dos Desejos: há um encantamento islandês com esse nome que possui quatro crescentes como sendo baldes em sua borda. A Lua há muito é associada com a água, com a realização de desejos e preces. Muitas Deusas, como a grega Deméter e a celta Brigit, possuíam fontes sagradas da Lua onde rituais, pequenos e grandes, eram celebrados para garantir a realização de desejos.

Porca: a porca branca tem sido associada a deidades lunares desde as terras celtas até o Mediterrâneo. Ligada a Astarte, Cerridwen, Deméter, Freya, a Marici Budista.

Prata: há muito considerado o metal da Lua, a prata era utilizada em taças divinatórias.

Rã: algumas culturas viam uma rã, em vez de uma lebre, na Lua. Em algumas partes da Ásia, da África e da América do Norte, a rã era um símbolo da Lua e da fertilidade.

Roda: apesar de a roda ser na maioria das vezes um símbolo solar, há ocasiões nas quais ela representa a Lua. A Roda de Prata ou Roda de Pás de Arianrhod é, na realidade, a Lua.

Romã: devido a seu suco vermelho-sangue, seus diversos compartimentos e sementes, a romã simboliza o sangue, as deidades da lua nova e a terra dos Mortos.

Salgueiro: árvore lunar sagrada a deidades da lua nova como Hécate, Circe e Perséfone. O salgueiro (hélice) deu seu nome ao Helicon, a abóbada das nove musas, as Sacerdotisas orgiásticas da Deusa lunar.

Sangue: as palavras "bênção" e "sangue" têm a mesma origem. Vermelho sempre foi considerada a cor da vida; é também a cor do aspecto Mãe da Deusa Tríplice, um sinal de sua fertilidade através da menstruação e do nascimento. Tingir as mãos e os pés com hena era uma prática utilizada pelas seguidoras de Hécate, Anat e muitas Deusas hindus. Originalmente, os altares e as pessoas eram consagrados com borrifos de sangue; atualmente objetos e pessoas são espargidos com água salgada.

Sapo: símbolo lunar muito comum; por vezes chamado de rã. No Egito, Hekat, a Deusa-sapo, estava ligada aos nascimentos.

Semicírculo: representa em simbologia a lua crescente.

Símbolos Tríplices: muitos grupos de símbolos tríplices representam as três fases da Lua. Hécate Trimorfis é um exemplo de Deusa Lunar Tríplice, assim como a Morrigu Celta. O tripé, o triângulo e o tridente estavam todos diretamente ligados às três fases das Deusas lunares, ou a Deuses que eram consortes dessas Deusas.

Soma: líquido sagrado ligado à Lua. Na Índia era chamado de "soma"; os persas o conheciam como "haoma" e os celtas como "*claret* vermelho". Veja sangue. A Deusa chinesa Ch'ang-O bebeu desse líquido sagrado, fugindo em seguida para viver na Lua.

Touro: inicialmente esse era um símbolo lunar da Grande Mãe, com os chifres representando a lua crescente. Posteriormente, quando passou a representar os Deuses solares, ainda estava constantemente ligado a uma Deusa lunar como Cibele e Attis.

Vaca: símbolo feminino tanto da Terra como da Lua. Deusas egípcias conectadas tanto à Lua como à vaca eram Ísis, Hathor e Neith, entre outras.

Velho, O; Velha, A: as marcas na superfície da Lua eram constantemente chamadas de "o Velho e A Velha na Lua". Algumas culturas, como as asiáticas, os maias e os astecas, chamavam essas marcas de a lebre, o sapo ou a rã.

Yin e Yang: esse símbolo chinês representa as forças unidas do masculino e do feminino, positivo e negativo; em outras palavras, uma alteração cíclica da dualidade. A certo ponto da antiga história chinesa, esse desenho ilustrava as fases da Lua, os ciclos de luz e escuridão. Em muitas partes do mundo antigo se falava das Duas Senhoras ou Duas Damas da Lua.

A CARGA DA DEUSA

Em 1899, Charles Godfrey Leland publicou pela primeira vez *Aradia, O Evangelho das Bruxas*, um pequeno livro sobre a Bruxaria italiana remanescente. Nele Leland traz "a Carga da Deusa", a qual se tornou uma parte padrão dos rituais de Wicca atuais. Essa "Carga" ainda é usada do modo original, mas vem sendo cuidadosamente refinada para a utilização moderna. Doreen Valiente reescreveu uma bela versão. Starhawk traz outra versão em *Dança Cósmica das Feiticeiras*; Janet e Stewart Farrar têm outra em *A Bíblia das Bruxas*. Mesmo o escritor de ficção Andre Norton oferece uma versão em seu livro *Moon Called*.

A Carga da Deusa fornece antigas instruções de quando encontrar e o que esperar das energias e poderes lunares. Ninguém sabe ao certo o quão velha a Carga realmente é; Leland achava que era uma parte autêntica de um ritual secretamente preservado por seguidores Pagãos da região mediterrânea.

Começa com "Ouçam as palavras da Grande Mãe, que em outras eras era chamada de Ártemis, Athena, Diana, Cerridwen...". Segue-se uma lista de nomes de Deusas lunares. Prossegue: "Sempre que necessitarem de algo, uma vez por mês, e melhor quando a Lua estiver cheia, reúnam-se em algum local secreto...". A Carga promete que a celebração da Deusa livrará o devoto da escravidão a outros povos e às leis cristianizadas, e que a Deusa ensinará a seus seguidores seus segredos místicos.

Cada Coven, grupo e indivíduo podem ter uma versão levemente modificada da Carga da Deusa, geralmente uma compilação e reestruturação de outras versões. A que se segue é a versão que eu utilizo; é parte da original, parte de outras e parte da minha própria.

> Ouçam as palavras da Grande Deusa, que, em outras eras, era chamada de Ártemis, Diana, Astarte, Ishtar; Afrodite, Vênus, Cerridwen, a Morrigu, Freya, a Dama Branca e por muitos outros nomes.
>
> Sempre que necessitarem de minha ajuda, reúnam-se em um local secreto, pelo menos uma vez por mês, especialmente na lua cheia. Saibam que minhas leis e amor os tornarão livres, pois nenhum homem pode proibir seu culto a mim em suas mentes e em seus corações. Prestem atenção a como vocês chegarão à minha presença, e eu lhes ensinarei profundos mistérios, antigos e poderosos. Não exijo sacrifícios nem dor em seu corpo, pois sou a Mãe de todas as coisas, a Criadora que os criou a partir de meu amor; e Aquela que dura através dos tempos.
>
> Sou a beleza na Terra, o verde das coisas vivas. Sou a Lua branca, cuja luz é plena entre as estrelas e suave sobre a Terra. Que meu alegre culto esteja em seus corações, pois todos os atos de amor e prazer são meus rituais. Vocês me veem no amor de homem e mulher; pais e filhos, entre humanos e todas as minhas criaturas. Quando vocês criam com suas próprias mãos, lá estarei eu. Eu sopro o sopro da vida nas sementes que plantam, seja uma planta ou criança. Estarei sempre a seu lado, sussurrando palavras ternas de sabedoria e orientação.
>
> Todos os que buscam os Mistérios devem vir a mim, pois eu sou a Verdadeira Fonte, a Guardiã do Caldeirão. Todos os que buscam me conhecer sabem disso. Toda a sua busca e seus anseios são inúteis a não ser que conheçam o Mistério: pois se o que buscam não conseguem achar em seu interior; não o conseguirão no exterior. Portanto, atentos, estou com vocês desde o princípio, e os recolherei ao meu seio ao fim de sua existência terrena.

A Carga é geralmente lida no início de um ritual. Escutá-la ou pronunciá-la auxilia a um seguidor devotado e atento a abrir as portas ao inconsciente coletivo, mesmo se for apenas uma tentativa.

Compreensão do ritual, de fenômenos psíquicos, de sonhos e habilidades paranormais podem ser mais plenamente obtidas através do acesso a antigos conhecimentos profundamente enterrados no inconsciente coletivo de cada humano. A maré alta da energia da lua cheia fortalece a habilidade do seguidor de fazer essa conexão.

Não possuímos informações se havia também "Cargas" para a lua crescente e para a nova. Pode muito bem ter havido, pois as Deusas que simbolizam essas fases da Lua eram muito cultuadas e possuíam grupos de devotados seguidores.

Apesar de que a maioria dos rituais lunares eram celebrados apenas por mulheres, não há razão para que homens não possam se juntar ao culto. Mesmo em épocas antigas, alguns homens optavam por abandonar as religiões de orientação masculina e cultuar a Grande Deusa.

O arquétipo da Grande Deusa, em seus três aspectos lunares, superou perseguições, ridicularizações, tentativas de usurpar seus poderes e abandono. Nenhum ser humano ou leis religiosas podem evitar que as emoções, mentes e corpos dos humanos (homem e mulher) respondam a Seu símbolo, a Lua. Individualmente, devemos seguir a trilha do raio de luar que leva à secreta porta interna de sua antiga sabedoria. Devemos aprender a ter consciência das fases e dos fluxos de energia da Lua; devemos entender como as energias da Lua fluem através do ano lunar. Quando pudermos fazê-lo, teremos a chave para a porta interior.

BIBLIOGRAFIA

ANGUS, S. The Mystery-Religions. New York: Dover, 1975. AVAL0N, Arthur. Shakti & Shakta. New York: Dover, 1978.

BACHOFEN, J. J. Myth, Religion & Mother Right. CAMPBELL, Joseph (ed.) & MANHEIM, Ralph (trad.). Princeton, NJ: Princeton University Press, 1973.

BARING, Anne & CASHFORD, Jules. The Myth of the Goddess: Evolution of an Image. New York: Viking Arkana, 1991.

BENNETT, Florence Mary. Rehgious Cults Associated With the Amazons. New York: AMS Press, 1967. Originally published NY, 1912.

BIERHORST, John. The Mythology of Mexico & Central America. New York: William Morris & Co., 1990.

BLAVATSKY, H. P. Isis Unveiled. Pasadena, CA: Theosophical University Press, 1976.

BODDE, Derk. Festivais in Classical China: New York & Other Annual Obseruances During the Han Dynasty, 206 BC-AD 220. Princeton, NJ Princeton University Press, 1975.

BRANSTON, Brian. Gods of the North. UK: Thames & Hudson, 1957.

BRASCH, R. How did It Begin? Customs & Superstitions & Their Romantic Origins. New York: Simon & Schuster, 1969.

BREASTED, James H. Development of Religion & Thought in Ancient Egypt. New York: Charles Scribner's Sons, 1912.

BRIFFAULT, Robert. The Mothers: A Study of the Origins of Sentiments & Institutions. New York: Macmillan, 1952. 3 v.

BRIGGS, Katherine M. Pale Hecate's Team. UK: Routledge & Kegan Paul, 1962.

BUDAPEST, Zsuzsanna E. Grandmother Moon. San Francisco: Harper & Row, 1991.

____. The Grandmother of Time. San Francisco: Harper & Row, 1989. BUDD, Lillian. Full Moans: Indian Legends of the Seasons. New York: Rand McNally & Co., 1971.

BUDGE, E. A. Wallis. Amulets & Superstitions. New York: Dover, 1978.

____. Babylonian Life & History. New York: Dorset Press, 1992.

____. Dwellers on the Nile. New York: Dover, 1977.

____. Egyptian Magic. New York: Dover, 1971.

____. The Gods of the Egyptians. New York: Dover, 1969. 2 v.

BUTLER, Francelia. Skipping Around the World: The Ritual Nature of FolkRhymes. New York: Ballantine, 1989.

CAMPBELL, Joseph. The Masks of God: Primitive, Oriental, Occidental & Creative Mythology. UK: Penguin Books, 1968.

CAMPBELL, Joseph & MusEs, Charles (eds.). ln All Her Names: Explorations of The Feminine in Divinity. San Francisco: Harper & Row, 1991.

CARLYON, Richard. A Guide to the Gods. New York: William Morrow & Co., 1982.

CAVENDISH, Richard (ed.). Mythology: An Illustrated Encyclopedia. New York: Rizzoli, 1980.

CIRLOT, J. E. A Dictionary of Symbols. New York: Philosophical Library, 1978.

CONWAY, D. J. Ancient & Shining Ones. St. Paul, MN: Llewellyn Publications, 1993.

____. Celtic Magic. St. Paul, MN: Llewellyn Publications, 1990.

____. Maiden, Mother, Crone. St. Paul, MN: Llewellyn Publications, 1994.

____. Norse Magic. St. Paul, MN: Llewellyn Publications, 1990.

COOPER, J. C. The Aquarian Dictionary of Festivais. UK: Aquarian Press, 1990.

COTTERELL, Arthur. A Dictiona,y of World Mythology. New York: Perigee Books, 1979.

COTTERELL, Arthur (ed.). Macmillan Illustrated Encyclopedia of Mytbs &
Legends. New York: Macmillan, 1989.

CRAWFORD, O. G. S. The Eye Goddess. New York: Macmillan, 1956.

CUMONT, Franz. The Mysteries of Mithra. Nova York: Dover, 1956.

D'ALVIELLA, Count Goblet. The Migration of Symbols. New York: Aquarian Press, 1979.

____. The Mysteries of Eleusis: The Secret Rites & Rituais of the Classical Greek Mystery Tradition. UK: Aquarian Press, 1981.

DAVIDSON, H. R . Ellis. Myths & Symbols in Pagan Europe. Syracuse, N Y: University Press, 1988.

DE LYS, Claudia. The Giant Book of Superstitions. LUNDEN, John Philip (ed./trad.). Secaucus, NJ: Citadel Press, 1979.

DINER, Helen. Mother & Amazons: The First Feminine History of Culture. New York: Doubleday/Anchor, 1973.

DuRDIN-ROIBERTSON, Laurence. The Goddesses of Chaldea, Syria & Egypt. Huntington Castle, Clonegal, Enniscorthy, Eire: Cesara Publications, 1975.

____. The Goddesses of India, Tibet, China & japan. Huntington Castle, Clonegal, Enniscorthy, Eire: Cesara Publications, 1976.

ECLIPSE. The Moon in Hand. Portland, ME: Astarte Shell Press, 1991.

ERCHLER, Lillian. The Customs of Mankind. New York: Nelson Doubleday, 1924.

ELIADE, Mircea. A History of Religious Ideas. TRASK, Willard R. (trad.). Chicago, IL: University of Chicago Press, 1978-85. 3 v.

ELSWORTHY, Freclerick. The Evil Eye. New York: Julian Press, 1958. EVANS, Sir Arthur. The Earlier Religion of Greece in the Light of Cretan Discoveries. UK: Macmillan, 1931.

EVANS, Ivor H. (ed.). Brewer's Dictionaiy of Phrase & Fable. New York: Harper & Row, 1981. Originally published 1894.

FRAZER, James G. The Golden Bough. New York: Macmillan, 1963. GAYLEY, Charles Mills. The Classic Myths in English Literature & in Art. New York: Ginn & Co., 1939.

GEORGE, Demetra. Mysteries of the Dark Moon: the Healing Power of the Dark Goddess. San Francisco: Harper & Row, 1992.

GIMBUTAS, Marija. The Goddesses & Gods of Old Europe, 6500-3500 B.C. Berkeley, CA: University of California Press, 1982.

____. The Language of the Goddess. San Francisco: Harper & Row, 1989.

GODWIN, Joscelyn. Mystery Religions of the Ancient World. UK: Thames & Hudson, 1981.

GOODRICH, Norma Lorre. Priestesses. New York: Harper Collins, 1989.

GRAVES, Robert. The Greek Myths. UK: Penguin Books, 1981.

____. The White Goddess. New York: Farrar, Straus & Giroux, 1980.

GRAY, Louis Herbert (ecl.). The Mythology of All Races. Boston, MA: 1918.13 V.

GUIRAND, Felix (ed.). New Larousse Encyclopedia of Mythology.

ALDINGTON, Richard & AMES, Delano (trad.). UK: Hamlyn, 1978.

HALL, Manly P. The Secret Teachings of Ali Ages. Los Angeles, CA: Philosophical Research Society, 1977.

HALL, Nor. The Moon & the Virgin: Reflections on the Archetypal Feminine. San Francisco: Harper & Row, 1980.

HARDING, M. Esther. Woman's Mysteries: Ancient & Modern. New York:

G. P. Putnam's Sons, 1971.

HARLEY, Rev. Timothy. Moon Lore. Rutland, VT: Charles E. Tuttle Co., 1970. HARRISON, Jane Ellen. Prolegomena to the Study of Greek Religion. UK:

Merlin Press, 1980.

HAYS, H. R. ln the Beginnings. New York: G. P. Putnam's Sons, 1963. HAZLITT, W. Carew. Faiths & Folklore of the British Isles. New York: Benjamin Blom, 1965. 2 v.

HERZBERG, Max. Myths & Their Meaning. Boston, MA: Allyn & Bacon, 1928. HooKE, S. H. Middle Eastern Mythology. UK: Penguin Books, 1963.

JOGES, Gertrude & James. Outer Space. New York: Scarecrow Press, 1964. JOHNSON, Buffie. Lady of the Beasts: Ancient Images of the Goddess & Her Sacred Animais. San Francisco: Harper & Row, 1988.

JUNG, Carl G. The Archetypes & the Collective Unconscious. Princeton, NJ: Princeton University Press, 1990.

____. Man & His Symbols. New York: Doubleday & Co., 1964.

JUNG, Carl G. & KERENYI, C. The Myth of the Divine Chi/d. Princeton, NJ: Princeton University Press, 1973.

KATZEFF, Paul. Full Moans: Fact & Fantasy About Lunar Influence.

Secaucus, NJ: Citadel Press, 1981.

____. Moon Madness & Other Effects of the Futl Moon. Secaucus, NJ: Citadel Press, 1981.

KERENYI, Karl. Athene: Virgin & Mother in Greek Religion. STEIN, Murray (trad.). Houston, TX: Spring Publications, 1978.

____. Eleusis: Archetypal lmage of Mother & Daughter. New York: Schocken Books, 1967.

____. Goddesses of Sun & Moon. Trad. Murray Stein. Dallas, TX: Spring Publications, 1979.

K1NSLEY, David R. The Sword & the Flute: Kali & Krishna. Dark Visions of the Terrible & the Sublime in Hindu Mythology. Berkeley, CA: University of California Press, 1975.

KNIGHT, Richard Payne. The Symbolical Language of Ancient Art & Mythology. New York: J. W. Bouton, 1892.

KNIGHTLY, Charles. The Customs & Ceremonies of Britain. UK: Thames & Hudson, 1986.

KOLTUV, Barbara Black. The Book of Lilith. York Beach, ME: Nicolas-Hays,

KRUPP, Dr. E. C. Beyond the Blue Horizon. New York: Oxford University Press, 1991.

KRYDER, Rowena Pattee. Tbe Faces of the Moon Mother: An Archetypal Cycle. Mt. Shasta, CA: Golclen Point Productions, 1991.

LARRINGTON, Carolyne (ed.). Tbe Feminist Companion to Mythology. UK: Pandora, 1992.

LEACH, Maria (ed.). Punk & Wagnalls Standard Dictionaly of Folklore, Mythology & Legend. New York: Funk & Wagnalls, 1972. Primeira publicação em 1949.

LEEK, Sybil. Moon Signs: Lunar Astrology. New York: G. P. Putnam's Sons, 1977.

LELAND, Charles G. Aradia: Gospel of the Witches. New York: Dr. Leo L. Martello, 1971.

LEVY, G. Rachel. Tbe Gate of Horn: A Study of the Religious Conceptions of the Stone Age & Their Influence upon European Thought. UK: Faber & Faber, 1946.

LURKER, Manfred. Dictionary of Gods & Goddesses, Devils & Demons. New York: Routledge & Kegan Paul, 1987.

MACCRAIG, Hugh. The 200 Year Ephemeris. Richmond, VA: Macoy Publishing, 1949.

MANNING, AI. Moon Lore & Moon Magic. West Nyack, NY: Parker Publishing, 1980.

MCLEAN, Adam. The Triple Goddess: an Exploration of the Archetypal Feminine. Granel Rapids, MI: Phanes Press, 1989.

MEYER, Marvin W. (ed.). The Ancient Mysteries: A Sourcebook. San Francisco: Harper & Row, 1987.

MYKALSON, Jon. The Sacred & Civil Calendar of the Athenian Year. Princeton, NJ: Princeton University Press, 1975.

MONAGHAN, Patricia. The Book of Goddesses & Heroines. St. Paul, MN: Llewellyn Publications, 1990.

MOOKERJEE, Ajit. Kali: the Feminine Force. Rochester, VT: Destiny Books, 1988.

MORRISON, Lillian (org.). Touch Blue. New York: Thomas Y. Crowell Co., 1958.

MURRAY, Alexander S. Who's Who in Mythology. New York: Bonanza Books, 1988.

MYLONAS, George. Eleusis & the Eleusinian Mysteries. Princeton, NJ: Princeton University Press, 1961.

NEUMANN, Erich. The Great Mother: An Analysis of the Archetype. Princeton, NJ: Princeton University Press, 1963.

O'FLAHERTY, Wendy Doniger. Hindu Myths. UK: Penguin Books, 1975. ULSON, Carl (ed.). Tbe Book of Goddess Past & Present. New York: Crossroad, 1989.

OPIE, Iona & Peter (eds.). Tbe Oxford Dictionary of Nursery Rhymes. UK: Clarendon Press, 1952.

PATAI, Raphael. The Hebrew Goddess. New York: Avon, 1978.

PENNICK, Nigel. The Pagan Book of Days. Rochester, VT: Destiny Books, 1992.

_____. Practical Magic in the Northern Tradition. UK: Aquarian Press, 1989. PEPPER, Elizabeth & WILCOCK, John. Magical & Mystical Sites. New York: Harper & Row, 1977.

PERERA, Sylvia Brinton. Descent to the Goddess: A Way of Initiation for Women. Canada: Inner City Books, 1981.

POTTER, Carole. Knock on Wood & Other Superstitions. New York: Bonanza Books, 1984.

PURCE, Jill. The Mystic Spiral: Journey of the Soul. New York: Thames & Hudson, 1974.

RADFORD, Edwin & Mona A. Encyclopaedia of Superstitions. New York: The Philosophical Libraly, 1949.

RUSH, Anne Kent. Moon, Moon. New York: Random House, 1976. SARGENT, H. C. & KrTTREDGE, G. L. English & Scottish Popular Ballads. Boston, MA: Houghton Mifflin, 1932.

SHARKEY, John. Celtic Mysteries: the Ancient Religion. New York: The Crossroad Publishing Co., 1975.

SJOO, Monica & Mor, Barbara. Tbe Great Cosmic Mother: Rediscovering the Religion of the Earth. San Francisco: Harper & Row, 1987.

SOBOL, Donald J. Tbe Amazons of Greek Mythology. Cranbury, NJ: A.S. Barnes & Co., 1972.

SPICER, Dorothy Gladys. Tbe Book of Festivais. New York: Woman's Press, 1937.

SPRETNAK, Charlene. Lost Goddesses of Early Greece: a Collection of PreHellenic Myths. Boston, MA: Beacon Press, 1992.

STARHAWK. The Spiral Dance. San Francisco: Harper & Row, 1979.

STEIN, Diane. The Goddess Book of Days. St. Paul, MN: Llewellyn Publications, 1988.

STONE, Merlin. Ancient Mirrors of Womanhood. Boston, MA: Beacon, 1984.

SUHR, Elmer G. The Spinning Aphrodite: The Evolution of the Goddess from Earliest Pre-Hellenic Symbolism Through Late Classical Times. New York: Helios Books, 1969.

SWANHILD. Holiday Folklore. Green Man Press, 1990.

THOMAS, William & PAVITI, Kate. The Book of Talismans, Amulets & Zodiacal Gems. N. Hollywood, CA: Wilshire Book Co., 1970.

THOMPSON, William Irwin. The Time Falling Bodies Take to Light: Mythology, Sexuality & the Origins of Culture. New York: St. Martin's Press, 1981.

TURVILLE-PETRE, E. O. G. Myths & Religion of the North. New York: Holt, Rinehart & Winston, 1964.

VERMASEREN, Maarten. Cybele & Attis: The Myth & the Cult. LEMMERS, J. A. M. H. (trad.). UK: Thames & Hudson, 1977.

WALKER, Barbara G. The Crone: Woman of Age, Wisdom & Power. San Francisco: Harper & Row, 1985.

____. The Woman's Dictionaly of Symbols & Sacred Objects. San Francisco: Harper & Row, 1988.

____. The Woman's Encyclopedia of Myths & Secrets. San Francisco: Harper & Row, 1983.

WARING, Philippa. A Dictionary of Omens & Superstitions. New York: Ballantine Books, 1978.

WEIGLE, Marta. Spiders & Spinsters: Women & Mythology. Albuquerque, NM: University of New Mexico Press, 1982.

WILDE, Lady. Irish Cures, Mystic Charms & Superstitions. New York: Sterling Publishing, 1991.

WILLETIS, R. F. Cretan Cults & Festivals. UK: Routledge & Kegan Paul, 1962. WrMl3ERLY, Lowry Charles. Folklore in the English & Scottish Ballads. New York: Dover, 1965.

WOLKSTEIN, Diane & KRAMER, Samuel N. Inanna, Queen of Heaven & Earth: Her Stories & Hymns from Summer. UK: Rider & Co., 1983.

ZIMMER, Heinrich. Myths & Symbols in Indian Art & Civilization. Princeton, NJ: Princeton University Press, 1946.

ÍNDICE REMISSIVO

A

Afrodite 67, 71, 89, 120, 127, 138, 146, 371, 375, 379, 380, 393, 404

Aine de Knockaine 171, 174, 185, 371

Akua'ba 372

Al-lat 372

Al-uzza 372

Amazona(s) 78, 113, 144, 152, 172, 203, 226, 334, 373, 381, 398, 399

Anahit 119, 120, 121, 372

Ananta 220

Anciã 18, 37, 60, 61, 65, 90, 162, 183, 238, 243, 255, 289, 299, 318, 327, 334, 379, 381, 382, 384, 397, 398

Andraste 50, 372

Anna Perenna 372

Anuket 259, 260, 261

Aponibolinayen 372

Aradia 403

Ariadne 372

Arianrhod 215, 216, 217, 255, 372, 400,

Ashtart 97, 383

Astarte 95, 96, 97, 98, 104, 127, 267, 268, 270, 342, 343, 383, 400, 404

Astrea 341

Ataensic 374

Athena 21, 49, 95, 96, 97, 98, 103, 104, 105, 127, 136, 187, 188, 197, 199, 203, 244, 341, 342, 345, 363, 364, 374, 375, 388, 397, 403

Atius Tirawa 374

Átropos 233, 366, 389

Attis 97, 104, 105, 401

Auchimalgen 374

Ayamarca 289, 319

Aymoray Quilla 146

B

Ba'alith 374

Baba Yaga 38, 60

Banshees 289, 291

Bastão 49, 52, 53, 103, 116, 117, 150, 161, 165, 195, 196, 216, 217, 238, 239, 240, 241, 256, 257, 263, 300, 301, 304, 334, 336, 337, 355, 364

Belili 268, 270, 386

Bellona 96

Bendis 171, 174, 189, 375

Biblos 96, 373, 374

Bil 49, 386

Blodeuwedd 49, 255, 375, 397

Boadicea 50, 372

Bomu Rambi 375

Bona 145, 341

Brigit 71, 335, 336, 375, 400

Brisingamen 47, 356, 357

Britomartis 77, 113, 372, 375, 378

C

Cailleach 289, 291, 299, 375

Capac Raymi 344

Carna 171, 184

Centzon Totochtin 376

Ceres 67, 119, 120, 121, 246, 255, 376, 377, 390

Cerridwen 126, 171, 173, 174, 183, 185, 197, 199, 215, 255, 291, 376, 400, 403, 404

[413]

Ch'ang-O 37, 40, 56, 57, 243, 246, 251, 252, 256, 257, 377, 401
Chacra Ayapui 221
Chahua-huarquiz 198
Chandra 376, 392
Chung K'uei 158
Cibele 95, 97, 98, 104, 105, 115, 116, 119, 120, 168, 291, 377, 397, 401
Circe 291, 377, 400
Citua 243, 244
Ciuateotl 267
Clotho 366, 389
Clima, Tempo 16, 17, 40, 71, 96, 98, 122, 199, 208, 210, 246, 270, 281, 327, 385
Concórdia 70, 197
Consus 220
Coya Raymi 269
Coatlicue 377, 387
Crime 15, 17, 69, 184, 302
Cwn Annwn 344

D

Dama Branca 382, 404
Dame Abonde 342
Danu 255, 377
Deus Cornífero 146, 162, 267, 270, 275, 277, 278, 279, 291, 332, 376, 378, 382, 389
Deméter 67, 71, 81, 82, 95, 97, 116, 120, 204, 243, 245, 246, 255, 262, 263, 264, 267, 268, 269, 270, 343, 376, 377, 379, 384, 385, 390, 400
Deusa Tríplice 17, 37, 90, 137, 162, 226, 253, 255, 256, 301, 317, 331, 335, 375, 378, 381, 387, 393, 400
Diana 67, 71, 76, 77, 78, 79, 88, 89, 112, 113, 144, 146, 152, 219, 221, 222, 318, 374, 375, 378, 396, 398, 403, 404
Dictynna 77, 113, 375, 378
Diiwica 378
Dione 77, 378
Disir 283, 284, 285, 366, 367
Disirblot 267, 283
Dragão 102, 119, 129, 130, 143, 154, 155, 222, 265, 397
Durga 245, 267, 269, 274, 286, 287, 288
Dea 145, 341, 373

E

Elfos 48, 99, 120, 146, 172, 185, 185, 244, 245, 284, 307, 342, 364, 366, 399
Endimião 76, 77
Eostre 50, 97, 119, 379
Equinócio de Outono 96, 243, 244, 256, 377
Equinócio de Primavera 50, 95, 107, 125, 211, 244, 379
Ereshkigal 180, 192, 238, 379, 383
Estsanatlehi 379, 387
Euríname 379

F

Fadas 185, 187, 199, 230, 245, 269, 306, 307, 308, 319, 342, 345, 357, 358, 361, 387, 395
Fauno 67, 80, 81, 228, 230, 332
Ferônia 317, 399
Fleachta 379
Flora 95, 115, 119, 144
Fortuna 37, 50, 119, 178, 179, 221, 267
Freya 37, 40, 45, 46, 47, 48, 192, 243, 246, 267, 283, 284, 285, 286, 291, 298, 330, 332, 342, 356, 357, 379, 398, 400, 404
Frigg 343, 379
Fúrias 379, 245

G

Gabriel 380
Ganesha 219, 221, 222, 226, 234, 235, 380
Gauri 243, 245
Ge (Daomé na África): 380
Giclja 380
Gnomos 40, 47, 48, 306, 307
Graças 78, 86, 87, 220, 228, 351, 375
Grande Deusa de Laussel 13, 396

H

Homem Verde 151, 171, 174, 182, 185, 378, 382
Han Lu 268, 380
Hathor 119, 121, 128, 133, 140, 141, 171, 172, 191, 219, 220
Hebe 361
Hécate 95, 98, 168, 219, 221, 222, 226, 227, 255, 257, 317, 318, 319, 333, 334, 335, 342, 345, 363, 381, 392, 396, 400, 401

Heimdall 381
Hel 197, 289, 290, 298, 313, 314, 367, 382, 388, 399
Hera 37, 40, 95, 152, 171, 172, 187, 204, 227, 262, 333, 361, 363, 382, 384, 396, 399
Héstia 164, 204
Hettsui No Kami 317
Hina 382
Hjuki 49, 386
Holde 197, 290, 313, 382
Horas (Horae) 144, 153, 245, 258
Hórus 128, 140, 172, 198, 204, 254, 318, 342, 343, 345, 350, 351, 380, 382, 384
Huitaca 382
Hur 382

I

Idunn 308, 309, 310, 331, 382
Igaluk 383
Ilmatar 220, 227, 236, 237
Inanna 37, 40, 166, 167, 238
Inti Raymi 173
Irmãs Estranhas 367
Ishtar 119, 121, 166, 168, 169, 171, 174, 180, 181, 191, 192, 193, 238, 267, 270, 383, 392, 404
Ísis 95, 96, 98, 115, 168, 171, 172, 173, 174, 181, 182, 193, 194, 195, 196, 197, 198, 203, 204, 211, 246, 254, 255, 289, 317, 318, 319, 341, 343, 350, 351, 383, 384, 388, 395, 398, 401
Ixchel 341, 342, 345, 384
Ixchup 384

J

Jahi, a Meretriz 384
Jarilo 172
Jezanna 384
Juno 67, 68, 71, 80, 95, 96, 172, 173, 197, 198, 199, 382, 384, 398
Juturna 220

K

Kali 61, 119, 121, 189, 289, 291, 297, 298, 299, 317, 319, 327, 328, 329, 384, 391, 397
Khensu 385
Kore 37, 39, 68, 81, 95, 97, 245, 267, 268, 270, 377, 385, 390

Kuan Yin 67, 68, 69, 71 ,89, 385
Kupalo 172
Kuu 385

L

Lachesis 366,389
Lada 146, 344
Lakshmi 267, 269, 270, 274, 275, 280, 281, 282, 317, 319, 324, 385
Leucippe 386
Lilith 384, 386, 397
Lleu 49, 216
Loki 46, 48, 298, 299, 308
Lono 269
Lucina 95, 96, 342, 384, 398
Luna 15, 20, 96, 97, 98, 115, 222, 386
Luonnotar 220,227

M

Maat 212, 213
Magna Máter 119,120, 262
Mah 386
Mama Cocha 215
Mama Quilla 214, 244, 386
Manat 386
Mani 48, 49, 386
Mania 67, 70
Mari 386, 397
Mawu 318, 319, 325, 327, 380, 386
Mene 23, 76, 310, 387, 390
Meztli 387
Minerva 95, 96, 97, 98, 341, 345, 387, ,397
Moiras 245, 258, 366, 367, 389
Morrighan 98, 255, 387
Mulher da Concha Branca 387
Mulher Aranha 384, 387
Mulher Mutante 387
Musas 78, 171, 387, 400
Myesyats 388

N

Nanna 388
Nehellania 298, 313, 388
Neith 136, 137, 172, 174, 193, 341, 345, 388, 401

Nêmesis 219, 221, 222, 233, 244, 366, 388
Néftis 197, 198, 199, 203, 204, 243, 246, 254, 291, 343, 351, 388
Netuno 197, 198, 204, 205
Ngami 388
Nicnevin 317, 319
Nkosuano 388
Noite da Mãe 341
Nornes 283, 342, 345, 353, 366, 367, 389
Ninfas 77, 80, 152, 153, 172, 185, 189, 228, 229, 230, 273

O

Ops 219, 220, 237, 341, 342, 351
Orsel 267, 393
Osíris 173, 181, 182, 194, 197, 198, 204, 211, 253, 254, 255, 289, 303, 317, 318, 319, 341, 343, 345, 350, 351, 384, 388, 389, 392

P

Pacha-puchy 96
Pachamama 215
Palas Athena 136
Pandia 389
Parcas 61, 345, 353, 366, 367, 368, 389
Pax 197
Perséfone 67, 71, 81, 97, 116, 119, 245, 255, 262, 263, 264, 343, 377, 385, 390, 400
Plêiades 144, 153
Plutão 68, 145, 153
Poseidon 152, 204, 205, 210
Prosérpina 67, 120, 145, 255, 376, 390

R

Rama 274, 289, 291
Rauni 143, 145
Rhea 127, 204, 262
Rhiannon 95, 343, 397

S

Samhain 318, 319, 390
Saraswati 37, 40, 54, 55, 56, 143, 317, 319, 324, 341, 390
Saturno 80, 342, 351, 352
Seidr 45, 46, 47, 283, 284, 356
Sekhmet 289, 338, 339, 342, 352

Selene 67, 76, 77, 89, 204, 310, 311, 312, 318, 384, 387, 390
Sete Divindades da Sorte 37, 39, 50
Shing-Moo 391
Shiva 189, 191, 226, 274, 297, 298, 324, 325, 326, 391
Sinn 40, 71, 180, 391
Skadi 299, 300, 318, 319, 391
Skuld 353, 366, 389
Solstício de Inverno 158, 173, 244, 341, 343, 353, 354, 355
Solstício de Verão 160, 171, 172, 173, 178, 185, 344, 371
Stata Mater 220
Strenia 342
Syn 171, 184

T

Tácita 68, 83
Términus 68, 70, 86
Têmis 153, 244, 245, 258
Terremotos 16, 197, 198, 205, 210
Thor 110, 208, 209, 299
Tiamat 243, 252, 253, 265, 317
Tlazolteotl 392
Três Mães 144, 158, 162, 163, 317, 335, 375
Tyr 96
Tzaphiel 393

U

Urd 353, 366, 367, 389
Ursala 267, 393

V

Valquírias 46, 48, 283, 284, 298, 330, 332, 356, 357, 367, 379
Vênus 102, 119, 120, 121, 127, 138, 139, 144, 146, 180, 197, 198, 199, 393, 404
Verthandi 353, 366, 389
Vertúmnus 219
Vesta 67, 70, 164, 165, 173